La ORACIÓN
que da en el
BLANCO

La ORACIÓN que da en el BLANCO

Ministrando a las necesidades de los demás a través de la oración

RICK A. BONFIM

REKINDLE
PUBLISHING

La oración que da en el blanco (Praying with Accuracy)
Copyright © 2020 por Rick A. Bonfim

Todos los derechos reservados. Este libro no puede ser copiado o reimpreso para ganancia o beneficio comercial. Se permite y fomenta el uso de citas cortas o copias ocasionales de páginas para estudio personal o grupal. Se le concederá el permiso cuando lo solicite.

Las citas bíblicas son de la Reina Valera de 1960 (RV 1960) a no ser que se declare otra versión. Santa Biblia Reina Valera 1960, derechos renovados 1988, Sociedades Bíblicas Unidas. Antigua versión de Casiodoro de Reina (1569), revisada por Cipriano de Valera (1602). Otras revisiones 1862 y 1909.

La Santa Biblia, Nueva Versión Internacional 1999, Sociedad Bíblica Internacional.
La Biblia de Casiodoro de Reina, 1569, conocida como Biblia del Oso.

La Biblia de Las Américas, Derechos Reservados 1986, 1995, 1997 por The Lockman Foundation, Sociedad no comercial, La Habra, California

Impreso en Cuba

Paperback ISBN: 978-1-7344345-0-7
Mobi ISBN: 978-1-7344345-1-4
ePub ISBN: 978-1-7344345-2-1
uPDF ISBN: 978-1-7344345-3-8

Diseño de cubierta por Kathy Fallon
Diseño de página por PerfecType, Nashville, Tennessee
Traducido por Malena Estrada Izaguirre

Rick Bonfim Ministries
P.O. Box 5188
Athens, GA 30604

Dedico este libro a mi esposa Mary Lucy Bonfim.
Ella ha sido fiel y valiente en este viaje junto a mí
como evangelista a tiempo completo.

Este libro también lo dedico a mis hijos
Rick, Sammy y Sandy. Les agradezco por entender
por qué papá nunca estaba en casa los fines de semana.

Contenidos

Prólogo del Obispo James E. Swanson Sr.   ix

Prefacio   xi

Reconocimientos   xv

Introducción   xvii

Capítulo 1: **El ministerio de la oración**   1

Capítulo 2: **El corazón de Dios en cuanto a la necesidad**   19

Capítulo 3: **Las cuatro raíces**   37

Capítulo 4: **Necesidad espiritual: La raíz de autorrechazo**   43

Capítulo 5: **Necesidad espiritual: La raíz de rechazo a Dios o rebeldía**   57

Capítulo 6: Necesidad relacional:
La raíz de falta de perdón 69

Capítulo 7: Necesidad relacional:
La raíz de amargura 89

Capítulo 8: El ministerio de Jesús 109

Capítulo 9: Constante y repetitivo
en el ministerio de jesús 135

Capítulo 10: Cómo ministrar al autorrechazo
–Estudio de caso 149

Capítulo 11: Cómo ministrar al rechazo
a Dios (rebeldía) –Estudio de caso 159

Capítulo 12: Cómo ministrar a la falta de perdón
–Estudio de caso 167

Capítulo 13: Cómo ministrar a la amargura
–Estudio de caso 177

Capítulo 14: La ministración al alma 187

Capítulo 15: La ética de la oración 207

Capítulo 16: El principio de la autoridad 233

Bibliografía 255

Notas 259

Acerca del autor 263

Prólogo

Si la mejor forma de definir la oración es la comunicación entre Dios y los seres humanos, entonces este libro trata de colocar a los lectores en una postura de hablar honestamente con Dios acerca de la necesidad de los demás, mientras le permiten al Espíritu Santo escoger la respuesta a la oración según Dios lo determine. Es vaciar nuestro ser de las ideas y nociones preconcebidas acerca de las respuestas de Dios a nuestras oraciones. Esto puede resultar difícil para aquellos que han sido moldeados, formados y educados dentro de la teología cristiana occidental, o incluso si sólo han recibido un período de educación occidental.

Nuestro punto de partida es lo que a menudo nos entorpece: nuestra adoración profundamente arraigada, basada en información científicamente comprobable. Incluso ahora puedo ver cómo algunos de ustedes se estremecen, sino físicamente, al menos de manera intelectual. La sección de Rick acerca del rechazo, no de la rebeldía, es la que según mi opinión es de importancia fundamental para que la oración dé en el blanco. Les pido que por favor se den cuenta de que no hablé de ver milagros, sino de que la oración dé en el blanco. Este libro no está diseñado para enseñarle a usted a hacer milagros, sino para ayudarle a entender la oración como un instrumento dado por Dios para servir a las necesidades de las personas con las que tratamos cada día. Está diseñado para aliviar la frustración que sienten muchos pastores en su primer año y que con el tiempo se convierte en una vida entera de frustración, causando incluso extenuación o un retiro prematuro. Es para un laicado que necesita saber que Dios espera que el don de la oración se use para ministrar a las necesidades de los miembros de la familia, amigos, compañeros de trabajo, hermanos de la iglesia y desconocidos. Es un libro que recomiendo encarecidamente a los líderes de la iglesia que se enfrentan a lo que se conoce hoy día como "problemas de adaptación". Estos asuntos o problemas no tienen respuestas concretas. Estos son asuntos y personas que nos llevan al límite de nuestras capacidades.

En un tiempo como el actual cuando, como siempre, muchos milenialistas y generaciones más jóvenes rechazan llevar una iglesia, yo creo firmemente que debemos orar como lo hacían los discípulos en el primer siglo cuando se enfrentaban a nuevos desafíos como Pedro, cuando le habló al cojo en la puerta que se llama La Hermosa: "No tengo plata ni oro, pero lo que tengo te doy; en el nombre de Jesucristo de Nazaret, levántate y anda" (Hechos 3:6).

La gente no necesita vernos –lo que necesitan es ver que Dios nos da las respuestas que nosotros no poseemos.

James E. Swanson Sr.
Obispo Residente
Conferencia Anual de Mississippi
Iglesia Metodista Unida

Prefacio

Y aquéllos, ciertamente por pocos días nos disciplinaban como a ellos les parecía, pero éste para lo que nos es provechoso, para que participemos de su santidad.

—Hebreos 12:10

Salí de Atenas, Georgia, a mitad de la noche y llegué a Brookhaven, Mississippi, justo a tiempo para el culto de la noche. El culto estaba a punto de empezar y los bancos estaban llenos de fieles. El pastor me dio la bienvenida hacia el púlpito. La organista comenzó con la canción de apertura y poco tiempo después llegó mi momento de hablar.

Mi texto se encontraba en Juan 11 (la resurrección de Lázaro) e hice un llamado a aquellos que se sentían distanciados espiritualmente de Dios. La respuesta fue abrumadora, pues el noventa por ciento de los presentes pasó adelante. Mientras se arrodillaban frente a la baranda del altar vi muchos rostros. Ante mí había rostros llenos de miedo, rostros tratando de ocultar la ira, rostros con tristeza, y rostros que revelaban trauma y heridas.

Cada persona por la que oré aquella noche dejó una impresión en mí que me marcó. Recuerdo lo desalentadora que fue mi incapacidad de conectarme con las necesidades de tantas personas. Ellos habían venido buscando guía y dirección, y yo no sabía de qué manera decirles algo que realmente les ayudara a cambiar sus vidas. Así que me senté en la silla que estaba cerca del púlpito y me pregunté cómo debía funcionar un evangelista. Me rehusé a hacer oraciones que salieran de mi cabeza, todas esas oraciones "elocuentes", llenas de palabras que no hacen nada para aliviar las cargas de un pueblo que anhela sanidad y liberación. Simplemente me había cansado de ese tipo de oración vacía "basada en la mente".

Después de tres días en Mississippi, mi súplica más sincera al Señor mientras volvía a casa era: "Dios, ¿por qué es que no puedo comprender y ministrar con precisión a los clamores más profundos de Tu pueblo?" Esa noche cambió mi perspectiva completa acerca de la importancia de estar capacitado para orar por los demás en un llamado al altar. Me molestaba el hecho de que no pudiera dirigirme a los problemas y el dolor satisfactoriamente. El Espíritu Santo había estado convenciendo a una congregación entera, y yo me sentía completamente fuera del proceso, como si fuera un espectador.

Le prometí al Señor que buscaría las respuestas. Por un período de muchos años ayuné varios días al mes, esperando en Dios y pidiéndole sabiduría. Sometí mi vida completamente a Él. Necesitaba desesperadamente su ayuda para comprender la oración activa, poderosa y efectiva que marcara una diferencia en la vida de los demás. ¿Cómo funciona esto? Sí, yo sabía cómo hablar con Dios sobre todo tipo de cosas, pero no tenía un entendimiento real de cómo orar por los demás. Empecé a ver algo más claramente: el impacto de mi ministerio vendría a través de la oración y no a través de la predicación. Muchas personas pueden predicar un bello mensaje. Pero una vez que la Palabra está dada, ¿cómo un obrero o un evangelista cristiano puede aplicar esa Palabra a las necesidades más profundas de los hijos de Dios, a través del ministerio de oración?

Espero que reciba este libro entendiendo lo siguiente:

1) Este libro, escrito durante un período de veinte años, es un intento de compartir las cosas profundas de Dios que yo he aprendido

y experimentado personalmente en el área de la oración. No afirmo que esa sea la ÚNICA manera de orar por los demás. Solamente sé que mientras la Palabra y el Espíritu Santo me enseñaban cómo orar con precisión por las necesidades, los frutos comenzaron a multiplicarse.

2) Después de cuarenta y cinco años de orar por los demás, ahora estoy tratando de llevar estas lecciones por escrito. Mis limitaciones del idioma y la edad pudieran ser una interferencia, pero mi corazón está agradecido por esta oportunidad en mi vida de poder compartir con ustedes lo que he aprendido y experimentado.

Les pido que lean este libro con un corazón abierto. Los frutos abundantes que Dios me ha dado en mis muchos años de ministerio, en la medida en que he experimentado estos principios de oración, hablan por sí solos.

"En esto es glorificado mi Padre, en que llevéis MUCHO fruto, y seáis así mis discípulos." (Juan 15:8).

Reconocimientos

A mis queridos amigos:
A los reverendos John Freelandy Joseph Tillman (hijo), porque sin ellos nunca hubiera comenzado este proyecto. Ellos me escucharon cuando enseñé este material y escribieron el primer manuscrito. Sus pensamientos e ideas están en este libro. Sin su ayuda no hubiera podido traducir lo que el Señor me ha mostrado.

Al personal de RBM:
A Betty McKinney, por creer que este libro es importante para el Reino de Dios. Agradezco su ayuda por los muchos años de resumir y editar mis pensamientos para que este libro fuera una realidad. Al Dr. Frank Appel, por sus sugerencias y correcciones. A Frankie Appel, por su ánimo y apoyo. A Johnathan y Tara Dunn, por sus correcciones y sugerencias. A Kathy Fallon, por su trabajo de diseño gráfico y por las muchas horas que pasó dándole formato a este libro para su publicación. A la Reverenda Pam Morrison, por sus adiciones y correcciones hechas con tanto amor.

A la Iglesia Metodista Unida:
A los miles de metodistas que hasta la fecha apoyan, oran y continúan sirviendo a esta iglesia amada con distinción y carácter.

Estoy muy, muy profundamente agradecido.

Introducción

En la medida en que le ministramos a la gente mediante la oración, solo marcamos una diferencia cuando apuntamos a la necesidad real de la persona. De la misma manera que un pase en el fútbol americano debe apuntarse directamente al receptor, la oración efectiva debe apuntarse directamente hacia su objetivo. En el fútbol americano hay muchos jugadores que pueden atrapar el balón, pero cuando se hace un pase perfecto al receptor, se convierte en un touchdown. De la misma manera que en el fútbol americano, la oración debe anotar un touchdown cada vez que usted abre la boca para ministrar en oración. ¿Acaso no está usted cansado de esas oraciones ciegas, que le disparan a las estrellas y esperan darle a un cometa?

En la oración, lo que usted diga debe encontrar el objetivo, la necesidad –y no cualquier necesidad-, sino el núcleo del problema del hombre, la mujer o el niño que esté recibiendo la oración. Esto puede ser posible solamente si usted puede orar con precisión. Usted no puede comenzar su oración con lo que alguien le diga, porque puede que quizás la persona no perciba su necesidad real. Usted no puede comenzar su oración pidiéndole a Dios que alivie las consecuencias de la situación, porque ese tipo de oración solo se dirige a los síntomas del problema. Usted más bien debe llegar a la misma esencia –la necesidad central que es el mayor y único factor influyente que afecta la vida de la persona que está delante de usted. Para llegar al corazón de la necesidad se requiere la guía del Espíritu Santo y el uso apropiado de la Escritura.

He conocido pastores y líderes que dan consejería por muchas horas todos los días, sólo para que al final terminen cansados de escuchar acerca de las mismas pruebas y quejas una y otra vez. Estos líderes se sienten frustrados al no poder llegar a ningún lugar en cuanto a la formación y madurez de las personas que atienden. ¡La oración con precisión rápidamente lo llevará a usted al lugar donde está la necesidad más grande, de manera que pueda pasar menos tiempo dando consejería!

¿Realmente podemos nosotros, como simples mortales, hacer esto: orar con precisión, verdaderamente penetrando el corazón y el mismo centro de la persona por la que oramos? Cuando nuestro Señor conoció a Natanael fue en el llamamiento a Felipe. Lo que Jesús le dijo a Natanael abre la posibilidad de que Nuestro Señor, en algún momento, recibió una revelación de Dios que convenció instantáneamente a Natanael que Jesús era el Cristo, el Ungido: "Cuando Jesús vio a Natanael que se le acercaba, dijo de él: He aquí un verdadero israelita, en quien no hay engaño. Le dijo Natanael: ¿De dónde me conoces? Respondió Jesús y le dijo: Antes que Felipe te llamara, cuando estabas debajo de la higuera, te vi" (Juan 1:47-48).

Si una revelación de Dios acerca de una persona puede ocurrir durante un simple diálogo, entonces también puede ocurrir durante una oración. Lo importante aquí es que la precisión en el ministerio traerá resultados y convicción. Debo preguntarle a quemarropa: ¿cómo van sus oraciones? ¿Cuántas veces ha repetido la misma oración una y otra vez en disímiles situaciones y ha esperado que suceda algo nuevo y diferente?

La manera en la que Jesucristo habló a Natanael en este diálogo abre la puerta para que nosotros veamos que Dios le estaba hablando a

Introducción   xix

Natanael con precisión a través de Nuestro Señor, para lograr un propósito mayor. (Después de este encuentro, tanto Felipe como Natanael se convirtieron en apóstoles de Jesús de por vida). Jesucristo nunca oró o habló de manera superficial con nadie. Nuestra oración también debe sumergirse bajo la superficie hasta llegar a la misma esencia de la persona, para cumplir su propósito. Nuestra oración debe alcanzar el centro del alma, hacia la realidad y la necesidad de la persona, para traer sanidad y plenitud a la vida de la persona por la que oramos.

Usted podría preguntar: ¿cómo puede suceder esto? Simplemente piense en el mundo moderno en el que vivimos. En estos días damos por sentado que tenemos acceso a una señal inalámbrica, la cual nos permite navegar en cientos de sitios en Internet en nuestro teléfono o computadora. También, con la ayuda de una antena en el carro, recibimos la señal de la radio en cualquier parte del país donde estemos. Si esas "maravillas" son posibles en el mundo de la tecnología, ¿por qué es absurdo pensar que usted, un ciudadano del Reino de Dios, pueda recibir una "señal" del Cielo? Si su computadora puede captar la "Wi-Fi", ¿por qué no es posible que su espíritu reciba información del Espíritu de Dios, que conoce todas las cosas? Aprender a escuchar las cosas espirituales del corazón de Dios le permitirá ministrarle al pueblo de una manera que, literalmente, pueda cambiar sus vidas.

Si usted realmente quiere orar de manera efectiva y ver los resultados, hay varias áreas que necesitará explorar a través de este estudio de oración:

1) Cómo Dios nos ve: El corazón de Dios mientras ministra a las necesidades básicas del pueblo.

2) Cómo Dios ministra: la metodología de Jesucristo en su ministerio hacia los demás.

3) Cómo responde el alma: Cómo ministrar al alma del ser humano.

4) Cómo penetrar en la oración: El concepto de su autoridad como creyente.

En la medida en que sigamos los evangelios, veremos y escucharemos el corazón de Dios en el ministerio de Jesucristo. Nuestro Señor, cuando estuvo ocupado en el ministerio personal, usaba cierto lenguaje, ciertos principios espirituales y ciertos movimientos que conformaban una metodología repetitiva de oración y ministerio. Puede que usted vea esto como algo presuntuoso de mi parte, pero de todos modos lo voy a expresar: cuando estamos sintonizados solamente con la manera en que nuestro Señor llevó el ministerio, nos toma cerca de un minuto llegar a la fuente del problema, de forma tal que usted podrá orar por alguien con precisión. En otras palabras, usted puede ministrar a los demás de manera efectiva, eficiente y poderosa, justo como lo hizo Jesús.

¡No hay una metodología más poderosa, eficaz y equilibrada que la que usó nuestro Señor! La persona más simple puede ministrar como lo hizo Cristo, si está dispuesta a aceptar los principios que Jesús estableció en la oración y el ministerio personal. Cuando usted se traslada a través de los evangelios sinópticos, comparando milagro con milagro, diálogo con diálogo y una ministración con otra, usted se dará cuenta de que el mayor secreto de todos los tiempos es accesible a cada corazón buscador, si se recibe por la fe.

1

El ministerio de la oración

La religión cristiana no tiene sentido sin el Espíritu Santo... La confusión y la impotencia son los resultados inevitables cuando la sabiduría y los recursos del mundo son sustitutos de la presencia y poder del Espíritu.[1]

—Samuel Chadwick

Una y otra vez en la Escritura vemos a nuestro precioso Salvador haciendo milagros. Él sanaba a los ciegos, los cojos, los sordos, los mudos, los leprosos, y hasta incluso levantó a los muertos. Obviamente, Él otorgaba sanidad física a las multitudes, pero estaba mucho más interesado en el ministerio de la plenitud, que involucra la restauración de la persona completa. Si la oración que se hace por alguien es insuficiente, si es menos de la que se necesita, la persona que recibe la oración no será favorecida con una bendición completa. ¿Usted puede ser usado por Dios para desatar sanidad, plenitud y renovación en la vida de alguien que esté atado y afligido? ¿Pueden sus oraciones a Dios por los demás ser más poderosas y precisas?

El propósito de este libro es tratar específicamente con la oración que se dirija a la fuente, el mismo centro de las necesidades del pueblo. Aprender esta práctica Escritural de la oración precisa no es una forma de psicoterapia espiritualizada. Es el Espíritu Santo el que la enseña y guía completamente, y está totalmente basada en el ministerio de Jesús y la Palabra de Dios. No desarrollé nada de este material mediante la lectura de un libro o el estudio de la metodología de un gran líder o evangelista. Este material sale de mi estudio de toda la vida del ministerio de Nuestro Señor Jesucristo. Así que si usted se siente de la misma manera que me sentí aquella noche en Mississippi, si siente que sus oraciones no están "llegando", yo le invito a hacer este viaje conmigo. Si simplemente se le acabaron las palabras para orar por la enfermedad, por el sufrimiento, por los desamparados, por los perdidos, o cuando ora por un hijo rebelde, ¡este libro puede ayudarlo!

Recuerdo haber escuchado la oración de un hombre por un miembro de su iglesia que estaba muy enfermo: "Señor, que se haga Tu voluntad en el hermano Juan". En mi opinión, esta no fue una oración muy poderosa. ¡Cuando me enfermo, yo espero que alguien se me acerque con fe, con coraje y valor, y ore la perfecta voluntad de Dios, dirigiéndose a la enfermedad como a un enemigo! Solamente pedirle a Dios que sea hecha Su voluntad es evadir nuestra responsabilidad de orar con denuedo, de manera específica y precisa, como lo hizo Jesús.

En mi último año del seminario, comencé en el programa de Educación Clínica Pastoral (ECP). La ECP le dio una oportunidad a cada estudiante para aprender, bajo supervisión, a cómo cuidar a aquellos que padecen enfermedades. Yo realmente quería saber si una oración simple por alguien que estuviera gravemente enfermo podría marcar una diferencia. Uno de mis profesores de la Escuela de Teología de Candler, en Atlanta, Georgia, me sugirió que siempre debía establecer un grupo de control para llegar a una conclusión precisa en mi experimento. Así que establecí un horario de visitas diarias en un piso específico del hospital,

El ministerio de la oración 3

designando al cincuenta por ciento de los pacientes a recibir oración durante sus visitas, y al otro cincuenta por ciento a no recibir oración. Al final del día, yo anotaría el nombre de todos los que recibieron oración y llevaría un registro de su estado. Mientras yo visitaba a los pacientes diariamente por diez o más minutos, algunos estaban en coma, así que yo cantaba y tocaba la guitarra –para entretenimiento de las enfermeras. Con los que podían hablar, yo los escuchaba compartir sus pensamientos y recuerdos, y compartía historias de mi niñez. Hice todo esto con el cien por ciento de los pacientes. Sin embargo, tuve el cuidado de añadir, junto a mi "grupo de control" designado, la oración de sanidad cada vez que hice una visita. Cuando llegaba el momento de la oración, nunca cerraba los ojos. Estaba pendiente a cada reacción que tuviera el paciente, como lágrimas, movimiento de las manos y pies, movimiento de la cabeza y especialmente sus ojos devolviéndome la mirada. A veces, en mi oración, hacía referencia a la familia del paciente y oraba por ella. Las reacciones eran diferentes entre una persona y otra, pero no podía negar que algo importante estuviera sucediendo cuando empezaban a brotar las lágrimas, e incluso cuando caían en mis manos y se secaban. Al cabo de tres meses los resultados realmente me asombraron. No podía ignorarlo. ¡Más del noventa por ciento de los que recibieron oración durante las visitas mejoraron muchísimo más, en comparación con aquellos por los que no oré! En mi mente se empezó a formar una propuesta muy fuerte acerca del poder y la efectividad de la oración. Esa experiencia en la ECP durante mis días de seminario, hace todos esos años, fue el mismo comienzo del material de este libro y de todo lo que quiero compartir con ustedes en los próximos capítulos.

La obra de la plenitud empieza cuando una persona está completamente convencida de la supremacía de Dios sobre todas las cosas. En Marcos 5:25-34, la mujer del flujo de sangre recibió plenitud. ¿Qué significa esto? Su sufrimiento físico acabó (ella había estado enferma por doce años), pero en ese breve encuentro con Jesús mucho más cambió. Ella era una mujer que "había sufrido mucho de muchos médicos, y gastado todo lo que tenía, y nada había aprovechado, antes le iba peor" (Marcos 5:26). Para ella, su confianza en las autoridades, que no tenían poder para ayudarla, estaba deshecha. Ella había perdido su dinero y en esa cultura, indudablemente, había perdido su estatus social y religioso ante los demás. Etiquetada como "inmunda", ella vivía con el peso de sentirse avergonzada, rechazada y bajo la presión social de mantenerse oculta. Después de que valientemente extendió su mano, "Porque decía: Si tocare tan solamente su manto, seré salva" (Marcos 5:28), Jesús la llamó delante de Él y se dirigió a ella como "hija", en presencia de sus coterráneos. Él hizo más que sanar su aflicción física. La libertó de su nivel más profundo de sufrimiento. Jesús tocó su vida tan íntimamente que no sólo su cuerpo fue sanado, sino también su angustia, su aislamiento, el rechazo que los demás sentían por ella, y su propia actitud hacia ella misma. Mediante una gran transacción, le dio validez, aceptación, dignidad y paz. Le dio plenitud a esta mujer.

En la mayoría de los milagros de Jesús, la información acerca de la necesidad, no venía de la persona que quería sanidad; venía del Espíritu Santo. Debido a que Dios está involucrado en el ministerio real de la oración precisa, no somos nosotros los que debemos comenzar con todos los detalles, todas las palabras y todos los intentos de ayudar a alguien mediante la oración, sino que todo esto debe ser guiado por el Espíritu Santo.

> Y de igual manera el Espíritu nos ayuda en nuestra debilidad; pues qué hemos de pedir como conviene, no lo sabemos, pero el Espíritu mismo intercede por nosotros con gemidos indecibles. Mas el que escudriña los corazones sabe cuál es la intención del Espíritu, porque conforme a la voluntad de Dios intercede por los santos. (Rom 8:26-27)

Piense en esto de la siguiente manera: si Dios revela la raíz de un problema o enfermedad, Él ya debe estar contemplando la sanidad y restauración. No está dentro del carácter del Espíritu Santo el revelar el conocimiento íntimo de un problema sólo para impresionarnos o para estar al tanto de él. Podemos estar seguros de que cuando Dios está revelando, también está sanando – ¡muchas veces ahí mismo, en medio de la oración que se está haciendo!

En Juan 14:12, Jesús dijo: "De cierto, de cierto os digo: El que en mí cree, las obras que yo hago, él las hará también; y aun mayores hará, porque yo voy al Padre". La pregunta vital es: ¿creemos genuinamente estas palabras de Jesús?

El problema más serio en nuestra teología de la oración es que nosotros, por una razón u otra, lo hacemos "a nuestra forma", y no consideramos la manera en que oró y ministró Jesús como el ÚNICO ejemplo a seguir. Le pido que considere las siguientes preguntas: ¿usted ha aprendido a ministrar a las personas con necesidad? ¿Quién ha sido su ejemplo? ¿Le han enseñado a ministrar como lo hizo Jesús? Debemos identificar nuestro compromiso.

Sepa esto: el enfoque que se da en este libro no es un enfoque "carismático". Es un enfoque bíblico, probado por años de oración por miles de personas. Puede que la metodología de la oración que se encuentra en este libro sea nueva para alguno de ustedes. Debido a que está completamente basada en el ministerio de Jesús, confío en que en la medida en que usted lo estudie y aplique, comenzará a ver resultados en su ministerio de oración que nunca antes ha visto. Le sugiero que, antes de comenzar, usted esté dispuesto a apartar todas las técnicas de oración que ha aprendido hasta ahora, y le permita al Espíritu Santo que le enseñe algo nuevo. Le pido que perdone toda incapacidad de mi parte para explicarlo más claro; ¡pero de ninguna manera mi debilidad de expresión lingüística disminuirá esta poderosa verdad bíblica!

Yo viajé a Israel por primera vez en noviembre de 2007. Cuando visité el Mar de Galilea me sentí cautivado por la idea de que el milagro de la multiplicación de dos peces y cinco panes fue un esfuerzo de nuestro Señor Jesús para convencer a sus discípulos de Su divinidad.

No obstante, la Escritura nos dice que sus corazones fueron endurecidos y lucharon por largo tiempo con el significado de Sus milagros. Sí, era difícil para los discípulos, ¡y es difícil para nosotros también! Sin embargo, es esencial que entremos a un nuevo nivel de fe y disposición si queremos ver al Espíritu Santo obrar a través de nosotros, de la misma manera en que Él obró a través de Jesús para restaurar y cambiar vidas desmoronadas y afligidas.

Escuchando la voz de Dios

Si deseamos ser capaces de orar por las personas con precisión, debemos comenzar por escuchar a Dios. ¿Pero cómo? La primera tarea es separar nuestra propia voz interna de la voz de Dios. Cuando nuestras mentes están resueltas acerca de algún tema, tendemos a "escuchar" nuestra opinión personal acerca de algo y aceptarlo como la única verdad. Nuestra propia "voz" se forma a través de las muchas experiencias que hemos tenido a lo largo de nuestras vidas. Nos respondemos a nosotros mismos basados en nuestra crianza y formación, nuestras experiencias pasadas, nuestra situación presente y nuestras expectativas para el futuro. Sin embargo, podemos tener o no una percepción totalmente precisa de la realidad. Estar conscientes de nuestra propia voz es decisivo para el discernimiento, porque nuestras propias nociones preconcebidas pueden interferir con el escuchar la voz de Dios. Nuestros propios razonamientos deben ser el último recurso del que podamos depender.

Segundo: debemos estar conscientes de cómo somos influenciados por el pensamiento sugestivo. El pensamiento sugestivo viene de fuentes externas. Hay muchas voces que nos dicen muchas cosas todo el tiempo. Podemos escuchar pensamientos que pueden sonar bien o sentirse bien, pero no agradan a Dios, no generan poder y no cumplen Sus propósitos. El pensamiento sugestivo puede producir mucha confusión.

El ministerio de la oración   7

En Israel, al este de Jericó, está el "Monte de la Tentación". Desde la cima de esta área montañosa se puede ver el Río Jordán, donde Josué cruzó hacia la ciudad de Jericó y marchó alrededor de sus muros. Es un lugar de desolación. El paisaje es seco y árido; hay muy poca agua a la vista. El lugar respira desesperación, miedo y soledad. Fue a esta área que el Espíritu Santo guió a Jesús para ser tentado por el diablo, ¡y Jesús usó tres versículos de Deuteronomio para vencerlo! En nuestras mentes, nosotros también podemos ser llevados a los lugares más secos y desolados, donde la fe no ha visitado aún. El diablo le sugiere a Jesús muchas cosas atractivas para desviarlo de Su propósito. Si usted está siendo molestado por el pensamiento sugestivo, le va a confortar saber que Su Salvador soportó una barrera constante de sugerencias, que eran contrarias a la voluntad de Dios, por cuarenta días y cuarenta noches, y Él puede darle el poder para vencer en Su Nombre.

Hay un principio útil en esto: cuando lidiemos con problemas espirituales nunca debemos escuchar ninguna fuente externa sin probarla contra la Palabra de Dios. La Escritura le va a aclarar la mente en cuanto a lo que usted está oyendo, porque Dios nunca contradice Su propia Palabra. Siempre pase por el filtro de la Palabra lo que usted está escuchando.

La tercera voz que usted escuchará será la voz del Espíritu Santo. Es la voz más dulce que usted va a escuchar en toda su vida. Nada se compara a escuchar la voz directamente del Espíritu Santo. La precisión de lo que se dice va a encajar en ese momento como más nada lo haría. Es reveladora, fascinante y convincente. Una vez que ha escuchado la voz del Espíritu Santo, usted no va a querer escuchar la voz de nadie más. Leer un libro es como beber agua tibia de un platillo. Escuchar la voz del Espíritu Santo es como beber agua fría, refrescante, de un manantial campestre que nunca deja de fluir. De hecho, F.B. Meyer compara la voz del Espíritu Santo no con un manantial campestre, sino con "el río Amazonas fluyendo para regar a una simple margarita."[2]

La voz de Dios se escucha cuando Su presencia es bienvenida. ¡Usted puede estar completamente seguro de que, en la medida en que usted adora al Señor, ora al Señor y clama a Él, Él también querrá hablar con usted! La Escritura dice: "Mis ovejas oyen mi voz" (Juan 10:27). Si usted experimenta la presencia de Dios pero siente que no puede oír a Dios hablar, sus sentimientos están siendo elevados por encima de la verdad de la Palabra de Dios. Así que enmiende su error. ¡No es a través de los sentimientos! Es mediante la fe que usted se acopla a Dios. En la adoración, nuestra mente es renovada y la voz de Dios comienza a penetrar (véase Romanos 12:1-2).

Por ejemplo, mientras usted adora, algunas de las palabras de las canciones y la Escritura pueden captar su atención; los conceptos y los pensamientos celestiales pueden ser avivados hacia su espíritu. Esta es Su voz irrumpiendo. Debemos escucharlo y experimentarlo a Él, y alinearnos con Él antes de tocar las vidas de los demás. Andrew Murray nos aconseja en cuanto a este tema, que antes de orar por los demás, "primero tenemos que estar quietos y adorar a Dios en Su gloria. Pensar en lo que Él puede hacer, en cómo se deleita en Cristo Su Hijo, y en nuestro lugar en Él –luego esperar grandes cosas".[3]

Escuchar la voz del Espíritu Santo es como estar lejos de nuestra madre por muchos años y luego escuchar su voz otra vez. El sonido de su voz es como ninguna otra voz. Está llena de razón, ternura y precisión. La voz de Dios, cuando nos trae a toda verdad, es mejor incluso que la voz de nuestra madre. Es también como la voz de nuestro padre cuando se comunica con nosotros de una forma sosegada. A veces nuestro padre ni siquiera tiene que hablar con nosotros; una simple mirada nos dice lo que nuestro padre quiere que hagamos. Del mismo modo, Dios nos habla en maneras que nadie puede explicar adecuadamente. Cuando empezamos a reconocer esto y a saber que es Él el que nos está hablando, nuestra fe empieza a crecer. Todo lo que nos falta, el Espíritu Santo lo provee, porque el Espíritu Santo es en sí mismo: "el Espíritu de Dios, el Espíritu de Verdad, el Espíritu que Testifica, el Espíritu de Convicción, el Espíritu de Poder, el Espíritu de Promesa, el

Espíritu de Amor, el Espíritu de Mansedumbre, el Espíritu de Cordura, el Espíritu de Gracia, el Espíritu de Gloria y el Espíritu de Profecía."[4]

El uso de la Escritura

La revelación del Espíritu Santo es la llave para una oración buena y poderosa. Pero no es solamente la revelación lo que se requiere para orar con precisión. El conocimiento de la Escritura, la cual revela el corazón de Dios, se añadirá a su discernimiento e incrementará su precisión en cuanto a las necesidades de la gente. Estaremos lidiando con ambos conceptos de una manera más profunda en la medida en que avancemos en este libro. Mientras más sepa acerca de la Palabra de Dios en cuanto a la verdadera condición de los seres humanos, más aumentará la revelación y su precisión estará basada en una comprensión fundamental de cómo Dios ve a la gente. Usted se quedará sorprendido al descubrir cuánto le ayudará el conocimiento de la Escritura a que su ministerio de oración se torne "sintonizado" y preciso. ¡Cuando usted edifica su oración sobre los principios bíblicos, está parado en tierra firme para ministrarle plenitud a la vida de una persona que busque alivio!

Establezca esto en su mente: usted tendrá que leer y estudiar la Palabra antes de poder escuchar a Dios con precisión. Cuando usted mantiene y atesora la Escritura en su corazón, entonces su audición aumenta. Usted escuchará la voz de Dios si lo primero que está haciendo es escuchar la Escritura y por último está poniendo la sugerencia y el raciocinio.

Aquí lo tiene: puede escuchar su propia voz llena de dudas y raciocinio; puede tratar de trabajar con una idea sugestiva que no tenga fundamento bíblico; o puede acostumbrarse a escuchar la dulce voz del Espíritu Santo. ¿A qué voz usted ha estado escuchando más en sus esfuerzos por orar y ministrar a las necesidades de los demás? ¿La voz suya y de los demás es más alta que la voz del Espíritu Santo y la Palabra de Dios?

Información personal

En la medida en que nos acercamos a una oportunidad de ministrar, también podemos obtener alguna información útil de la persona por la que oramos. Es decir, que la persona que está necesitada puede compartir algunos de sus pensamientos e historia. Esto es normal, y nos puede servir como un "calentamiento" para que la persona sea receptiva ante un toque de Dios. No obstante, tenga en mente que, con frecuencia, la información que aportan las personas que solicitan ayuda es más exagerada en su percepción que en la realidad. Las percepciones de un alma herida y dañada puede que estén lejos de la realidad. Por lo tanto, el confiar únicamente en las cosas que ellos nos dicen, puede ser en realidad un estorbo para una experiencia poderosa en el ministerio de oración. De hecho, la oración se empequeñece cuando la persona adolorida es la que da las indicaciones para guiar la plegaria. Solamente la información es útil si valida o confirma lo que la voz del Espíritu Santo nos ha comunicado desde el principio.

También hoy está de moda la oración que hace que una persona "regrese" al vientre de su madre o a su niñez a través de una regresión mental. Sin embargo, esta práctica –que está desprovista de la revelación del Espíritu Santo- puede ser en realidad muy peligrosa y al final no va a liberar a la persona. ¿Cómo alguien atormentado y angustiado puede saber exactamente adónde ir a encontrar la raíz de sus problemas? Este proceso debe enfocarse con precaución, y puede causar mucho daño y confusión a aquellos que están involucrados. La regresión no sólo es peligrosa, sino que tampoco debe ser practicada por alguien que no sea un profesional calificado.

Quizás en algunos casos usted ya conozca mucho sobre la persona debido a su propia relación personal con ella. Esto pasa a menudo dentro de las iglesias. Si es pastor de una iglesia, usted va a llegar a conocer verdaderamente a su pueblo en la medida en que los vea todos los domingos en los cultos o en las actividades de la iglesia. Incluso cuando sea así, es importante que usted no acepte completamente sus propias percepciones y se proteja de llegar a conclusiones finales.

Incluso si usted es un ministro de experiencia, debe depender de la voz del Espíritu Santo, acoplada a la revelación de la Escritura, para verdaderamente ministrarle al punto de mayor necesidad a una persona.

Quiero darle un ejemplo: me llamaron a un hospital en mi zona para orar por un hombre que tuvo un accidente de motocicleta muy grave. La familia estaba en el salón de espera y los médicos estaban operando al hombre. Comencé a orar para que la mano de Dios estuviera sobre el procedimiento médico que estaba tomando lugar en ese mismo momento pero, de momento, interceptó mi mente el pensamiento que debía dirigir mi oración al uso de las drogas. Y así lo hice. Oré para que el hombre fuera completamente libre de las drogas, especialmente del alcohol. Las porciones de las Escrituras acerca del perdón llegaron a mi espíritu, así que también oré para que este hombre perdonara a su padre por la herida tan profunda que le había causado a su vida. Luego oré para que el perdón tuviera efecto en la familia entera.

En cuanto terminé la oración, vi que los miembros de la familia estaban llorando profusamente. Todo el mundo había sido conmovido. Así que empecé a orar por cada persona que estaba reunida en ese salón de espera. Todos los hermanos y hermanas de este hombre estaban allí, y cada uno de ellos pidió que le ministrara. ¡Esta es una oración que anotó un touchdown! Le dio al blanco, el área de mayor necesidad.

Yo pude haber orado solamente por las heridas del hombre que había sufrido el accidente, pero escuché algo más profundo. Esto es lo que sucede cuando alguien ora con precisión. En la medida en que usted continúe leyendo, quisiera exhortarle a que se abra, para que también empiece a orar de esta manera. No obstante, uno debe aprender a caminar antes de poder correr, así que tenga paciencia aquí. ¡Si todavía está leyendo este libro, entonces anímese! Usted puede, y llegará al punto en que también verá que su ministerio de oración se volverá más poderoso, preciso y guiado por el Espíritu.

Después de haber dicho todo esto, creo que el Espíritu Santo bendice y ministra en todo tipo de situaciones. Él es Señor y Él es soberano. He visto innumerables personas siendo bendecidas por una simple oración salida de un corazón puro y de buena fe.

Sin embargo, nos esforzamos por expandir nuestros horizontes y aprender más acerca de la oración que genera mucho fruto. En este libro estoy compartiendo una manera de oración que ha enriquecido mi fe y mi ministerio. Es difícil contender con los resultados que he visto durante estos muchos años.

Una mujer vino a mí y me dijo acerca de una enfermedad física que había estado padeciendo por años y la estaba debilitando. No me tomó mucho tiempo para que el Espíritu Santo me revelara que la verdadera culpable era la amargura que esta mujer había albergado por muchos años. El enojo, la depresión y la ansiedad habían intensificado los efectos de su padecimiento. Era incapaz de reconocer su propia amargura porque había vivido con ella por mucho tiempo. Inclusive para ella era tan normal que no podía reconocerlo como un problema. Esta mujer necesitaba sanidad de su amargura antes de que pudiera ser sanada físicamente. Fue una revelación de Dios que la raíz de amargura fuera la verdadera causa de su enfermedad. Una vez que se revela la causa, el cincuenta por ciento del milagro ya ha ocurrido. Si sé lo que está en la raíz del problema, ya estoy en el camino hacia una bendición.

El ministerio de la oración 13

Discernimiento de espíritus

En 1 Corintios 12:10, Pablo se refiere al "discernimiento de espíritus" como uno de los tres dones de revelación dados por el Espíritu Santo. (Este don y los demás dones del Espíritu se debatirán más adelante en capítulos posteriores, pero vamos a lidiar con el tema de manera breve, para ayudarnos a entender la oración precisa). El discernimiento de espíritus es una herramienta de comunicación que usa el Espíritu Santo. Él actúa en nuestro espíritu para introducir información poderosa y sobrenatural directamente a nuestros pensamientos, nuestra ministración, cuando oramos por alguien, o incluso cuando predicamos o enseñamos.

El discernimiento de espíritus es un mover del Espíritu Santo comunicando el estatus espiritual de alguien que está recibiendo oración justo delante de nosotros. El discernimiento de espíritus nos revelará la condición del alma en términos espirituales: santo o profano, bueno o malo.

¿Por qué es tan necesaria la manifestación del discernimiento de espíritus? Es vitalmente importante porque es, principalmente, una revelación de Dios que nos da dirección para nuestra oración. Un pequeño factor que se nos revele puede determinar la trayectoria y el resultado completo de la oración. Esto es un hecho bíblico. Todo verdadero ministerio comienza con el discernimiento. Veamos un ejemplo bíblico de cómo el discernimiento obró en el ministerio de Jesús.

Cuando Jesús conoció a Natanael, Él discernió su alma y supo que Natanael era un hombre en quien no había engaño ni falsedad. Esta primera impresión de Natanael fue suficiente para que Jesús lo involucrara en el ministerio personal y lo escogiera como uno de sus discípulos. Jesús le dijo: "De cierto, de cierto os digo: De aquí adelante veréis el cielo abierto, y a los ángeles de Dios que suben y descienden sobre el Hijo del Hombre" (Juan 1:51).

El discernimiento de espíritus se aplica a ese momento; se refiere a lo que está delante de nosotros en el tiempo presente. El Espíritu Santo se activa nada más de hablar con alguien en necesidad. Solamente la voz puede dar todo tipo de información sobre quién es esa persona. Cuando Jesús escuchó la voz del ciego Bartimeo (véase Marcos 10:46-52), Él inmediatamente discernió que Bartimeo tenía una fe tremenda. Sólo al escuchar la voz de alguien –la forma en que habla, ya sea que lo haga entre dientes o articule claramente- nos ayudará a descubrir mucho acerca de su fe y su alma. Incluso las manos y pies de una persona nos permiten comprender mejor. Los ojos son las ventanas del alma. Lo que usted discierna en sólo unos momentos determinará la dirección de su oración o ministración, y cómo lo va a llevar a cabo.

Estaba a punto de irme hacia un avivamiento en otro estado. Justo había parqueado mi carro en el estacionamiento del aeropuerto de Atlanta y estaba caminando hacia la terminal. Mientras halaba mi maleta que estaba detrás de mí, pensando en la iglesia que iba a visitar, me crucé con un hombre cuyo espíritu me impactó por su maldad. Di unos pasos más hacia la terminal, pero no pude seguir alejándome de mi carro. Me sentía obligado por el Espíritu a dar la vuelta y regresar a mi auto. En la medida en que me acercaba a mi lugar de parqueo, reconocí al mismo hombre, quien estaba tratando de entrar a mi carro por la fuerza. Le grité en voz alta y él huyó rápidamente. La pregunta en este caso es la siguiente: ¿puede alguien ser lo suficientemente sensible a la voz y a las obras del Espíritu Santo como para reconocer la maldad en alguien, solamente de cruzarse con la persona? La respuesta es "sí".

El discernimiento de espíritus no es algo espeluznante o algún tipo de percepción extrasensorial. El discernimiento de espíritus simplemente significa ver como ve el Espíritu de Dios, conocer lo que el Espíritu de Dios conoce, y escuchar lo que el Espíritu de Dios dice. Es real. No es una idea lejana reservada solamente para gente "especial". Si el discernimiento de espíritus es un don del Espíritu Santo, cualquiera que tenga al Espíritu Santo viviendo dentro de él debe estar apto para escuchar y responderle a Dios mientras se comunica con sus santos. El Espíritu Santo es el Espíritu de Jesús.

… El ministerio de la oración

Cuando empezamos a reconocer la manera en que habla el Espíritu Santo, sin pensar usted hará las cosas como Él, y no habrá ningún otro método que reemplace el escuchar al Espíritu Santo. ¡Usted no va a desear ningún otro método! Es una cuestión de permitir que la voz del Espíritu Santo traiga revelación a nuestras mentes. Es conocer que Dios está deseoso de comunicar la información necesaria para que completemos una ministración en Su Nombre, que hará que una persona sea libre. Todo el que sea salvo por gracia tiene este don disponible. Pablo habla de esto en 1 Corintios 2:10-12, cuando dice:

Pero Dios nos las reveló a nosotros por el Espíritu; porque el Espíritu todo lo escudriña, aun lo profundo de Dios. Porque ¿quién de los hombres sabe las cosas del hombre, sino el espíritu del hombre que está en él? Así tampoco nadie conoció las cosas de Dios, sino el Espíritu de Dios. Y nosotros no hemos recibido el espíritu del mundo, sino el Espíritu que proviene de Dios, para que sepamos lo que Dios nos ha concedido.

Cristo Jesús nos dio ejemplo de cómo ministrar. En la medida en que estudiamos los Evangelios, encontramos una metodología de ministración que nuestro Señor Jesús repite una y otra vez. ¿No quisiera usted seguirlo en el ministerio? ¿No quisiera usted hacer justamente lo que Él hizo, y orar justamente como Él oró? Creer que Dios puede usarlo verdaderamente para hacer los mismos hechos milagrosos que hizo Jesús es una batalla, lo sé. Pero debemos esforzarnos para creer que esto puede convertir mi realidad en su realidad, porque esto es lo que Él nos ha prometido en Su Palabra.

Hay muchos ejemplos en los Evangelios que nos muestran que Jesús conocía las necesidades de la gente a través del don de discernimiento, permitiéndole a Él hablar directamente a sus corazones y ministrarles como correspondía. Mateo 9:4 dice: "Y conociendo Jesús los pensamientos de ellos, dijo: ¿Por qué pensáis mal en vuestros corazones?" Aquí vemos que el Espíritu Santo le reveló a Jesús las mentes y corazones de los escribas a través del discernimiento (véase también Mateo 12:25; Marcos 2:8; Lucas 9:47; Juan 5:42). El discernimiento no es un truco para leer la mente, sino un don del Espíritu Santo, hallado continuamente en el ministerio de Jesús. ¡Es también para nosotros! A continuación, hay tres principios valiosos que lo pueden ayudar a entender cómo el flujo de información viene del Espíritu Santo directo a usted en el momento de la oración.

Una mayor intimidad mejora la escucha

Incluso dentro de la comunidad cristiana están aquellos que se ponen nerviosos cuando empezamos a hablar del Espíritu Santo. Ellos quizás hayan tenido una enseñanza errónea en cuanto a la Persona y la obra del Espíritu Santo. Posiblemente alguien representó al Espíritu Santo de manera negativa para sus vidas, lo que causó que ellos rechazaran el tema.

Por supuesto que usted recuerda las palabras de nuestro Señor Jesús en Hechos 1:8: "pero recibiréis poder, cuando haya venido sobre vosotros el Espíritu Santo, y me seréis testigos en Jerusalén, en toda Judea, en Samaria, y hasta lo último de la tierra". En otras traducciones de la Biblia se puede entender que este versículo significa que el Espíritu Santo nos hará buenos testigos para la gente, incluso para aquellos que viven hasta en lo último de la tierra. ¡Y ciertamente oramos para que así sea! Sin embargo, note que el texto dice primero: "ME seréis testigos". Así que la obra primaria del Espíritu Santo es darnos una revelación personal de QUIÉN es Jesucristo. El Espíritu testifica a nuestro espíritu para que podamos ver y conocer mejor al Señor Jesucristo, de una manera más clara e íntima. Conocer mejor a Jesucristo, con más precisión y más plenitud, va a incrementar automáticamente nuestra capacidad para escuchar a Su Espíritu. El resultado será una gran profundización en su vida de oración y en su

El ministerio de la oración   17

capacidad para comprender al Espíritu cuando encuentre a personas con necesidad. El Espíritu Santo tiene un propósito, que es salvar y servir. La intimidad con Dios y el empoderamiento en su vida y ministerio comienzan a crecer cuando usted acepta completamente a la Persona y la Obra del Espíritu Santo. El discernimiento aumenta cuando usted no obstruye lo que Dios quiere hacer. El discernimiento aumenta cuando usted, incluso sin entenderlo del todo, abre la puerta de su corazón en esta área de la oración. Esto es hecho por la fe y la confianza en las promesas de la Palabra de Dios.

R.A. Torrey describió la importancia de la intimidad y de estar en la presencia de Dios:

> Si oramos correctamente, lo primero que debemos hacer es asegurarnos de que realmente tenemos una audiencia con Dios, que realmente llegamos a Su misma presencia. Antes de que se ofrezca una palabra, una petición, debemos tener la conciencia clara de que estamos hablando con Dios, y debemos creer que Él está escuchando y va a concedernos lo que le pedimos".[5]

Dios es el dador de los dones

En otras palabras, Dios tiene la "patente" de todas las actividades del Espíritu Santo. Usted no puede usar nada sin Su permiso –porque solamente Dios activa los dones del Espíritu Santo. 1 Corintios 12:11 dice: "Pero todas estas cosas las hace uno y el mismo Espíritu, repartiendo a cada uno en particular como él quiere". De esta manera, el poder que opera en cualquier don espiritual depende de Dios, el Espíritu Santo, quien solamente lo activa como Él quiere.

Piense en la última vez que usted actualizó su celular. Tuvo que llamar a la compañía y activar el teléfono antes de usarlo, ¿verdad? Si al final la compañía telefónica no hubiera activado el teléfono, usted no tuviera servicio. Es muy importante comprender esto, puesto que nadie puede decir que "tiene un don" permanentemente. El Espíritu Santo "activa" los dones para que fluyan en nosotros en la medida en que las necesidades de los demás se presentan. Si el Espíritu Santo hace que el discernimiento de espíritus se mueva a través de nosotros, es para que podamos ser usados por Él para ayudar a los demás. La obra del Espíritu Santo siempre es salvar y servir a aquellos que anhelan un toque de Él.

El mayor descubrimiento de mi vida ha sido que simplemente una expresión directa de mi fe puede mover el corazón de Dios. Hubo un tiempo en que pensaba que sólo los grandes y poderosos podían ser usados por Dios de esas formas tan poderosas, pero he descubierto que Dios honra al siervo pequeño y humilde que tiene hambre de hacer Su obra.

Deje que Dios sea Dios

A veces el orgullo puede causarnos que nos llevemos el mérito por lo que Él solamente merece la gloria. Tenga en mente que usted es uno de sus obreros, sólo una herramienta en Sus manos. Dele a Dios todo el reconocimiento por los milagros que Él produce. No huya del asombroso poder de Dios. No deje que el miedo o la ignorancia apaguen el mismo poder que levantó a Jesús de entre los muertos (Efesios 1:20). Deje que Dios sea Dios, y simplemente disfrute la verdad asombrosa y maravillosa que Él desea que usted comparta con Él en Su obra redentora. Esto no sólo inspira humildad, sino que también es maravilloso, más allá de las palabras.

William Law, quien fue contemporáneo con Juan Wesley, advirtió que en esta era muchos rechazarían al Espíritu Santo, tanto como Jesús fue rechazado en Su tiempo.[6] No queremos estar entre aquellos que se resisten y pierden al Espíritu. En las palabras de Andrew Murray: "Estar llenos del Espíritu es simplemente esto: la personalidad completa rendida a Su poder. Cuando el alma entera se rinde al Espíritu Santo, Dios mismo la llenará".[7]

2

El corazón de Dios en cuanto a la necesidad

En el primer capítulo enfatizamos el lidiar con la necesidad básica de una persona. Cuando usted ora por alguien, su objetivo es orar con precisión en cuanto a la causa de la herida o el dolor. El discernimiento de espíritus, este don maravilloso del Espíritu Santo, abre un canal de comunicación entre usted y el Maestro del Universo; por lo tanto, para Dios la interacción es importante. Dios es el que recibe la oración, y es al que usted está tratando de alcanzar. La oración no está dirigida a la persona. La oración no es un ejercicio psicológico de nuestra mente. ¡La oración está dirigida al Dios Viviente! La oración es comunicación con el Señor en dos direcciones. Si a quien nos estamos dirigiendo es a Dios, entonces lo que importa es Su opinión, Sus caminos y Su pensamiento acerca de la situación. Su Padre Celestial es el que debe decirle lo que está sucediendo, y Él es el que va a resolverle su problema. Por lo tanto, mientras ora, entender el corazón de Dios en términos de necesidad humana le ayudará a estar en Su perfecta –y por lo tanto efectiva- voluntad.

En los primeros años de mi ministerio, me hallé luchando conmigo mismo, incluso para poder comenzar a orar por alguien. Perdí mucho tiempo en el uso superfluo de palabras que tenían poco o ningún significado. Yo divagaba en mis palabras, esperando tropezar fortuitamente con algo sustancial para poder hacer mi petición al Señor acerca de la persona y de su problema. Usaba frases sublimes, entremezcladas con términos religiosos, que traducido era yo tratando de decir desesperadamente: "¿Dios, me das una mano? Estoy perdido tratando de ser un pastor simpático, ¡pero en realidad no tengo ni idea del problema real de esta persona!" Cuando se me acababan las cosas que podía decir, terminaba sintiéndome vacío y carente en el apuro, y finalmente decía: "Señor, por favor, simplemente bendícelos", y muchas veces Él lo hizo. Sin embargo, en las profundidades de mi corazón, sabía que debía ser más capaz de ministrar con más poder.

Pero en la medida en que pasó el tiempo, un pensamiento muy importante comenzó a abrirse paso en mi mente. Comencé a cuestionarme si todo eso era tan complicado como yo lo estaba viendo. El hecho de tener una licenciatura en Psicología probablemente había llenado mi cabeza con todo tipo de ideas acerca de los problemas evasivos y complejos de la psiquis del ser humano. Pero empecé a preguntarme: "ya que Dios nos creó a todos nosotros a Su imagen, con un propósito específico, quizás deba haber un "plano" original para toda la humanidad". Esto significaría que, a pesar de la raza, el género, la edad o la cultura, los seres humanos generalmente experimentan los mismos problemas. ¿Podría haber un patrón de necesidad inherente que sea común para todas las personas, y podría ser descubierto? Fue aquí donde empezó un progreso milagroso en mi vida y ministerio.

Nunca olvidaré una pequeña iglesia en Houma, Luisiana. Era un culto en la noche y había cuatro hombres frente al altar. Todo lo que podía ver era la parte de arriba de sus cabezas porque estaban mirando hacia el piso. Cuando empecé a caminar detrás de la baranda del altar,

El corazón de Dios en cuanto a la necesidad

me di cuenta de que uno de ellos estaba apretando tan fuerte sus manos que sus nudillos se pusieron blancos. Esto me llamó la atención. Me paré delante de los cuatro hombres y comencé a orar. De alguna manera supe que estos hombres tenían un problema específico en común, y quería saber cuál era. Escuché estas palabras en mi corazón: "Su problema es espiritual". Era como si se encendiera un bombillo en mi cabeza. ¡Había recibido una revelación del Cielo!

Aún así, no sabía cómo tratarlo. Mi mente estaba batallando y mis pensamientos estaban moviéndose en todas las direcciones. Fue entonces que, un momento más tarde, vino un versículo a mi mente: "Y amarás al Señor tu Dios con todo tu corazón, y con toda tu alma, y con toda tu mente y con todas tus fuerzas" (Marcos 12:30). Lo que esto me dijo en un instante fue que estos hombres amaban algo por encima de Dios, algo que era una ofensa para el Espíritu Santo. Inmediatamente les hice una pregunta a los cuatro hombres: "¿Qué es lo que está ofendiendo al Espíritu Santo en sus vidas? La paz de ustedes está en peligro por esto". Uno de ellos me miró y me dijo: "Rick, nuestras esposas murieron el año pasado, y no podemos salir del cementerio. Vamos todos los días". Yo sabía que Dios detesta la comunicación con los muertos. Está prohibida en las Escrituras. Los hombres todavía estaban de luto, lo que era completamente normal, pero había algo extraño en cuanto a sus relaciones con sus difuntas esposas. Realmente estaban tratando de comunicarse con ellas yendo al cementerio diariamente. ¡Esto era muy ofensivo para el Espíritu Santo! ¡Estos hombres tenían un problema espiritual!

Esta experiencia fue un momento de revelación tremendo y emocionante en mi ministerio de oración. Yo sabía que Dios había estado hablándome, y aún así, hasta este momento, no había captado el mensaje. Ahora destellaba ante mí. Con sólo un pasaje de la Escritura, Jesús había "diagnosticado" las entrañas de toda necesidad humana.

Veamos lo que dice completamente esta poderosa porción de la Escritura:

Acercándose uno de los escribas, que los había oído disputar, y sabía que les había respondido bien, le preguntó: ¿Cuál es el primer mandamiento de todos? Jesús le respondió: El primer mandamiento de todos es: Oye, Israel; el Señor nuestro Dios, el Señor uno es. Y amarás al Señor tu Dios con todo tu corazón, y con toda tu alma, y con toda tu mente y con todas tus fuerzas. Este es el principal mandamiento. Y el segundo es semejante: Amarás a tu prójimo como a ti mismo. No hay otro mandamiento mayor que éstos. (Marcos 12:28-31)

En el pasaje paralelo de Mateo 22:40, Jesús añade: "De estos dos mandamientos depende toda la ley y los profetas".

Entonces vino a mí una gloriosa percepción de parte del Espíritu Santo. Lo que Jesús le dijo al escriba resolvería mi búsqueda de claridad en la oración. Si recibimos esta porción de la Escritura de manera creíble, ella revela que toda la necesidad humana está dividida fundamentalmente en dos áreas: ¡algunos de nosotros tienen un problema con Dios, y algunos de nosotros tienen un problema con los demás! Cuando Jesús dijo: "No hay otro mandamiento mayor que éstos" (v. 31), Él no solamente estaba resumiendo la Ley, sino indicando que la Ley entera y todo lo que se daba a través de los profetas, apuntan hacia estos dos Grandes Mandamientos. Estar dispuesto a observar estos dos mandamientos cumple el propósito de nuestro Padre Celestial para la humanidad, que está hecha a Su imagen. Esto es plenitud. Una persona estará quebrantada, dañada y necesitada, hasta que pueda completamente amar a Dios (y recibir Su amor) y amar a los demás (y recibir amor).

Para decirlo de otra forma, cada persona será capaz de llenar y complacer al corazón de Dios si puede hacer dos cosas: amar a Dios

El corazón de Dios en cuanto a la necesidad 23

y amar a su prójimo. Juan Wesley calificó de "cristiano completo" a la persona que cumple estos mandamientos íntegramente.[1]

Ese progreso logrado en aquellos hombres esa noche en Luisiana fue fenomenal para mí. Desde ese momento en adelante, tuve un punto de partida para empezar a orar. Ya no tendría que escudriñar las profundidades de mi mente, para tratar de entender el problema de alguien y luego comenzar a buscar palabras que decir en oración. Ya no tendría que "entrevistar" a la persona para sacar todos los detalles –a menudo distorsionados por una mala percepción o por el engaño- de su vida. El discernimiento de espíritus me guiaría directamente al área dentro de la persona que clamaba por oración. El Espíritu Santo podría comunicarse conmigo, ya que ahora entendía bíblicamente cómo Él veía a la gente y a sus necesidades. Eso fue suficiente para empezar una vida de oración con precisión nueva y completa. ¡Ya tenía dirección!

A pesar de que la vida nos presenta disímiles experiencias, pruebas y dificultades, en el fondo, las Escrituras nos muestran que el corazón humano llega a su plenitud e integridad en estas dos áreas: la relación con Dios y la relación con los demás. Dicho de una manera más sencilla: todos los problemas humanos se dividen en dos categorías: espiritual o relacional. Sufrimos porque el pecado nos separa de Dios, y el pecado hiere nuestras relaciones con los demás. De manera concisa: nuestro problema es con Dios o es con los demás. La oración con precisión comienza aquí. Para mí comenzó aquí.

Para asegurarme de que estaba en el camino correcto, me pasé meses examinando cuidadosamente la Ley de Moisés, declarada en los libros de Éxodo, Levítico, Números y Deuteronomio. Descubrí que cada ley y ordenanza de ese complejo sistema cae en una de estas dos categorías: 1) relacionada con Dios en obediencia, reverencia y santidad ó 2) relacionada a los demás en la manera prescrita por Dios.

Debe darse cuenta del impacto que esto ha tenido en mi vida. Por años, mis sermones habían sido buenos. El problema que me frustraba era lo que debía hacer cuando la gente venía necesitando oración. Yo quería tanto empezar a orar con más precisión, no intuyendo y suponiendo, sino ministrando efectivamente a las necesidades de la gente de verdad. Cuando vino esta simple pero profunda revelación de la ley, ¡el discernimiento de espíritus comenzó a MOVERSE en mis oraciones! Lo que esto me dice es que la Escritura y la revelación del Espíritu Santo trabajan en conjunto. La Palabra produce más revelación, y la revelación ilumina la Palabra. Cuando decidí poner mi fe exclusivamente en lo que Dios revela de Su Palabra y en lo que Él revela mediante el Espíritu Santo, empecé a escuchar la voz de Dios con un aumento exponencial.

Gradualmente empecé a ESPERAR la revelación específica y precisa del Espíritu Santo cada vez que abría mi boca para orar por alguien.

Una vez oré por una muchacha en Curitiba, Brasil, y vino a mí una revelación de que ella había experimentado un rechazo profundo por parte de los demás, más probablemente de su esposo. Le pedí al Señor que interviniera en su familia, especialmente en su esposo, y comenzaron a brotar lágrimas de sus ojos. Una vez más escuché la palabra "espiritual". Ahí me detuve. ¿Cómo ser rechazada por la familia o por el esposo puede ser un problema espiritual? Le pregunté cuánto tiempo había pasado desde que había ido a la iglesia. Contestó que esta era la primera vez en muchos meses. Mientras manejaba hacia el hotel esa noche, vino a mí un pensamiento: "¿Su separación de Dios podría estar relacionada al rechazo de su esposo?" La respuesta vino rápidamente: "Sí, su rechazo a Dios ESTABA directamente relacionado al rechazo que había sufrido de parte del esposo". Estaba teniendo dificultades para relacionarse con Dios porque se sentía muy rechazada como persona. El rechazo que ella había experimentado de la mano del hombre le había causado que no creyera en el amor de Dios por ella. Ahora mi mente se había abierto a una nueva forma de orar. La fuente del rechazo puede haber sido su esposo, pero su problema real era con

El corazón de Dios en cuanto a la necesidad   25

Dios. Ella se había separado de Él. Para que ella recibiera sanidad, había que dirigirse al problema espiritual.

Viendo a la gente como Dios la ve

Jesús conocía el corazón de cada persona con la que se encontraba, y Él también sabía que la llave de la sanidad de cada persona sufrida estaba identificada dentro de la Escritura. Si queremos ministrar a las necesidades del ser humano como lo hizo Jesús, debemos verlos como Dios los ve, es decir, bíblicamente. Jesús fue el cumplimiento perfecto de la ley –el Único capaz de amar completamente a Dios y a los demás con amor perfecto. Jesús vino a la tierra y fue a la cruz para restaurarnos en estas áreas donde el pecado ha traído dolor y destrucción a nuestras vidas. Romanos 3:20b nos dice: "porque por medio de la ley es el conocimiento del pecado". La ley no es capaz de traernos sanidad. ¡Nunca podremos sentirnos completos tratando de guardar la ley! La Escritura es clara en cuanto a esto. Sin embargo, la ley identifica nuestra gran área de necesidad –ya sea espiritual o relacional.

Lo que yo había estado preguntándole al Señor era cómo podía ministrar a Su pueblo basado en la verdad bíblica revelada y no en una educación, filosofía o percepción humana. ¿Qué posibilidad existe de que Dios se equivoque al definir la necesidad humana? Simplemente decidí que continuaría aprendiendo a cómo orar por la gente de la misma manera que Jesús lo hacía, dirigiéndose al meollo del problema. Cuando su oración se dirige a un problema que ya ha sido claramente identificado por la Escritura, estamos pisando terreno firme. ¡Dios no se puede equivocar en esto!

Piénselo de esta manera: si usted posee un Mercedes y este empieza a tener problemas con el motor, ¿a dónde lo llevaría para que lo arreglaran? ¿Tendría sentido llevarlo a un concesionario de Ford? Sin ofender a Ford, pero me parece que sería mejor llevar el carro a un concesionario de Mercedes, porque ellos entenderían este carro mejor que nadie más. Para orar con precisión por los seres humanos, hay que ir con el Hacedor de los seres humanos. El Hacedor puede mostrarnos en un instante lo que no funciona con cada persona. ¡Nadie mejor que Dios conoce todo acerca de usted y su dificultad! A medida que el Señor examina al ser humano, Él conoce exactamente lo que está mal y cómo hemos roto nuestras relaciones con Él y con los demás. Dios es el Mejor para arreglar a los humanos. Dios también puede comunicarse con usted para mostrarle cómo proceder al orar por alguien, para que su "servicio" sea efectivo y preciso.

La oración eficaz por cualquier persona debe empezar con la necesidad, ya sea espiritual o relacional. Por general que parezca, si usted identifica en cuál de estas dos necesidades está la persona, podrá ser capaz de empezar a orar por ella con poder. Para ministrarle a alguien y tener resultados duraderos, usted debe identificarse con la condición en su forma más primaria. Esto significa discernir si es espiritual (con Dios) o relacional (con los demás). No es solamente el Espíritu Santo el que está con usted en esto, sino también la Palabra. El Espíritu Santo obra a través de la Palabra y Él responde a la Palabra. La Escritura revela el corazón de Dios hacia la condición humana, y nos confirma lo que escuchamos del Espíritu Santo. Hay muchos ejemplos en la Escritura que nos ayudan a captar tanto la necesidad espiritual como la relacional. Veámoslo más de cerca.

Necesidad espiritual

En todas las historias y culturas de la humanidad encontraremos una variedad de dioses. La gente va a probar cualquier cosa con tal de acercarse a su Creador. Durante siglos, el hombre ha tratado de encontrar e identificar al que lo creó y de comprender Sus caminos. Esta ha sido la búsqueda más grande: encontrar a Dios. Quizás usted es uno de los que está en esta búsqueda ahora mismo. Su deseo más profundo es relacionarse y comunicarse con Dios el Creador y adorarlo y experimentar Su gloria en una comunión ininterrumpida con Él. Una necesidad espiritual se forma cuando nosotros no podemos relacionarnos (o simplemente no nos relacionamos) con Dios de la manera en que queremos.

La historia de Saúl ilustra de una manera clásica lo que es una necesidad espiritual. Dios le había dicho a Samuel: "Mañana a esta misma hora yo enviaré a ti un varón de la tierra de Benjamín, al cual ungirás por príncipe sobre mi pueblo Israel" (1 Samuel 9:16). Saúl era un hombre con las más altas calificaciones. Era de la tribu de Benjamín, hijo de Cis, nieto de Abiel. Era un joven impresionante, sin igual entre los israelitas. De hombros arriba sobrepasaba a cualquiera del pueblo (véase 1 Samuel 9:1-3). Parecía que Saúl lo hacía todo bien hasta que su fe en Dios fue probada. Ya que Dios escogió a Saúl y lo envió a Samuel, podríamos asumir que Saúl conocía a Dios y tenía una relación con Él. Lo que llegamos a darnos cuenta es que había tanto miedo residiendo en el corazón de Saúl, que este miedo opacaba su fe. Lo que califica a un siervo es el corazón. Si seguimos la historia de Saúl hasta el final (1 Samuel 28), vamos a descubrir que él se alejó tanto de Dios que terminó muy obsesionado, de tal manera que conjuró al espíritu del difunto Samuel mediante la adivina de Endor. Este fue un mal final para alguien que debía haber tenido un tremendo éxito, de acuerdo a los esquemas humanos.

En la medida en que llegamos a conocer a Saúl, no nos toma mucho tiempo para ver que tenía una seria crisis en su vida, la cual era la falta de intimidad y relación con el Señor. Saúl ni confiaba ni dependía del Dios Viviente. Él no recibió su identidad de Dios. Consecuentemente, Saúl vivió una vida llena de inseguridad, paranoia y rebeldía, perdió el favor de Dios y murió en el proceso. El problema más peligroso de Saúl no eran los filisteos, el enemigo que amenazaba a Israel, sino más bien su constante propensión a desobedecer a Dios. Él tenía una necesidad espiritual muy seria y profunda: una relación rota con Dios.

Se podría decir que Saúl rechazó a Dios y, por lo tanto, se volvió rebelde a Dios. Cuando Samuel le dijo a Saúl que esperara a su regreso para ofrecer el holocausto (1 Samuel 13:8-11), Saúl no lo hizo por miedo a los filisteos. A pesar de que él era un guerrero y un rey ungido, Saúl temblaba al ver a sus enemigos. Él puede haber sido alto y apuesto, pero dentro era inseguro y miedoso. Debemos reconocer lo que estaba bien profundo bajo la superficie: Saúl se sentía auto-rechazado en su vida.

El autorrechazo y el rechazo a Dios están interrelacionados. Comienza con el rechazo a uno mismo. Cuando uno no puede aceptar quien es debido a problemas personales o familiares, la respuesta puede ser ponerse en contra de Dios y culparlo por la incapacidad que se tiene de lidiar con la vida. La idea engañosa de que Dios nos está rechazando y de que Él es hiriente (como lo han sido algunos miembros de la familia), puede enraizarse en nuestra alma. Así que como resultado de esa ira y dolor, comenzamos a rechazar a Aquel que más nos ama.

Este Saúl fue llamado por Dios para ser rey de Israel. Sin embargo, tenía un problema espiritual. ¿De qué manera usted oraría por Saúl? Si usted hubiera tenido este privilegio, ¿por dónde empezaría para llegar a su corazón? Hay información en el reporte bíblico acerca de su crianza que nos puede ser útil. Él era hijo de Cis, el nieto de Abiel, el biznieto de Zeror, y de la tribu de Benjamín. Esta información puede decirnos mucho. Evidentemente, Saúl venía de un linaje santo. No obstante, cuando lo conocimos en 1 Samuel 9:1-3, se le dio la tarea del siervo más humilde: buscar algunas asnas. ¿Sería que Saúl se sentía menospreciado y desvalorado por su propio padre? No obstante, sucedía que el centro del problema de Saúl era de naturaleza espiritual. Esto empieza a verse con claridad a medida que la historia se desarrolla. Aquí es donde debe empezar nuestra oración con precisión, mientras invitamos al Espíritu Santo a que invada nuestra mente con las palabras exactas que debemos

El corazón de Dios en cuanto a la necesidad 29

decir en la oración, y provocar un maravilloso intercambio de gloria. La oración es poderosa si da en el blanco. Sí, Saúl pudo haber tenido un problema con su padre, con David y con sus enemigos. Pero, en última instancia, su conflicto no era con sus semejantes, sino con Dios. Si encontramos un "Saúl" en el mundo actual, quizás en nuestra iglesia, esta podría ser una forma de orar:

Padre, en el nombre de Jesucristo, Tu Hijo, reprendo todo rechazo hacia Tu amor que hace que mi hermano te cuestione todo el tiempo. Me levanto contra todo miedo, falta de fe y nerviosismo. Tranquiliza el corazón de este hombre para que sepa quién Tú eres realmente y para que acepte Tu amor. Quita de su corazón el deseo de hacer su propia voluntad. Me levanto contra toda duda, toda incertidumbre y toda racionalización.

¡Restaura en su corazón el deseo de complacerte, oh Dios! Haz que su espíritu se rinda a Tu voluntad. Desato en su vida la fe que viene por la revelación de quién Tú eres. En el poderoso nombre de Aquel que se atrevió a morir por todos nosotros. Amén.

Una oración como esta puede cambiar la historia porque realmente oramos por lo que estaba en el corazón del problema, y era verdadero. ¿Cómo se pudo hacer esto? Se descubrió que el problema era de naturaleza espiritual, y a partir de ahí el ministerio de la oración empezó a fluir. Si su "Saúl" recibe su oración, ¡usted habrá anotado un touchdown espiritual!

Estamos inundados de necesidad espiritual en estos días. Muchos cristianos han comprometido su fe al no poder satisfacer el hambre de intimidad con el Señor. Sintiéndose rechazados y confundidos, ellos anhelan el momento de un progreso con Dios. A lo mejor han estado en la iglesia toda la vida, pero las oraciones repetitivas que no rinden resultado y las palabras formales memorizadas por años en los cultos de la iglesia, los pueden dejar sintiéndose vacíos y estáticos. Algunos han sido realmente dañados por la teología mórbida y por los ritos irrelevantes de la religión. El espíritu humano debe experimentar la presencia y el mover del Espíritu Santo para poder estar satisfecho y sentirse pleno.

Recuerde que el que ha experimentado el rechazo puede, a su vez, rechazar a Dios. Al parecer aman a Dios, y tratan de servirle y obedecerle, pero están dañados. No son capaces de venir a Él con una fe sencilla y una confianza de niño. Son incapaces de aceptar a Dios por quien Él es, de manera honesta e incondicional. Viven sus vidas como huérfanos espirituales.

Un verdadero huérfano sabe el significado de vivir la vida sin seguridad, estabilidad y el calor de un hogar físico. Un huérfano espiritual no es diferente. También le son familiares los sentimientos de miedo, rechazo, ansiedad y desamparo, incluso cuando tenga un lugar en donde pasar la noche. Esto se debe a que el huérfano espiritual se ha visto cara a cara con el significado real del desamparo: vivir la vida sin un padre."[2]

Para llegar a este vacío hay que aprender a orar por alguien que tenga un problema espiritual.

Cuando el problema básico se revela como espiritual, lo siguiente es prestar atención a cómo se expresa la necesidad espiritual. ¿Cuáles son algunas de las indicaciones de una necesidad espiritual? La persona puede hacer preguntas acerca de la naturaleza de Dios constantemente. Al parecer la persona analiza y racionaliza los caminos de Dios en todo momento. Critica todo lo que le exija demostrar su fe más allá de él mismo. Cuando parece que no puede confiar y creer como los demás, viene la angustia. Por lo tanto su mente busca encontrar respuestas que sean suficientes por un instante, pero las preguntas y las dudas perduran por años. Están aquellos que tienen una necesidad espiritual, que ni siquiera conciben la idea de humillarse arrodillándose como medio de avance. Ellos defienden su teología y mueren por ella, a pesar de que sus creencias no hayan producido frutos duraderos en sus vidas. Cuando un hombre o una mujer de intelecto cuestiona asuntos elementales de la fe, cuando una mente llena de dudas racionaliza cada nuevo concepto bíblico, cuando el orgullo y el ego interfieren con la vida, es muy difícil aceptar lo simple que es tener una relación con Dios por medio de la fe. Algunos de nosotros preferirían relacionarse con un libro o con un teólogo que con el mismo Dios.

Nuestro enfoque de oración para estas personas debe estar hacia la mente, declarando humildad, obediencia y sanidad de los pensamientos de ansiedad. Usted mismo debe acercarse a estas almas con paz en su corazón, ya que esto es algo que nunca han tenido. Un problema espiritual deja al que está en búsqueda de Dios confundido, frustrado, sin esperanza y, a la larga, derrotado. Asegúrese de dirigirse a ellos con palabras que los conforten y los animen. ¡Nunca ore para desanimar, sino para animar!

Necesidad relacional

Ya que el mismo Jesucristo continuamente batalló con las necesidades básicas de la gente, nos beneficia aplicar el mismo método que Él usó. Después de todo, ¿no es Él el Creador y el "experto" cuando se trata de Su propia creación? ¿Por qué debemos cuestionar el concepto fundamental, que aparece en Marcos 12:28-31, de amar a Dios y amar a nuestro prójimo, cuando el mismo Hijo de Dios estableció que estos dos mandamientos sostienen a todos los demás? El secreto de una oración poderosa es iniciar por el punto de partida de la debilidad y las heridas, y sin lugar a dudas, estas dos áreas nombradas "espiritual" y "relacional", son las que bíblicamente se revelan como las dos áreas de mayor necesidad de los seres humanos.

Así que, después de haber debatido brevemente sobre la necesidad espiritual, entonces ¿cómo identificamos y ministramos a la necesidad relacional? Cuando Jesús dijo: "Amarás a tu prójimo como a ti mismo", Él indicaba que aproximadamente el cincuenta por ciento de los problemas subyacentes del ser humano son relacionales. Esto es interesante, ya que el cincuenta por ciento de los mandamientos del Antiguo Testamento revelan problemas con padre, madre, hermano, amigo u otros. Nacimos para vivir y morir en comunidad. Ninguno de nosotros ha nacido para vivir una vida aislada de los demás. Usted es un resultado de la comunidad y es parte de la comunidad; sin los demás su vida no es plena.

Lo relacional involucra todo tipo de interacción humana. Incluye emociones como la ira, la culpa y el odio. Va desde el dolor hasta los conflictos, los celos, la envidia y la falta de perdón. No obstante, en la medida en que empezamos a orar por la necesidad relacional, usted no va a lidiar fundamentalmente con estas emociones, al menos no al principio. Más bien, usted se va a dirigir al área relacional que fue la que primero abrió las puertas al problema de la vida de una persona. Recuerde que el Espíritu Santo le ha revelado si el centro del problema es espiritual o relacional; por lo tanto, el Espíritu Santo está obrando junto a usted en esto. Puede estar seguro de que el Espíritu Santo va delante de usted. Él sabe precisamente a dónde ir. Cuando usted se dirige al área clave en su oración, viene el consuelo, y usualmente, la persona que está recibiendo la oración, estará abierta al mismo. Usted es la voz, y el Espíritu Santo es el que está convenciendo a la persona a que acepte su oración.

Vamos a hacer un "estudio de caso", que aparece en la Escritura, sobre alguien que tiene una necesidad relacional. Un ejemplo se encuentra en la historia de Jacob y su hermano Esaú. Después de

El corazón de Dios en cuanto a la necesidad 33

haberle robado a su padre la primogenitura de su hermano (véase Génesis 27), Jacob corrió a casa de Labán, bien lejos en Harán. Esaú, conociendo el engaño de Jacob para robar su bendición, le guardaba rencor a Jacob: "Y aborreció Esaú a Jacob por la bendición con que su padre le había bendecido, y dijo en su corazón: Llegarán los días del luto de mi padre, y yo mataré a mi hermano Jacob"(Gen 27:41). Esta relación rota entre hermanos se convirtió en un asunto de odio y división que duró muchos años. En su trato con las personas, usted encontrará a aquellos que han recibido el mismo trato que Esaú, y ellos tampoco querrán perdonar ni olvidar.

Jacob trabajó para Labán por catorce años para ganar a sus dos esposas, Lea y Raquel. Jacob fue obligado a casarse con Lea primero, a pesar de que su deseo era casarse con Raquel. Sin embargo, Dios bendijo la unión con Lea. Le dio cuatro hijos a Jacob, incluyendo a Leví, el ancestro del linaje sacerdotal de Aarón, y a Judá, de quien salió el linaje real de David, que incluye a Jesucristo. A pesar de que él llevó a cabo un gran destino, Jacob todavía llevaba dentro mucho tormento y miedo por Esaú.

Al orar por las personas que tengan problemas relacionales, usted quizás querrá usar las palabras que ayuden a esta persona a recibir mejor su oración. Por ejemplo, la falta de perdón se asocia a la ira, la desconfianza, las peleas, conflictos, venganza, críticas, dureza e injusticia. Aquellos que tienen problemas relacionales no tienen paz en el alma, porque hay mucho que no han resuelto en su subconsciente. Su oración puede liberar a una persona de la tortura de problemas relacionales no resueltos y comenzar a encaminarlos hacia lo correcto.

Si usted se encontrara a "Jacob", y tuviera la oportunidad de orar por él, ¿qué le diría? Esta podría ser una oración para su "Jacob", quien a pesar de que le está yendo bastante bien en la vida, todavía tiene una necesidad relacional profundamente arraigada que necesita ser sanada:

> Padre Celestial, calma el corazón de Jacob por huir de Esaú. Dale fe y valentía para que en vez de temerle más a Esaú, vaya a él y le pida perdón. Abre su mente para que entienda que permanecer alejado de la familia por quince años no le va a ser útil a nadie; más bien, dale fortaleza para que se arrepienta de lo que le ha hecho a Esaú. Calma las aguas de este drama y ablanda el corazón de Esaú para que perdone a su hermano. Quita del corazón de Jacob toda amargura, odio, veneno, carácter agrio, y conflicto de cualquier tipo, y respáldalo para que confronte a su hermano en verdad y amor.

El corazón de la oración por una necesidad relacional debe estar dirigido hacia la persona que históricamente estuvo en el centro del problema relacional. En el transcurso de la vida, tenemos muchas relaciones; sin embargo, UNA relación clave produce la ansiedad que vemos en las personas que tienen una necesidad relacional. El preámbulo de un problema comienza con una persona. Puede ser una madre o un padre, una abuela o un abuelo, o quizás un hermano, como en el caso de Jacob y Esaú. Puede ser un amigo de la infancia o un maestro. Mientras ore por alguien, identifique a la persona que causó el mayor daño y dirija su oración hacia ella, como la clave del comienzo de una necesidad relacional. En el caso bíblico anterior, cuando finalmente viene la sanidad entre Jacob y Esaú (Génesis 33), el nombre de la madre de Jacob, Rebeca, no sale a la superficie, a pesar de que ella había sido parte de la conspiración contra Esaú. Jacob había estado completamente de acuerdo con el plan de su madre para engañar a su hermano. A la larga, la decisión de hacerle mal a su hermano, la tomó el mismo Jacob. Por lo tanto, la sanidad para este problema relacional tendría que venir entre Jacob y Esaú.

Los problemas relacionales pueden ser muy dañinos para los seres humanos y el corazón de Dios nos revela esto cuando nos manda

El corazón de Dios en cuanto a la necesidad 35

"amarás a tu prójimo como a ti mismo" (Marcos 12:31). Como ve, el hombre fue creado para tener relación, y por naturaleza, un hombre o una mujer no pueden sentirse realizados y plenos fuera de su comunidad. Sufrimos porque el pecado –nuestro pecado o el pecado de ellos- hiere nuestras relaciones con la gente. Cuando su oración va directamente hacia esa área clave en cuanto a lo relacional, y se enfoca de acuerdo con la verdad bíblica, entonces se convierte en certera y concisa, lo que se traduce como vidas cambiadas.

Aquí usted está conociendo la mente del Espíritu Santo, y desde el momento en que usted comienza a orar con las necesidades básicas en su mente, usted no se desviará moviéndose a otros lugares en su ministerio de oración. Hemos usado la analogía de un touchdown de futbol americano. Llegar a la necesidad es similar a correr hasta alcanzar la diagonal. ¡Es un asunto de urgencia! Debemos apurarnos para proclamar en la oración la palabra decisiva que convencerá a la persona de que el Espíritu Santo la conoce de manera íntima. Este es un momento reconfortante y estimulante en la espiritualidad de alguien, ya que es el mismo Dios descendiendo en esa persona en medio de una oración. Como ve, cuando el Espíritu Santo se revela, Él también sana. Cuando Él sana, también convence a la persona para recibir la oración. Su oración no es una obra humana y carnal. No es algo que usted invoca desde su mente, su voluntad y emociones. Es un conducto que lleva la verdad directamente desde el santo y amoroso corazón de Dios hacia el rincón más remoto dentro del ser humano. Si su computadora puede estar conectada a la electricidad y tener acceso a una señal Wi-Fi ahora mismo, entonces ¿por qué su espíritu no tendría acceso a la poderosa "señal" de Dios que lo convertiría a usted en una bendición para la vida de alguien? Sí puede. ¡Sólo créalo!

3

Las cuatro raíces

En los capítulos anteriores vimos las necesidades básicas, que se dividen en dos grandes áreas: las necesidades espirituales, que tienen que ver con Dios, y las necesidades relacionales, que tienen que ver con los demás. Cuando lidiamos con las espirituales, nos enfrentamos al mandato bíblico de "Y amarás al Señor tu Dios con todo tu corazón, y con toda tu alma, y con toda tu mente y con todas tus fuerzas" (Marcos 12:30). Amar a Dios es el deseo supremo de cada ser humano, y aún así batallamos para hacerlo debido a nuestra naturaleza carnal, la influencia del maligno y lo que la vida nos ha hecho. Los seres humanos son creados para amar a su Padre y anhelan desesperadamente amarlo, pero a menudo no pueden atravesar la barrera. Si la humanidad tiene un problema, este es amar a Dios con todo nuestro ser. Si simplemente nombramos la necesidad básica que aquí existe, es que el hombre es rebelde con Dios. Para la vida del que está deseoso de tener plenitud, la oración relacionada con esta área es un momento definitivo ya que tiene que ver con el corazón de Nuestro Dios. Él quiere que usted esté definido por Él. La identidad y la plenitud sólo se pueden encontrar en Él.

Usted ha aprendido que una necesidad espiritual se divide en dos áreas: el autorrechazo y el rechazo a Dios (que es la rebeldía contra Dios). A su vez, cualquier actitud hacia Dios refleja una actitud subyacente en cuanto a uno mismo. Cuando usted pueda identificar la raíz de autorrechazo o la de rechazo a Dios como una necesidad básica, entonces se abrirá el camino y guiará su oración hacia lugares más profundos dentro del corazón de la persona.

El rechazo a Dios comienza con el rechazo a uno mismo. Cuando alguien es rechazado como persona, es propenso a rechazar a Dios. Como uno se relacione con Dios depende de cómo uno se vea. Es imposible relacionarse en amor con Dios, con todo el corazón, toda la mente y todas las fuerzas, cuando no nos relacionamos con nosotros mismos. El rechazo a Dios constituye una necesidad básica que se forma cuando una persona no puede mantener una relación con Dios, debido a un conflicto personal interno. Una persona que rechaza a Dios está, esencialmente, en rebeldía contra Él.

Los problemas relacionales involucran nuestra relación con los demás. Jesús enfatizó esta área cuando citó la ley diciendo: "Y el segundo es semejante: Amarás a tu prójimo como a ti mismo. No hay otro mandamiento mayor que éstos" (Marcos 12:31). Somos seres comunitarios, y fuera de la comunidad nos encontramos incompletos e insatisfechos. Cada uno de nosotros ha experimentado un conflicto con los demás, o ha tenido problemas en las relaciones familiares. Por supuesto, el grado de trauma no siempre es el mismo. No obstante, cuando el trauma ahoga o define a la persona, se puede crear una necesidad relacional.

Si Caín hubiera resuelto su problema con Abel cuando Dios le dio la oportunidad, el primer homicidio de la Biblia no hubiese ocurrido. Si Esaú hubiera pasado tiempo con Jacob y hubieran resuelto sus

Las cuatro raíces 39

diferencias, nos hubiésemos saltado un capítulo triste de la historia de la humanidad, que aún hoy divide naciones e incita a la violencia. Los problemas de falta de perdón y las consecuencias dolorosas se encuentran en toda la Escritura una y otra vez.

Hay dos áreas o "ramas" dentro de una necesidad relacional: la falta de perdón y la amargura. La falta de perdón se torna progresiva en la medida en que se desarrolla, estableciendo un freno cada vez más negativo y destructivo sobre el alma humana. La falta de perdón evoluciona hasta convertirse en odio y amargura. Debido a que la amargura es falta de perdón que se le ha permitido permanecer y afianzarse profundamente, incluso a través de generaciones, podemos decir que la falta de perdón es el asiento de la amargura. Tenga esto en mente.

Estas son las cuatro raíces subyacentes de la necesidad humana: el autorrechazo, el rechazo a Dios, la falta de perdón y la amargura. Si usted está pensando de esta manera en el momento en que se acerca a la persona, con el discernimiento de espíritus operando, el Espíritu Santo le guiará hacia alguna de esas raíces. ¿Qué es una raíz? Una raíz es el área primaria de necesidad hacia donde debe dirigirse su oración por plenitud. El autorrechazo y el rechazo a Dios se pueden visualizar como "raíces verticales", ya que primeramente afectan nuestra relación con Dios. La falta de perdón y la amargura serían entonces "raíces horizontales", debido a que afectan directamente nuestras relaciones con los demás. Al orar por alguien, usted debe confiar en la manifestación del discernimiento de espíritus para "escuchar" cuál es la necesidad inmediata (tanto espiritual como relacional).

Detengámonos aquí por un segundo. Estoy bastante seguro de que entiendo lo que usted está pensando, y sé que le surgió una pregunta: "¿Cómo puedo estar seguro de que voy a escuchar algo de parte del Señor?" En otras palabras, ¿qué seguridad posible tengo yo de que el Espíritu Santo se mueva para ayudarme a entender las necesidades más cruciales de los demás? La respuesta es esta: la Palabra ya nos ha dicho que la necesidad básica de cada hombre y mujer es amar a Dios y a los demás. El Espíritu Santo siempre va a confirmar la Palabra. ¡Siempre! Si usted tiene a la Palabra como lo principal en su mente cada vez que usted se levante en fe para orar por alguien, ¡Dios va a honrar, iluminar y verificar su propia Palabra a través del Espíritu Santo!

Así que después de discernir si la necesidad es espiritual o relacional, el próximo paso es apuntar hacia la raíz del problema: autorrechazo, rechazo a Dios, falta de perdón o amargura. Esa raíz es el área donde ahora el Espíritu Santo se va a enfocar y comenzará a obrar, brindándole a usted la información necesaria para que formule una oración certera, que tocará y penetrará profundamente la misma alma de la persona.

Hace muchos años estaba visitando Brasil en un viaje misionero, y estábamos dando un culto en una iglesia metodista local. El santuario estaba lleno hasta el fondo y el equipo oró por cada persona que vino al altar. Las filas de los que querían oración se extendían por los pasillos, y nuestro grupo ministró por al menos cuatro horas para asegurarse de que cada persona recibiera oración y de que nadie fuera pasado por alto. Finalmente se había terminado todo, y estábamos en nuestro autobús, muy cansados y listos para irnos al lugar donde nos hospedábamos y a dormir. Justo me estaba acomodando en mi asiento, preparándome para el largo viaje hacia la casa, cuando vi a una mujer tocando en la puerta del vehículo. ¡Ella estaba gritando que quería que yo orara por ella! Yo estaba cansado, y honestamente debo decirles que no me cayó muy bien tener que levantarme y orar por alguien cuando ya habíamos orado por tanto tiempo y le habíamos dado la oportunidad a cada persona angustiada de recibir atención. Sin embargo, me levanté y cuando me acerqué a la puerta, ella dijo: "Señor, muéstrale a este hombre mi problema". A decir verdad, realmente me dieron deseos de volver a mi asiento y cerrar la puerta, pero la voz interior de Dios me habló con ternura sobre su necesidad: tenía que ver con los demás. Inmediatamente fui convencido. Sabía que había venido a mí una revelación.

Ahora tenía que saber cómo proceder en mi oración por ella. Le pedí que me mirara directamente a mí, y su rostro mostraba las cicatrices de muchos años de dolor. Comprendí que de verdad odiaba a alguien, y que su corazón estaba roto. Le pedí que me respondiera una sola cosa: "Dime cómo se llama él". Su rostro fue distorsionado por la furia y empezaron a brotar lágrimas de sus ojos. Explotó con un aluvión de palabras acerca de "Antonio", quien la había dejado con cuatro hijos. Percibí que estaba llena de falta de perdón y mucha amargura por Antonio. Nuestro grupo vino para orar por ella, y la gloria de Dios descendió sobre esta mujer de manera que perdonó a su ex-esposo. Luego un joven alto se me acercó y me agradeció por haber traído sanidad a su madre. Era la primera vez que ella venía a un servicio de adoración. Ella no sólo recibió a Jesús como su Salvador aquella noche, sino que se reconcilió con un Dios amante que podía borrar años de ira y dolor.

Andrew Murray estaba en lo cierto cuando escribió: "Debemos comenzar a creer que Dios, en el misterio de la oración, nos ha confiado una fuerza capaz de mover el mundo celestial, y de traer su poder hacia la tierra".[1]

Cada información que da el Espíritu Santo está impregnada de conocimiento. Usted no tiene que saber todo por usted mismo, porque el Espíritu Santo es perfectamente preciso en Su entendimiento de la necesidad humana. ¡Esto es tremendo alivio! A medida que nos abrimos al principio bíblico de revelación y nos atrevemos a actuarla en fe, no sólo escucharemos la voz de Dios, sino que veremos resultados. Hebreos 11:6 declara: "Pero sin fe es imposible agradar a Dios; porque es necesario que el que se acerca a Dios crea que le hay, y que es galardonador de los que le buscan". Los dones del Espíritu Santo, incluyendo el discernimiento de espíritus, comenzarán a infundir nueva vida a su ministerio de oración, revelando estas áreas de necesidad para que usted pueda ministrar de manera más efectiva a la gente. ¿Cometerá errores? Sí, es muy seguro que usted se equivoque, pero con la práctica usted tendrá más precisión en su ministerio de oración. Téngase paciencia mientras aprende, y crea que el Espíritu Santo está con usted para aconsejarlo e instruirlo. Miles de cristianos "comunes" que han estado en nuestros viajes misioneros a Brasil, han aprendido cómo orar de acuerdo a los principios que estoy compartiendo con usted en este libro. Son innumerables los testimonios de cómo sus ministerios de oración han sido cambiados y se han vuelto más poderosos. Ellos simplemente se atrevieron a creer que el Espíritu Santo puede hablarles a la luz de la Palabra y luego se levantaron en fe para tratar de ser una bendición para alguien. Con el paso de los años los frutos han sido incalculables. Si no hubiera frutos yo no estaría escribiendo este libro. Pero los frutos confirman que existe algo poderoso en lo que estoy compartiendo con usted en estas páginas.

En los siguientes capítulos veremos detalladamente cada una de las cuatro raíces, y cómo se forman y expresan en la vida del hombre, la mujer y el niño. Mientras usted lee esta sección comenzará a entenderse a sí mismo y a los demás más claramente. Y todo empieza viendo la necesidad como Dios la ve.

4

Necesidad espiritual: La raíz de autorrechazo

Cuando alguien se convierte en cristiano, es llamado a ser testigo del amor redentor de Dios. Si no conocemos y aceptamos el amor de Dios de una manera personal, no somos capaces de crecer en ese amor o ministrarlo a los demás. Esto provoca que seamos personas dañadas y testigos incompetentes. La raíz de autorrechazo minimiza, reprime y denigra a la persona. Desanima a la persona para que no conozca su valor e importancia. El rechazo no permite que nos demos cuenta del amor de Dios por nosotros. Hay muchos cristianos que no reciben el amor ágape incondicional de Dios. Aunque son sinceros en su fe, carecen de confianza espiritual en sí mismos y en la capacidad del Señor de liberarlos de los pecados y traumas del pasado y del presente. Esto les impide crecer en la fe. Esto les impide alcanzar su potencial en la vida y convertirse en una bendición para los demás.

¿De dónde viene el autorrechazo?

El rechazo es una necesidad espiritual, pero la raíz de rechazo se crea cuando una persona es rechazada por alguien más: los miembros de la familia, sus iguales o representantes de autoridad. El rechazo viene a través de aquellos que tienen acceso a la confianza y confidencia de una persona, tales como padre, madre o hermanos. El rechazo es algo que se induce. No es innato. En otras palabras, no es algo que una persona "posea" sin ningún motivo. Nadie escoge ser rechazado. Es algo que se le impone a una persona. Les he ministrado a niños pequeños, hasta de cinco años de edad, que se han sentidos rechazados en la escuela. Un hijo no deseado puede sentir el rechazo de la madre incluso estando en su vientre. La inducción del rechazo a una edad temprana crea un precedente que puede durar una vida entera. Un simple incidente que dejó una "cicatriz" de rechazo, puede ser recordado cuarenta años más tarde si no se trata.

Todos nosotros experimentamos el rechazo muchas veces en nuestras vidas. No obstante, la raíz de rechazo se crea en una persona cuando las experiencias de rechazo se vuelven tan opresivas que distorsionan y oscurecen una relación saludable con Dios. A la persona le resulta prácticamente imposible creer de manera fidedigna que Dios le ama. El rechazo profundo de parte de un padre causa sentimientos de incompetencia dentro del niño, que con el tiempo se convertirá en una norma emocional. A medida que el niño crece, la voz de acusación se le va a tornar más familiar y prevalente que la voz de aceptación. El mensaje de falta de valor o baja autoestima puede enraizarse en el proceso de pensamiento de un niño a una edad muy temprana, afectando virtualmente cada área del desarrollo, incluyendo la personalidad, espiritualidad, salud y sexualidad. Todo esto interfiere con la capacidad de la persona de sentirse aceptada y segura en el amor de Dios. Un patrón de auto-percepción negativa se establece firmemente y permanece hasta que es tratado por alguien que sabe cómo orar.

Necesidad espiritual: La raíz de autorrechazo

La primera vez que llegué a Estados Unidos desde Brasil, me fue difícil comunicarme con los demás. No entendía el idioma. Me sentía totalmente fuera de sincronía con los demás. Yo sabía que lucía y actuaba de manera diferente a las demás personas que me rodeaban. Eso era terrible. Hubo muchos días en que me sentaba solo en una cafetería de un instituto de segunda enseñanza en Madison, Florida, esperando que alguien –cualquiera- me hablara. Yo venía de una fuerte familia metodista en Brasil. Cuando salí de Brasil, mi padre me dijo: "Hijo, tú estás bajo el llamado profético de Dios, bendecido por Dios, y salvado por la gracia de Dios". Pero en esos días en la cafetería del instituto de Madison, sentía como si me hubieran quitado toda la bendición profética, y quizás incluso hasta mi salvación. El rechazo de los demás me estaba consumiendo.

Finalmente dejé de ir a la iglesia. Por un período de tiempo parecía que mi fe se había enfriado. Iba a la escuela y a trabajar en una gasolinera Shell, que quedaba frente a una iglesia bautista, pero mi relación con Dios estaba casi desaparecida. Debido a que era rechazado, empecé a rechazar a Dios en mi vida. Curiosamente, el rechazo venía de mis iguales, quienes para mí se habían tornado más importantes que mi propia vida. Las damas de la Primera Iglesia Metodista Unida me libraron de sufrir un daño mayor pues empezaron a llegar a mí con amor. De alguna manera, su amor comenzó a compensar el rechazo que yo experimentaba en la escuela, y empecé a sentir, al menos, una sensación de pertenencia. Me uní a una fraternidad en la Universidad de Florida del Norte, y esos jóvenes también me aceptaron. ¡Ahora Ricardito estaba protegido por sus hermanos mayores! A pesar de que me criaron en una fe cristiana fuerte, el comportamiento de los demás afectó profundamente mi vida, y casi hace naufragar mi fe.

Al orar por los jóvenes, usted debe buscar estos rasgos de rechazo. Concéntrese en los conflictos familiares. De la misma manera, un adolescente que esté navegando por nuestro sistema escolar, con todo el acoso (en inglés: bullying) y la negatividad que abunda en los medios sociales, puede empezar a presentar una raíz de rechazo, que empequeñecerá su valía personal por muchos años en su futuro. Al orar por los demás a causa del rechazo como necesidad básica, el objetivo no es condenar al autor o a los autores del rechazo (madre, padre, sus compañeros, etcétera). Su trabajo aquí no es ubicar la culpa. Es sacar a la luz la causa específica del dolor y el rechazo, para poder orar con precisión. La sensibilidad a cómo se formó la raíz de rechazo es de importancia fundamental para tener éxito en su oración. Que usted entienda la necesidad básica de la persona es suficiente para que el Espíritu Santo lo dirija hacia cómo orar con precisión, sin condenar a nadie en su oración. ¡El Espíritu Santo no está deseoso de condenar a nadie! Él está presente para sanar y restaurar a la persona que haya sufrido rechazo por tantos años.

El autorrechazo a menudo se crea cuando una persona crece en un hogar donde el rechazo también ha caracterizado la vida de la madre o del padre. Un padre del que hayan abusado y no le hayan dado amor, a su vez abusará de su hijo y lo rechazará. Una raíz de rechazo se puede desarrollar cuando un niño se expone a aberraciones o indecencias sexuales. La forma más fuerte de autorrechazo viene del incesto. Cuando una persona experimenta un rechazo grave, como el incesto o abuso sexual, cambiará su personalidad, marcándola con una actitud de rechazo toda la vida. Mirando los mandamientos bíblicos, el Señor deja bien claro el vínculo entre la familia y la autoestima. Por ejemplo, Éxodo 20:17 dice: "No codiciarás la mujer de tu prójimo." De la misma manera, Deuteronomio 27:22 dice: "Maldito el que se acostare con su hermana, hija de su padre, o hija de su madre." ¿Qué aprendemos acerca del corazón de Dios en estas prohibiciones de la ley? Cada una de ellas corresponde al rechazo personal entre miembros de la familia y aquellos que viven en comunidad. Dios entiende a los seres humanos. Nuestros pecados contra otro ser humano pueden crear un profundo problema de rechazo, que afectará a esa persona de por vida.

El vacío interior

Cualquier tergiversación del amor interfiere con el descubrimiento del amor de Dios por nosotros. La raíz de autorrechazo hace que la persona se vuelva centrada en sí misma y no en Dios. La persona con raíz de rechazo siente un vacío adentro y busca llenarlo a través de varios medios, incluso medios ilegítimos. El rechazo obliga al hombre o a la mujer a alimentar el hambre de Dios con otras clases de comportamientos y sustancias, que a veces provocan que usen a las personas, sus propios cuerpos y sus emociones para su beneficio personal. Por ejemplo, una joven que creció sin padre o sin la influencia de un hombre de Dios, podría buscar la atención de los hombres de maneras inapropiadas –usando su cuerpo en un intento de ganar la aceptación de los hombres. Un hombre adicto a la pornografía casi siempre está tratando de llenar el vacío que se ha creado en su vida a causa del rechazo. Debido a que él no está seguro de sí mismo y al parecer no puede experimentar una relación íntima con su Padre Celestial, recurre a relaciones externas y "falsas". El no darse cuenta y el no creer en el amor de Dios lleva a la persona a una vida de vacío, donde el amor genuino es remplazado por la lujuria. El resultado de tratar de llenar el vacío interior puede ser una espiral hacia todo tipo de adicciones y complicaciones, que producen mucho más daño a la autoestima y causan mucho más rechazo dentro de la familia.

Identidad

Es interesante notar que lo que crea una raíz de rechazo en uno pudiera tener poco efecto en otro dentro de la misma familia, o puede que se experimente de manera diferente. Por ejemplo, un muchacho pierde a su padre y comienza a ser dominado por una madre autoritaria. Su identidad sufre, quizás trayendo como resultado el afeminamiento. Este joven podría empezar a buscar la aceptación y atención de otros hombres para llenar el vacío creado por la ausencia del padre. Por supuesto, este no es siempre el caso. Un hermano más pequeño podría responder de una forma completamente diferente a la ausencia del padre. Cada individuo responde de manera diferente, y el daño se puede minimizar gracias a la presencia cariñosa de otros miembros de la familia y amigos.

Una identidad saludable es la que está ligada a Dios. Cuando sabemos quién es Dios y estamos seguros de Su amor por nosotros, ¡entonces sabemos quiénes somos! Sin embargo, quien tenga una raíz de rechazo experimenta una crisis ya que su identidad está amarrada a sí mismo en vez de estar amarrada a Cristo. A veces encontramos personas que incluso están profundamente confundidas en cuanto a sus modelos de conducta de género. No obstante, el comportamiento de mujeres masculinas y hombres afeminados no es necesariamente un indicativo de homosexualidad o inmoralidad, sino más bien un indicador de la raíz de rechazo. Es responsabilidad de los seguidores de Jesucristo ver más allá de las consecuencias y aprender a ministrar al dolor que yace en la raíz de tan complejos problemas.

Alguien que sea rechazado por miembros de la familia experimenta un rechazo mixto. El rechazo mixto ocurre cuando la persona siente el dolor de su propio rechazo en el contexto de muchas otras situaciones de rechazo que prevalecen dentro de la familia. No sólo la persona se siente rechazada, sino que el rechazo parece ser generacional. El padre y el abuelo o la madre y la abuela, quienes fueron incapaces de amar y cuidar adecuadamente al hijo debido a que tampoco fueron amados, van a influir enormemente en el hijo. En esencia, esta persona dirá: "Ya que mi propia familia me ha rechazado, ya que no tengo forma de saber quién soy en realidad, me voy a expresar de la manera que yo lo sienta y de acuerdo a quien me acepte". Hay un camino para encontrar la pertenencia y la identidad de una persona, que incluso se expresa físicamente por la forma en que la persona se viste, habla, se hace *piercings* o se tatúa el cuerpo.

Necesidad espiritual: La raíz de autorrechazo   49

Sexualidad

Las perversiones sexuales representan un intento extremo de vencer el rechazo. El individuo rechazado que está buscando llenar el vacío de amor, pudiera participar en perversiones sexuales. Estos comportamientos producen un sentido de pertenencia y aceptación temporales y falsos, pero nunca satisfacen la necesidad de amor genuino. Cuando el rechazo es a este nivel, usted verá una inclinación acentuada hacia las aberraciones sexuales. Esto no es simple lujuria o deseo de experimentar algo nuevo, sino más bien una corriente fuerte que engatusa a la persona para volverse cautivo de un estilo de vida que está muy alejado de lo normal. Se desarrolla un círculo de relaciones que se compone de otras personas rechazadas –todas buscando la expresión de su sexualidad para satisfacer un anhelo. Usted encontrará que estas personas que se sienten profundamente rechazadas, están tratando desesperadamente de satisfacer su necesidad mutuamente. Las relaciones de amor verdaderas y duraderas nunca serán producto del rechazo. El rechazo distorsiona la habilidad de identificar e ir en busca del amor genuino en vez del amor falso, ya que todo lo que hace es alimentar el yo. Las relaciones egoístas ni satisfacen ni perduran.

Autoestima

El rechazo nos roba la autoestima, llevándonos a procesos del pensamiento que no están centrados en Cristo. Estos procesos del pensamiento hacen que nos menospreciemos y estemos ciegos a nuestro valor en el Reino de Dios. Los sentimientos de inseguridad e inferioridad convencen a la persona rechazada de que no es tan bueno como los demás y de que, por lo tanto, no es digno del amor de Dios. Estos sentimientos de inseguridad, naturalmente, llevan a la persona a la soledad, la autocompasión, el desespero, la timidez, la incompetencia, la vergüenza y la ineptitud.

Para lidiar con estos sentimientos, puede que la persona rechazada aprenda a una temprana edad a escapar hacia la indiferencia, tornándose pasiva e indecisa. Algunos tratan de encontrar salida en la comida, el alcohol, las drogas o los juegos de azar. Otros pueden encontrar una vía de escape en el sueño excesivo, el exceso de ejercicios o la televisión. Todos estos comportamientos, a la larga, no satisfacen, y sólo sirven para intensificar los sentimientos de falta de valor.

El miedo a más rechazo puede hacer que la persona se centre más en sí misma y empiece a mimarse y consentirse. Puede que manifieste un pensamiento distorsionado de su importancia en la casa, en el trabajo, en la iglesia o en la comunidad para hacerse sentir mejor. Esto es solamente una fachada para esconder su inseguridad detrás del ego, para que los demás crean que él es capaz, importante y está libre de problemas. Puede haber una tendencia a que exagere su historia o domine la conversación para autoprotegerse del doloroso sentimiento interior que no está a la altura de las expectativas de los demás.

Pasividad

¿Alguna vez se ha encontrado a alguien que no puede decidirse, que al parecer no puede tomar una simple decisión y mantenerse en ella? Una de las mayores causas de la indecisión es la pasividad de la mente. Cuando el rechazo ha echado raíces en la vida de alguien, la pasividad domina. El Diccionario de la Real Academia Española define pasividad de la siguiente manera: "Cualidad de pasivo. Se dice del sujeto que recibe la acción del agente, sin cooperar con ella. Dicho de una persona que deja obrar a los demás, sin hacer por sí cosa alguna. Que implica acción padecida o recibida por alguien o algo." La pasividad mental es el comportamiento inactivo e indiferente a las circunstancias

Necesidad espiritual: La raíz de autorrechazo 51

que requieren responsabilidad y acción personales. Es el letargo de la mente (véase Efesios 4:17-19). Una mente pasiva está llena de vacilación, falta de concentración y, algunas veces, una memoria pobre sin causa justificable.

La persona pasiva es la que tiene la mente abierta para permitir que cualquier pensamiento la atraviese sin resistencia. La mente pasiva a menudo acepta las mentiras como verdades. La mayoría de las personas bajo pasividad son vulnerables a ser controladas por los demás mediante la manipulación, intimidación o dominación. El individuo pasivo siempre está buscando que alguien más lo defina. Aceptar este control de parte de los demás paraliza el progreso de la vida de la persona.

Una mente activa, por el contrario, asume la responsabilidad de los cambios de actitud o estilos de vida que se deben hacer. La mente pasiva adopta la posición de que "Dios hará que todo se resuelva de alguna forma o de otra". La mente activa entiende que Dios obra con nosotros en nuestras realidades mientras obedecemos Sus mandamientos y nos movemos de acuerdo a Su voluntad. La mente pasiva sólo espera a que la realidad cambie. El individuo pasivo es el que a menudo sueña pero casi nunca ve sus sueños hechos realidad.

La mente pasiva está ciega a la Palabra de Dios. Es una mente reprobada, que no es capaz de escuchar y actuar en consecuencia a lo que el Espíritu Santo está diciendo, porque la palabra no es "real". Los procesos de pensamiento ambivalente de la mente pasiva adquieren más validez que lo que dice la Escritura en cuanto a esta situación. Romanos 1:28 nos habla de esto: "Y como ellos no aprobaron tener en cuenta a Dios, Dios los entregó a una mente reprobada, para hacer cosas que no convienen." Una mente activa logra mucho y es fructífera en el curso de su vida, mientras que una mente pasiva no consigue hacer algunas de las tareas más simples y cumplir los objetivos básicos en la vida. La pasividad es un derivado del rechazo, y tiene muchas ramificaciones. Cuando los procesos de pensamientos se congelan en la mente, la persona casi se paraliza. Los sueños, objetivos y el llamado nunca se materializan porque la mente de siervo está "helada". La consciencia pasiva está en un estado de estancamiento, de insensibilidad al razonamiento sensato o a los esfuerzos de los demás para motivarla. Al parecer, la consciencia pasiva no puede escuchar la verdad y no puede actuar de manera adecuada, como se supone que lo deba hacer. Una consciencia pasiva es egoísta. Crea una falsa realidad, y ajusta y distorsiona la voz de Dios para que encaje en esa realidad.

En la vida espiritual, uno de los aspectos de crecimiento más esenciales es la capacidad de llegar a Dios cuando necesitamos Su ayuda y misericordia. El espíritu humano prospera más cuando se esfuerza por alcanzar lo mejor en el peor momento de la vida. Cuando vemos un torneo de baloncesto, es emocionante ver a los jugadores universitarios dando hasta lo más profundo de su alma, hasta el último aliento, por una carrera más, una canasta más para ganar el juego. Sin embargo, el espíritu pasivo se arrincona en los "cuartos de final" de la vida, cuando la canasta decisiva está por marcar el momento de la verdad para muchos.

En su ministerio, usted conocerá gente atrapada por un espíritu pasivo. La mayoría están agobiados por la falta de incentivo que detiene el crecimiento personal, incluso año tras año. Sus espíritus son egoístas e impotentes cuando se trata de librar la batalla de vivir. No pueden cantar, no pueden llorar, no pueden danzar, no pueden orar, no se pueden regocijar. La pasividad es destructiva —no es una afección benigna- y le roba a Dios la gloria que Él se merece por la vida de alguien que Él creó.

Es fácil detectar un espíritu pasivo. La pasividad se vuelve obvia en el cuerpo. Fácilmente, usted observará la holgazanería, una voz pasiva, un andar pasivo y una postura pasiva. Cuántas veces he visto gente que viene al altar por oración, cuyos cuerpos muestran desesperación y derrota: el cuerpo desplomado hacia adelante, los hombros caídos, arrastrando los pies, la mirada fija en el piso, y las manos sin fuerzas. La raíz de autorrechazo es fácil de distinguir. Esta imagen es inolvidable para el que le encanta orar con precisión. ¡Todo lo que tiene que hacer es abrir su boca y dejar que Dios ame a alguien a través de usted!

Al orar por alguien rechazado, preste atención a la pasividad en cualquiera de sus formas. Para algunas personas rechazadas, la pasividad se convierte en parte de las coordenadas de la vida. ¡El rechazo es la raíz; la pasividad es el fruto! Cuando usted ore, una los puntos. Cuando usted ore por el espíritu pasivo hay muchas palabras que usted puede usar para dirigirse a esta atadura. Considere lo siguiente: la desesperanza, la pesadumbre, la apatía, el desánimo, el desaliento, la evasión, y el retraimiento. Dentro del espíritu pasivo usted encontrará la falta de libre albedrío, pérdida de autocontrol, pensamientos engañosos, un cuerpo holgazán, falso orgullo, delirios mentales, falsa sabiduría y una mente entenebrecida. Tenga esto en mente, la raíz aquí es el rechazo. Interpretar estas expresiones de rechazo en la persona pasiva le ayudará a formular un arma de oración efectiva y poderosa, que puede libertar a la persona.

Conocí a un pastor local que estaba perdiendo el gozo en su vida debido a las exigencias de su ministerio. Cuando empezamos nuestro tiempo de oración, él habló de sus cargas, con sus ojos apagados y su voz debilitada. Hablaba tan lentamente que antes de que terminara dos oraciones, ya yo lo había escuchado todo. La pasividad se discierne fácilmente mediante el comportamiento de una persona. Oré para animarlo, y no para desalentarle. ¡Él necesitaba ser libre del rechazo y unirse de nuevo a la batalla!

Retraimiento

La raíz de rechazo trae consigo un espíritu de pesadumbre, que incluye pesimismo, abatimiento, derrotismo y algunas veces el retraimiento total de la realidad. Frecuentemente la depresión caracteriza la vida de los que tienen raíz de rechazo. El alma rechazada tiende a retraerse de la realidad y a sustituir su percepción de la realidad. El ensueño, las pretensiones, la fantasía, y la irrealidad conllevan a la persona a ideas delirantes acerca de sí misma, de Dios, de los demás y de las circunstancias. Estas ideas delirantes pueden incluso conducir a sentimientos de paranoia, cuando la persona con una raíz de rechazo empieza a sentir que los demás quieren causarle daño mental, espiritual o físico.

Muchos luchan en una espiral descendente hacia la depresión sin ser capaces de identificar una causa, la que los puede guiar hacia posibles pensamientos de suicidio. Uno de los aspectos de rechazo frecuentes es la depresión, que puede paralizar la actividad mental de alguien. La pregunta para usted es esta: si usted desea orar con precisión, ¿cómo usted enfoca esas amenazas tan serias para la vida de una persona? ¡Debemos creer en el poder impresionante de la oración! El mayor milagro de la oración es que cuando Dios habla, ya ha cumplido Su Palabra. Cuando usted escucha a Dios, debe creer que ya Él ha hecho lo que le ha revelado a usted.

A través de estos cuarenta y cinco años de ministerio de oración, el Señor ha hecho cosas muy poderosas. Me tomaría varios libros para decirle todo lo que he visto que Él ha hecho en innumerables vidas. Orar con precisión no sólo es posible; ¡trae resultados eternos!

La sanidad del autorrechazo

Cuando el yo está en control, casi nunca hay mucha vida espiritual. La raíz de rechazo hace que uno se enfoque en el yo, lo que interfiere totalmente con una vida de oración y con una relación activa con Dios.

Recuerde que el rechazo impide que un hombre o una mujer se den cuenta del amor de Dios y de su verdadera identidad en Él. Impide que la persona sea un testigo efectivo y un canal del amor de Dios hacia los demás. Cuando alguien está consumido por el yo, se le hace difícil ver las necesidades de los demás. El rechazo se quebranta y se sana en la vida de una persona cuando esta descubre su identidad en un Padre amoroso que se preocupa profundamente por ella. La plenitud se logra cuando las emociones de un individuo son alineadas con la poderosa realidad del amor de Dios.

Como cristianos, primero debemos indicarle a la gente el camino hacia el amor de Dios, y luego dejar que el Espíritu Santo revele dónde están ellos según su propia perspectiva. El rechazo en la mayoría de los casos comenzó mucho antes de lo que podemos creer. A algunos individuos no se les dio ninguna bienvenida al mundo. Fueron maltratados en el vientre de su madre o fueron rechazados poco tiempo después de nacer, y hoy están tratando de hallarle un significado y una esperanza a su existencia.

Solo Jesucristo puede traer sanidad en estos casos. Es por eso que la oración debe ser específica y concisa. Cuando el Espíritu Santo comienza a revelar la necesidad a fondo, Él apunta hacia un tiempo, un lugar, una persona, o una situación exclusiva que hizo que la persona se sintiera de la manera en que está actualmente. El Espíritu Santo le hablará a ese momento como si Él conociera todo lo relacionado con esta persona, y de cierto lo conoce. Recuerde que Dios creó al ser humano que está frente a usted y lo va a cuidar con esmero.

Como la raíz del problema de la persona por quien estamos orando es el rechazo, le hablamos directamente a la raíz. No tenemos que analizar, volvernos emotivos o gritar. Mientras decimos las palabras en la oración, lo que hacemos es simplemente trabajar de conjunto con el Espíritu Santo al hacer Su obra.

Aplicación

Esta oración es para un hombre que fue rechazado por su madre desde el momento en que nació:

Querido Dios, sana a mi hermano del pensamiento de rechazo que está afianzado en su alma. En el poderoso nombre de Jesucristo. Me levanto en contra de todo derecho legal de Satanás contra ti, mi hermano, y contra tu familia. Voy en contra de toda insinuación, mentira y hechos que te hayan denigrado, y hayan creado un sentimiento de no ser aceptado, amado y valorado. Me levanto en contra de todas las cosas que te han dicho y que te han hecho para minimizarte, acusarte y condenarte como persona. Hablo a tu corazón y le pido a Cristo que sane tus emociones hoy. Declaro que eres amado, aceptado, y tan preciado para el Padre que envió a Su Hijo para cargar la vergüenza y el rechazo en tu lugar en la Cruz. Te libero de todo el rechazo en el nombre de Jesucristo. Amén.

5

Necesidad espiritual: la raíz de rechazo a Dios (rebeldía)

El rechazo a Dios es la maquinación de un pensamiento, un objeto o una idea que se ubica por encima del conocimiento de Dios. La raíz de rechazo a Dios separa a la persona del Salvador debido a que la fe en Él está coja. Está en oposición al Dios Todopoderoso debido a que rechaza la relación con Él por la fe.

Puedo ponerle un ejemplo de mi vida personal que le podría ayudar a distinguir la diferencia entre el rechazo y la rebeldía. Cuando terminé dos maestrías, una en Divinidades y otra en Comunicación del Discurso, y obtuve un título de Profesor Adjunto de Licenciatura en Periodismo en la Universidad de Georgia, estaba en bancarrota espiritual. Mi mente había estado lejos de Dios y de Sus caminos. Para nada me importaba ir a la iglesia, y los viajes de fines de semana para cantar o, incluso, para predicar, eran puro entretenimiento. Como mi mente estaba en oposición al Señor, mi ministerio no tenía nada que ofrecerles a los demás. Estaba en rebeldía contra Dios.

El rechazo a Dios ocurre en los procesos de pensamiento y es, por lo tanto, una cuestión de la mente. El que rechaza a Dios no se somete a Él. La persona se engaña al seguir su propia voluntad o la voluntad de los otros, en vez de seguir la del Señor. La voluntad del individuo en rebeldía ya ha sido establecida a pesar de la voz de Dios, o debido a que la voz de Espíritu Santo ha sido ahogada por el "ruido" del intelecto. La tendencia es a anticiparse a Dios o a quedarse detrás de Él en desobediencia, mientras escuchamos nuestras propias mentes más alto que la voz del Espíritu Santo.

Pablo le escribe a la iglesia de Corinto acerca de este problema espiritual de rechazo a Dios (rebeldía) en 2 Corintios 10:3-6:

> Pues aunque andamos en la carne, no militamos según la carne; porque las armas de nuestra milicia no son carnales, sino poderosas en Dios para la destrucción de fortalezas, derribando argumentos y toda altivez que se levanta contra el conocimiento de Dios, y llevando cautivo todo pensamiento a la obediencia a Cristo, y estando prontos para castigar toda desobediencia, cuando vuestra obediencia sea perfecta.

Note que el texto aquí habla de la mente. La rebeldía contra Dios crea una "fortaleza"-conceptos firmemente establecidos en la mente-que son levantados, o se les da más importancia que el conocimiento íntimo y revelado de Dios. El texto también trata de la obediencia. La obediencia sólo puede venir cuando una persona confía en Dios más que en sí mismo, y se convierte en alguien deseoso de que Su voluntad reemplace su voluntad. Esto no es fácil para alguien que confía en su propio intelecto y razonamiento más que en la relación y guía a las que sólo se puede acceder a través de una fe viva en Dios (véase también 1 Corintios 2:10-14).

Necesidad espiritual: la raíz de rechazo a Dios (rebeldía) 59

Expresiones de rechazo a Dios (Rebeldía)
Orgullo

La teología que no produce frutos no tiene poder. Una dieta firme de análisis y discurso religiosos pueden realmente crear una falta de fe grave. Aquellos "que tendrán apariencia de piedad, pero negarán la eficacia de ella" (2 Timoteo 3:5), como practican y defienden infinitamente la exegética religiosa, ofenden a Dios. Con orgullo, ellos prefieren "conocer acerca de Dios" en vez de buscar una relación vital con Él. El rechazo a Dios puede manipular a una persona hasta llegar a defender ideas que se oponen a la Palabra de Dios pero que apoyan el razonamiento popular o a los "asuntos más importantes" del momento. La persona tiene la idea de que la satisfacción viene a través de saber más que los demás y siempre tener la razón. No obstante, los asuntos espirituales no se pueden recibir o razonar sólo con la mente. Para hallar a Dios, debemos humillarnos y admitir que Él es Dios y nosotros no.

Isaías 55:8-9 lo expresa así: "Porque mis pensamientos no son vuestros pensamientos, ni vuestros caminos mis caminos, dijo Jehová. Como son más altos los cielos que la tierra, así son mis caminos más altos que vuestros caminos, y mis pensamientos más que vuestros pensamientos."

El rechazo a Dios (rebeldía) está atado al orgullo. La persona tiene un deseo que lo alienta a parecer superior, con más conocimiento, y más culto que los demás. A menudo no está dispuesto a recibir la Palabra o ministración de aquellos a quienes considera "por debajo" de él. Esto va directamente en contra de la exhortación de Jesús en Mateo 11:29: "Llevad mi yugo sobre vosotros, y aprended de mí, que soy manso y humilde de corazón; y hallaréis descanso para vuestras almas".

Conocí a un pastor que tenía problemas con la fe, con sus ideas acerca de Dios, y especialmente acerca de la divinidad de Jesucristo. Tenía un extenso conocimiento teológico, pero en cuanto a Cristo, él no tenía paz en su mente. Por más de veinte años él había sufrido y batallado con las cosas espirituales, racionalizando hasta que llegó al punto de no retorno. Una noche en un viaje misionero yo le estaba traduciendo mientras él predicaba en una iglesia en Río de Janeiro. ¡Él estaba hablando de todos los colores del arcoíris! Igualó el azul a los días oscuros de la vida, cuando la soledad afecta nuestras mañanas y soplan nubes oscuras sobre nuestras tardes. El rojo, decía, era el momento de crisis que viene a nosotros mientras viajamos por el sendero del peregrino. El negro estaba relacionado con la depresión y el blanco con la paz. Él seguía y seguía hablando cantidad de palabras sin sentido. ¡Esta no era la Palabra de Dios, que es viva, que late y es poderosa!

Miré a la congregación y me di cuenta de que ellos, por supuesto, no estaban recibiendo nada mediante el discurso acerca de "los colores del arcoíris". Ahora, esta era una congregación brasileña, que hablaba portugués; ellos no podían entender lo que estaba diciendo mi hermano de habla inglesa. ¡Así que simplemente empecé a traducir sus palabras en inglés al portugués de otra manera! "Mi" sermón hablaba del azul lleno de dudas y miedo al futuro. Dije que sólo Cristo trae la paz en lo que respecta al futuro. Dije que el rojo es el color de Su sangre, derramada en la Cruz del Calvario, donde nuestro Salvador dio su vida por cada uno de nosotros. El blanco estaba relacionado a la salvación, al lavamiento de todos nuestros pecados y la santificación por Su gracia y misericordia. Proclamé que solamente Cristo trae la plenitud de vida al que no la tiene. Hice un llamado a que pasaran adelante aquellos que querían recibir a Jesucristo.

Para asombro de mi hermano, y el mío también, ¡todos fueron adelante para recibir la salvación esa noche! Mientras mi amigo oraba humildemente por los que se acercaron, le dije que su sermón convenció a cada uno acerca de la persona de Jesucristo. Esa fue la medicina que curó toda rebeldía en su mente. Esto era lo que él había estado buscando y deseando durante el tiempo que había ejercido su

Necesidad espiritual: la raíz de rechazo a Dios (rebeldía) 61

ministerio. Nunca antes él había visto el fruto de almas transformadas como resultado de su predicación, a pesar de que había estado sediento de una experiencia como esa. Torrentes de lágrimas comenzaron a fluir de sus ojos en la medida que oraba por cada persona esa noche. Después de aquel momento, fue un hombre cambiado. Predicó la semana entera, y cientos de personas pasaron adelante a recibir a Cristo. Predicó sin notas, hablando libremente acerca del Salvador. ¡Su rebeldía, expresada en sus propios pensamientos altivos y discurso sin sentido, levantados por encima del conocimiento de Dios, había sido profundamente derrotada! Había probado la vida en el Espíritu y no quería volver atrás.

Cuando usted escucha un sermón solamente basado en la habilidad y el intelecto humanos, usted está observando la idolatría obrando en la mente. Muchos de nosotros nos preparamos e investigamos, especialmente si somos estudiosos de la Palabra, y esto es bueno. Sin embargo, cuando la rebeldía opera en el centro de alguien, no se escucha la voz del Salvador en Su mensaje, solamente la del hablante con sus elocuentes palabras. Usted no escucha a la Palabra Viva, sólo a los pensamientos orgullosos de alguien. Puede que se digan con entusiasmo e ingenio, pero el Espíritu Santo no está presente. Verdaderamente Dios no es bienvenido en ese ambiente. Es una expresión de rechazo a Dios. Es una ofensa a Él, y apaga todo el mover del Espíritu Santo.

Solamente nos toma un momento identificar el rechazo a Dios (rebeldía), lo cual es suficiente para proveerle todo lo que usted necesita con el fin de poder hacer una oración bíblica por esa persona. La rebeldía es la raíz que más fácil se detecta, incluso cuando la persona no tiene un estilo de vida abiertamente rebelde. Algunas veces se expresa claramente de forma visual, como en la manera de vestir o de peinarse. La rebeldía se puede expresar con una mirada altanera, un caminar arrogante, o con el "ceño fruncido", indicando que la mente se está acelerando para analizar todo lo que se está diciendo. Se puede revelar mediante declaraciones de duda sobre las cosas santas de Dios.

Simplemente la voz y la manera en que la persona habla nos brindan una vasta información acerca de lo que está pasando por la mente de la persona. En los evangelios, Jesús captó las palabras de Jairo, el toque de la mujer del flujo de sangre y la voz del ciego Bartimeo, y supo inmediatamente quiénes eran todos ellos. Cuando usted tiene la intención de realmente escuchar a la persona necesitada y escuchar a Dios en aquellos momentos, usted va a discernir lo que hay.

¿Cómo lidiar con un miembro de años de su iglesia que está constantemente quejándose de lo que sucede el domingo en la mañana? ¿Cómo ministrarle a un líder que está continuamente debatiendo sobre sencilleces religiosas con los demás? ¿Y qué me dice de la directora del coro cuya música no se identifica con la congregación, y aun así se rehúsa a adaptarla, insistiendo en que es "es a mi manera y si no te gusta te vas?" ¿Usted sabe cómo acercarse a una persona en tal atolladero de rebeldía? Cuando no se trata con la raíz, la situación se continuará deteriorando. Es imprescindible que aprendamos a discernir y batallar con la rebeldía en medio de la iglesia. La rebeldía es fulminante, y si no se le hace frente, los líderes que tienen este problema harán mucho daño y reprimirán el crecimiento saludable de los demás en la iglesia.

¿De qué manera pudiera comenzar la sanidad a partir de ahí? Usted puede estar enamorado de Jesús y nunca recibir Su Espíritu. Usted puede hablar de perdón y nunca sentirse perdonado. Es cuestión del corazón. Cuando alguien rechaza a Dios lo hace de manera premeditada. Esta persona ya ha establecido dogmas y posturas rígidas en cuanto a temas teológicos y, en el proceso, está herméticamente cerrado a la convicción y a la obra santificadora del Espíritu Santo. Esta persona tiene un serio problema espiritual. La sanidad comienza cuando el corazón pide ayuda.

Conocí a un pastor que había estado en el ministerio por treinta años. En verdad, él sabía que realmente nunca había logrado nada extraordinario en todos sus años de servicio. Se sentía vacío por dentro,

Necesidad espiritual: la raíz de rechazo a Dios (rebeldía)   63

y a pesar de que quería ver a la gente impactada por el reino, muy pocos lo estaban. Incluso en su corazón él sabía que muchas de sus ideologías estaban contra Dios. A pesar de que él no sabía qué hacer para cambiar, él admitió que ya estaba cansado. En una oración de entrega se identificó la raíz. Lo recuerdo muy bien, ya que las palabras que usé fueron: "Padre, este es Tu siervo que ha servido a su propia mente por años hasta ahora. Hoy él ha decidido rendir su mente rebelde a Ti. ¡No más dudas, no más racionalismo, no más concesiones con la fe, no más resistencia al Espíritu de Dios! ¡No más!" Un año después, este pastor compartió que la gente estaba viniendo a la fe en el Señor Jesucristo como nunca antes. ¡Finalmente Dios estaba hablando a través de él! Cuando el corazón de uno se abre un poquito al Espíritu Santo, Dios puede entrar y hacer maravillas.

Perfeccionismo

Otra expresión de rechazo a Dios es el perfeccionismo. La persona que tiene una raíz de rebeldía, con frecuencia trata de compensar su falta de fe exagerando y actuando. Se establece metas que generalmente son inalcanzables, incluso para ella misma. Esto crea estrés y miedo, a medida que sigue esforzándose por alcanzar la perfección, pero a la larga falla. El perfeccionismo es una forma de miedo, enraizada en la idolatría. Con el tiempo, lograr la perfección se convierte en más importante que la misma vida, que los demás e incluso que el mismo Señor. Debemos recordar que la perfección está reservada sólo para Dios, porque sólo Dios es perfecto. Una persona puede estar vestida de manera impecable, puede estar obsesionada con su cuerpo, con la limpieza, con el orden, y dedicarle inmensa cantidad de tiempo y energía a mantener ciertas normas de excelencia cuando en realidad no existe motivo para esto. El perfeccionismo es un "falso dictador", que le roba a uno el experimentar todo el amor y las bendiciones de Dios con gozo.

En el perfeccionismo, el miedo que rodea la mente de la persona está relacionado a la idolatría de sus propias ideas y miedos. El perfeccionismo religioso se convierte en legalismo, en el cual un creyente trata de agradar a Dios mediante la adherencia a códigos de conducta y reglas religiosas. Este creyente engañado está tratando de lograr pretensiones de superioridad moral a través de la ley, en vez de disfrutar la intimidad de la relación con Dios y la dependencia de Su gracia espléndida. Cuando una persona rechaza la suficiencia de la perfección de Dios, y trata de establecer su perfección personal, no sólo es legalista, sino que es de un carácter arraigado en la rebeldía. El único remedio duradero es ir a la necesidad central en estos casos, si es que verdaderamente vamos a ayudar a la persona. Debatir sobre los comportamientos, las creencias y el lugar de la ley no va a ayudar. La persona necesita arrepentirse de la exaltación de sus pensamientos y sus métodos por encima de la revelación del evangelio de paz en Jesucristo.

Hipersensibilidad

La hipersensibilidad hacia los demás y hacia uno mismo es una forma de miedo. El deseo de perfección hace que la persona tenga una exagerada conciencia de sí mismo, lo que conlleva a miedos de todo tipo: miedo al hombre, miedo a las finanzas, miedo al fracaso y miedo al futuro. El instinto de controlar y manipular a la gente y a las situaciones en vez de confiar en Dios surge de este miedo —y trae como resultado preocupación, ansiedad, estrés y aprensión. La hipersensibilidad puede causar la enfermedad de la mente y del cuerpo. Usted no puede vivir pacíficamente en un ambiente donde todo y todos deben adaptarse constantemente a los deseos y miedos suyos. Este tipo de sensibilidad desmedida trae esclavitud. Mata el gozo y el crecimiento espiritual. La persona hipersensible puede tornarse reservada e introvertida. Puede estar tan ensimismada y preocupada acerca de lo que los demás piensan de ella, que se vuelve inaccesible y también incapaz de llegar a los demás en amor. Al final, esto deja a la persona sintiéndose muy aislada e insatisfecha. Todo esto pudiera sonar como un problema relacional, pero en realidad es un problema espiritual. Esto sucede porque su núcleo se ubica entre la persona y Dios. La persona está haciendo a Dios a un lado. Una vez que la sanidad empieza en este punto, en la relación con Dios, las relaciones con los demás también comenzarán a cambiar. ¿Ya está viendo por qué es tan importante tener una perspectiva bíblica de la necesidad humana, unida a la revelación del Espíritu Santo?

Conocimiento y rechazo a Dios

"Pero temo que como la serpiente con su astucia engañó a Eva, vuestros sentidos sean de alguna manera extraviados de la sincera fidelidad a Cristo" (2 Corintios 11:3). La Biblia nos dice que es en las cosas sencillas de la fe que encontramos fuerza y paz. Rechazamos a Dios con nuestras mentes cuando idealizamos la búsqueda del conocimiento como nuestra principal fuente de fuerza. La oración es del espíritu, no un ejercicio de la mente, y opera mediante el poder de la revelación que viene sólo de Dios. Por lo tanto, se rechaza a Dios cuando se le permite a la mente que conquiste aquello a lo que solamente se debe tener acceso por la fe. El razonamiento puede ser tan mortal como una serpiente venenosa.

Filipenses 4:7 declara: "la paz de Dios, que sobrepasa todo entendimiento, guardará vuestros corazones y vuestros pensamientos en Cristo Jesús". ¡La paz sobrepasa todo entendimiento! En otras palabras, si usted tiene la paz de Dios en su corazón mediante la fe completa en Él, ¡usted no necesita entender ni comprenderlo todo! Nuestro Señor no espera que nosotros sepamos y expliquemos cada enigma teológico. Lo que Él busca en sus siervos, más que nada, es una fe viva.

Aquí hay un ejemplo bíblico. Marcos 2:5-11 nos cuenta la historia de Jesús sanando al paralítico: "Al ver Jesús la fe de ellos, dijo al paralítico: Hijo, tus pecados te son perdonados. Estaban allí sentados algunos de los escribas, los cuales cavilaban en sus corazones: ¿Por qué habla éste así? Blasfemias dice. ¿Quién puede perdonar pecados, sino sólo Dios?

En este pasaje, Jesús sanó al paralítico que bajaron por el techo en la casa de Capernaum. El intelecto humano de los escribas no podía concebir las palabras habladas por Jesús: "Hijo, tus pecados te son perdonados", así que empezaron a razonar y debatir las Escrituras y la ley en sus mentes. Jesús simplemente les preguntó: "¿Por qué razonan así?" (Marcos 2:8, NVI 1999). Él sabía que los escribas eran judíos de intelecto e instrucción, que funcionaban mentalmente, pero que estaban vacíos en espíritu.

Como el rechazo a Dios primeramente ocurre en nuestro intelecto constituye un concepto espantoso. Durante toda nuestra vida nos enseñan que debemos desarrollar nuestra mente, estudiar y planear detenidamente las cosas con el fin de encauzar la vida y resolver los rompecabezas y desafíos de la vida. Sí, Dios ha creado nuestras mentes, y cómo trabaja nuestra mente es una maravilla de Su creación. Somos hechos a Su imagen, y nuestro Creador nos dio asombrosas habilidades de intelecto, comunicación, creatividad, memoria y muchas más. No obstante, estamos rechazando al Señor cuando nos permitimos a nosotros mismos y a nuestras mentes elevarnos y tomar el lugar de revelación del mismo que nos creó. ¡Él es mayor que Su creación!

Es lamentable que tanto de lo que leemos en los comentarios bíblicos no viene de la revelación del Espíritu Santo. Los pensamientos y contribuciones de los hombres pueden aumentar nuestro entendimiento, pero el Señor nunca tuvo la intención de que remplazaran lo

Necesidad espiritual: la raíz de rechazo a Dios (rebeldía) 67

que se puede escuchar directamente de Él, o que fueran la fuente principal para que prediquemos la Palabra. El rechazo a Dios se demuestra por la persona que solamente escucha lo que a la mente le resulta atractivo. Cuando usted ora, su deseo de escuchar a Dios debe ser mayor que su deseo de escuchar su propia mente. La fe debe tomar su lugar. Algunos de nosotros pensamos que haría falta un huracán espiritual para ser capaces de escuchar la voz de Dios. Por muchos años estuve predicando sermones que estaban llenos sólo de lo que salía de mi mente. No fue hasta que me humillé y le di una oportunidad a la revelación del Espíritu Santo, que mi ministerio completo cambió para siempre.

Aplicación

Aquí hay un ejemplo de una oración por alguien atado en su mente, y que tiene dificultad para escuchar a Dios:

Padre nuestro, voy en contra de todo rechazo hacia Ti. Hablo a todos los pensamientos que se levantan por encima del conocimiento de Dios. Tomo autoridad sobre toda falta de fe, sobre todo miedo, y sobre toda intelectualidad que menosprecia la obra de la Cruz. Tomo autoridad sobre la terquedad y esfuerzo por alcanzar la perfección separada de la sangre de Jesucristo. En la autoridad de Jesucristo y de Su preciosa sangre, corto toda relación con el ocultismo y conjuro de pensamientos que bloquean Tu presencia. En tu precioso y santo nombre, reprendo todo pensamiento que se burle de la persona de Jesucristo y Su obra de salvación en la Cruz. Tomo autoridad sobre gobierno y reinado de toda racionalización, ego y orgullo en este hijo de Dios. En el nombre de Jesucristo, me levanto contra toda comunión con las mentes que se han vuelto a la perversidad al suprimir la verdad de

Dios. Desde este momento, por la autoridad que me ha sido dada por Dios, te declaro libre para que vivas y experimentes una vida con la fe de un niño en la gracia de Dios mediante Jesucristo, nuestro Señor. Amén

6

Necesidades relacionales : La raíz de falta de perdón

Cuando Jesús pronunció las palabras que aparecen en Marcos 12:31: "Amarás a tu prójimo como a ti mismo", Él confirmaba una necesidad humana básica. La gente tiene problemas con los demás, y esto afecta sus vidas de manera general. Estos conflictos deben ser resueltos para que un hijo de Dios pueda funcionar adecuadamente en la vida. La falta de perdón destruye la paz que debería prosperar en el corazón de cada cristiano. La falta de perdón crea desconfianza, paranoia, enojo, discordia, envidia y contiendas.

Los escritores del Antiguo Testamento hacen referencia a la raíz básica de la falta de perdón cuando la ley condena comportamientos tales como maltratar a los judíos (Génesis 27:29), deshonrar a los padres, engañar o robar al prójimo, o aprovecharse de un ciego (Deuteronomio 27:17-18). Los mandamientos relacionados con el maltrato a las viudas, huérfanos y extranjeros (Deuteronomio 27:19) también están relacionados con actitudes hacia los demás. Estas citas indican que en el corazón de Dios hay parámetros específicos guardados que nos dicen cómo Él quiere que nos relacionemos con los demás. Para el corazón de Dios son de profunda importancia estas referencias de la Escritura en cuanto a ofender a personas valiosas, ofender a los padres, y aprovecharse de los más vulnerables entre nosotros. El Señor nos está diciendo que este problema relacional de falta de perdón se trata fuertemente en Su Palabra, y merece nuestra completa atención.

[Nota: Fíjese en la palabra "extranjero". Estamos viviendo en un tiempo en que la inmigración en Estados Unidos está siendo un polémico objeto de investigación y debate. Mientras que la seguridad nacional constituye una prioridad alarmantemente urgente, debemos tener cuidado de no provocar el distanciamiento de los extranjeros en sentido general. Siempre hay algunos que Dios está enviando a Estados Unidos, y el pueblo de Dios es el encargado de ser el primero en cuidarlos y mostrarles el amor de Jesús].

La raíz de falta de perdón

La pregunta en este caso sería: ¿cómo se le ministra a la gente que está experimentando esta necesidad relacional de falta de perdón? Primero, usted debe reconocer que este es un problema que nos es común. Piénselo de esta manera: si la forma en que Dios ve la necesidad humana es dividiendo en dos áreas (espiritual y relacional) todas las complejidades de nuestros pecados y debilidades humanas, ¡entonces el problema relacional de falta de perdón debe ser muy común a todo hombre!

Todos nosotros hemos experimentado dificultades al lidiar con algún miembro de la familia, del trabajo o de nuestra comunidad. Ya que el tener desacuerdos con los demás es algo común para el hombre, ¿cómo puede usted discernir si la raíz de falta de perdón se ha convertido en el núcleo de la vida de la persona o es el área de mayor necesidad?

Recuerde lo que aprendimos en el capítulo dos, que su problema es con Dios (espiritual) o su problema es con los demás (relacional). Parece más fácil reconocer a una persona con un problema espiritual, que se auto-rechaza o rechaza a Dios. La raíz relacional de falta de perdón se hace más difícil de identificar en una persona a no ser que entienda cómo se forma y cómo se expresa.

Siempre tenga en mente que la oración es una experiencia de su espíritu, más que un ejercicio de la mente. Deje que Dios le guíe en su manera de orar. El discernimiento de espíritus o cualquier otro don es el mover del Espíritu Santo apuntando hacia áreas de necesidad. Usted no está solo en esta búsqueda. Usted está siendo guiado por un Dios poderoso que desea verlo ministrando de manera poderosa mediante la oración. Él le enseñará poco a poco, mientras usted depende de Él. Así que deje que su ministerio comience con una revelación de Dios. Le he estado contando historias a través de este libro, de cosas que me han sucedido durante mis muchos años de ministerio. ¡Espero que usted reciba estas historias como un testimonio de lo que Dios ha hecho por mí y como un inspiración de lo que Él puede hacer a través de usted!

Estaba orando por una mujer en la oficina del pastor de una iglesia de Arkansas durante un fin de semana de avivamiento. Cuando empezamos a orar le pedí a la mujer que me hablara de su hermana y empezó a llorar. Hacía más de cinco años que había surgido una enemistad candente entre las hermanas. Le sugerí a la mujer que fuera esa tarde a casa de su hermana para enmendar la relación. Al principio ella estaba indecisa, pero al final estuvo de acuerdo en hacer lo que el Señor le estaba instruyendo a través de mí. Ella y su hermana se reconciliaron completamente, ¡pero eso no fue todo! Se empezaron a propagar las sanidades de otros conflictos entre miembros de la familia, y ella se sintió muy animada al ver cómo Dios estaba obrando en su familia entera. Todo eso debido a que ella dio el primer paso para dejar que el Señor arrancara su propia raíz de falta de perdón.

La oración que da en el blanco

Dese cuenta de que todo comenzó dirigiéndose al rencor entre dos hermanas. El núcleo de la falta de perdón se va a encontrar directamente en contra de una única persona, y no de un grupo de personas, a pesar de la tirantez que haya existido en múltiples relaciones. Comience su oración buscando conocer de parte del Espíritu Santo dónde comenzó el dolor. En la mente de la persona por la que usted está orando ¿quién es el responsable del dolor más fuerte? Usted debe dirigirse al problema desde su núcleo –la raíz.

Bíblicamente hablando, la falta de perdón es fácil de entender. La conversación entre Jesús y Pedro en Mateo 18:21-22 nos da una valiosa visión Escritural de la falta de perdón: "Entonces se le acercó Pedro y le dijo: Señor, ¿cuántas veces perdonaré a mi hermano que peque contra mí? ¿Hasta siete? Jesús le dijo: No te digo hasta siete, sino aun hasta setenta veces siete".

Jesucristo mismo se toma en serio la falta de perdón. Al final del pasaje en Mateo 18:33-35, Jesús dijo: "¿No debías tú también tener misericordia de tu consiervo, como yo tuve misericordia de ti? Entonces su señor, enojado, le entregó a los verdugos, hasta que pagase todo lo que le debía. Así también mi Padre celestial hará con vosotros si no perdonáis de todo corazón cada uno a su hermano sus ofensas."

Si usted lee la parábola entera, el primer siervo deseaba ser perdonado pero no estaba dispuesto a perdonar. Jesús le contó la historia a Pedro para demostrar que un corazón perdonador recibe perdón no merecido e imparte perdón no merecido. En la parábola, el señor perdonó una deuda enorme e impagable equivalente a millones de dólares, según los estándares actuales. A su vez, él esperaba que el siervo siguiera su ejemplo y extendiera la misma compasión a todo aquel que estuviera en deuda con él. El perdón es una calle de doble sentido.

En el pasaje anterior, la pena por falta de perdón era que el hombre debía ser entregado a los verdugos. ¡Esta es una palabra dura! ¿Por qué la falta de perdón es algo tan serio? Es serio porque fuimos creados a la imagen de Dios. Esto significa que fuimos creados para amar a los demás y ser amados. No importa hasta qué grado no podamos amar y recibir amor, si es así, estamos deshechos, y nuestro propósito como seres humanos está reprimido y degradado. Aunque algunas veces sea difícil, usted nunca se sentirá realizado y pleno a no ser que consiga vivir con los demás en familia y en comunidad.

Usted podría estar pensando: "Sería más fácil si yo viviera en mi propia islita y no tener que batallar con los pecados y defectos de los demás". Sí, ¡ciertamente sería más fácil de algunas maneras! Pero nuestro Creador nos diseñó para desarrollarnos, aprender y crecer dentro del contexto de las relaciones humanas. Cuando Él le dijo a Adán: "No es bueno que el hombre esté solo" (Génesis 2:18), no sólo se estaba refiriendo al impulso sexual y a la capacidad de reproducción. Fuimos diseñados por nuestro Padre para tener comunión con Él y comunión con otros seres humanos. Dios está en nuestro "ADN". Dios quería una familia que lo amara y que se amaran entre sí. Esto le da gloria y cumple Su propósito para nosotros. ¡Por lo tanto, para perdonar y ser perdonado es crucial vivir una vida con Dios y Su Reino!

Cuando Jesús dijo que amando a nuestro prójimo se cumple la ley, ¡Él quiso decir que debemos hacer a nuestro prójimo una parte real de nuestras vidas! ¿Cómo usted puede amar a su prójimo sin estar relacionado con él en la vida real? Algunas veces las personas que tienen falta de perdón, se "esconden" en la multitud, o incluso dentro de la familia. Están presentes físicamente, pero esencialmente han excluido a todos los que están a su alrededor. Al principio, este muro auto-impuesto parece ser un lugar seguro. Pero en la medida en que van pasando los años, se convierte en un lugar de aislamiento y tortura. En el caso de la falta de perdón, esta es la dolencia que el Señor quiere sanar. Él quiere que cada uno de nosotros esté libre para cumplir el mandato Escritural de "Amarás a tu prójimo como a ti mismo" (Marcos 12:31).

En la oración por falta de perdón usted debe referirse a ciertos frentes. Aquí hay algunas cosas que he aprendido en mis años de oración por la gente:

1) *La raíz de falta de perdón tiene características que son diferentes de aquellas que encontramos en la raíces de autorrechazo y de rechazo a Dios.* Cuando usted ve debilidades personales como la timidez y el retraimiento, son rasgos que apuntan hacia alguien que ha sido rechazado. En la falta de perdón, usted debe buscar síntomas diferentes, como la ira, el distanciamiento, la ansiedad y un espíritu crítico. La falta de perdón trae consigo un carácter duro, desamor, irritabilidad, tristeza y una personalidad obstinada e inflexible. Al parecer, cuando estamos en desacuerdo con alguien, nuestro propio semblante cambia. El gozo se nos quita. Se nos va la sonrisa, y la expresión facial pierde el brillo. La falta de perdón, en sentido literal, cambia la forma en que nos vemos. Nunca he conocido a alguien que albergue una falta de perdón profunda, que pueda dormir bien o que disfrute de manera genuina estar con la gente, porque no confía en nadie. Algunos individuos están tan afianzados en la falta de perdón que la defienden; viven como si ese fuera el orden de la vida. Nunca he visto que la gente con falta de perdón esté libre de preocupaciones. Muchos de ellos justifican su comportamiento tratando de mantener una apariencia de que todo marcha perfectamente bien, a pesar de que sus pensamientos están llenos de frustración y confusión.

2) *La raíz de falta de perdón le roba la amistad a la persona.* Las personas que no pueden perdonar se debilitan rápidamente debido a la falta de amigos. La amistad con los demás es algo que se gana cuando la persona es verdadera. Los seres humanos tienen la necesidad de pertenecer, ser amados y ser aceptados. La falta de perdón quita la parte sensible de la persona y provoca que se haga difícil vivir de esta manera. Por lo tanto, la seguridad de tener amigos de verdad está desaparecida de la vida de la persona cuyo corazón no puede perdonar. Se convierte

Necesidades relacionales : La raíz de falta de perdón

en un ermitaño rodeado de murallas. Parece que nadie lo entiende, y de hecho es así, porque "el verdadero yo" se mantiene oculto. No confía en NADIE. Los pocos amigos que tiene surgen de la obligación, el compromiso o la lástima. Debido a la falta de perdón, su aproximación a las relaciones es egoísta y falsa –creando una barrera entre la persona y los demás. Tiene miedo de abrirse y ser vulnerable, de manera que "el verdadero yo" no salga y se convierta en parte de la vida. La persona llena de falta de perdón está aislada y no experimenta el gozo de tener verdadera comunión y amigos íntimos.

Una vez, predicando en Kentucky, una mujer que estaba en la congregación captó mi atención. Estaba llena de resentimiento por otra persona de tal manera que nadie se sentaba cerca de ella. Las personas hasta podían sentir su dolor y enojo, y esto provocó que se alejaran de ella. La falta de perdón crea una atmósfera específica. Simplemente observando esta atmósfera y estas características en alguien, usted va a tener precisión en su oración por una persona atrapada en la atadura de la falta de perdón.

Expresiones de falta de perdón

Vemos muchos problemas con adolescentes que actúan con furia contra la familia. El uso de palabras crueles y ásperas por parte de los padres, o incluso de violencia física con los adolescentes, se ha vuelto común en estos días. Éxodo 21:15 les prohíbe a los hijos golpear o atacar a los padres. Sin embargo, un hijo que es rechazado, abusado o traicionado por uno de sus padres, puede reaccionar fuertemente debido a su herida y su furia atacando al padre, ya sea verbal o físicamente. Cuando un muchacho de quince años ha pasado por años de severidad y abuso verbal, necesita encontrar una vía de respuesta a su dolor interno. En nuestra sociedad hoy día, los jóvenes están reaccionando a los años de rechazo y abandono. En algunos se forma la raíz de autorrechazo, como debatimos en el capítulo tres, y luego se caracteriza en la vida del muchacho. Para otros, comienza a emerger un profundo "volcán" de falta de perdón. En cuestión de años, una raíz de falta de perdón empieza a morar en su vida de manera que se crea un amplio abismo entre padre e hijo. Es como si el padre viviera en un mundo totalmente diferente al del hijo.

Al orar por padres e hijos, usted debe prestar mucha atención a la irritación familiar y a los sentimientos de falta de perdón. Las palabras correctas al orar por alguien con raíz de falta de perdón pueden resolver un rompecabezas que ha esclavizado a una persona o familia por generaciones. Si la raíz es falta de perdón, el Espíritu Santo le dirigirá al lugar exacto por dónde empezar su oración. Usted está leyendo este libro para aprender a ministrar a través de la oración certera. Yo le garantizo que cuando haya una necesidad humana tan importante como la falta de perdón dentro de la familia, el Espíritu Santo le hablará muy fuerte, revelándole exactamente cómo debe orar.

Angustia prolongada

Ahora le diré un secreto que le ayudará enormemente en su búsqueda de orar con precisión por las personas heridas. Está relacionado con la angustia prolongada. Usted verá, la angustia prolongada es producto de un problema relacional. La falta de perdón es común en situaciones donde hay ruptura familiar debido a una pérdida significativa como la separación, el divorcio o la muerte. Piense en una madre que abandona a su familia dejando tres niños pequeños. Usted puede imaginarse la angustia que estos niños van a experimentar toda su vida. Ninguno de sus logros y éxitos serán capaces de compensar tal necesidad insatisfecha. El abandono de una madre es muy difícil de olvidar y perdonar.

Normalmente, una persona pasa de la angustia a la sanidad en un periodo de hasta tres años. Sin embargo, cuando la pérdida se continúa

Necesidades relacionales : La raíz de falta de perdón

lamentando con mucho dolor año tras año, incluso por décadas en la vida de la persona, hay algo que va mal. Todo esto es demasiado común. En realidad, usted va a encontrar que en algunas iglesias se fomenta la angustia prolongada, casi como un ritual. Es como si nunca dejaran ir a los muertos a su lugar de recompensa y descanso, y no dejaran a los vivos avanzar hacia una nueva etapa de la vida. Le hago una pregunta: ¿es bíblico que un cristiano maduro llore la muerte de un familiar por muchos, muchos años después que ocurrió? ¿Es esta la voluntad de Dios para nosotros? Extrañar y recordar a un ser querido es totalmente normal, pero ¿cuál es la causa de la angustia desgarradora que parece no tener final?

La razón principal de la angustia prolongada que va más allá de lo normal es la falta de perdón. Cuando el luto se complica con la falta de perdón, se prolonga más allá del rango de lo normal y saludable. A pesar de que mediante la consejería el individuo acongojado reciba cierta cantidad de sanidad, seguirá atrapado en el dolor y la angustia por muchos años más si la falta de perdón no se atiende en serio.

¿Dónde yace la falta de perdón? Tras la pérdida de un ser querido, a menudo nos culpamos por cualquier cantidad de errores que descubramos. Quizás no sentimos que hicimos suficiente durante las últimas etapas de la vida del fallecido y nos aferramos a esa culpa. Podemos sentir cierto grado de enojo con el que se fue, echándole la culpa por habernos dejado. Culpamos a los miembros de la familia por estar ausentes o por ciertos comportamientos durante el tiempo de pérdida. Algunos de nosotros dirigimos nuestra ira hacia Dios. Si luego de una pérdida hay falta de perdón y culpa que todavía no se han resuelto, esta última debe recaer sobre alguien: miembros de la familia, uno mismo, el que murió, o el mismo Dios. Cualquiera que sea el caso, batallar con la culpa y la ira es lo esencial para llevar a la persona al lugar donde, con el tiempo, debe resolverse la pérdida, experimentar sanidad y aprender a disfrutar la vida de nuevo.

¿Cómo se ora por alguien que está sufriendo por la angustia prolongada? Cuando una persona está profundamente conectada de manera diaria con alguien que ha muerto, tendrá una apariencia depresiva y mórbida. Es imposible estar "en el cementerio" día tras día y a la misma vez experimentar el gozo y la esperanza que da la vida. No puedo contar la cantidad de veces que, en un aula de escuela dominical con vista al cementerio de la iglesia, he aconsejado a una santa mujer de Dios que está atrapada en la ira, ¡porque no le dio permiso a su difunto esposo para morirse primero que ella!

Al orar, dese cuenta de que mucha gente, especialmente los ancianos, están sufriendo por la angustia prolongada. Tenga en mente que este es un problema relacional. Si usted piensa de esta manera está parado en terreno bíblico, y el Espíritu Santo también le guiará con bastante información. Los detalles emergerán de manera rápida en su mente. El Espíritu Santo se centra en el dolor y la necesidad. Él se moverá más rápido que usted, ayudándole a ver dentro del corazón de la persona que está frente a usted y necesita su oración.

Ira, envidia y conflictos

La falta de perdón produce conflictos en una familia o en una relación. Los conflictos implican contiendas, peleas, discordias y pleitos. Estos comportamientos surgen a raíz de los conflictos que quedan sin resolver por un largo periodo de tiempo. La incapacidad de perdonar heridas pasadas puede causar que nuestras emociones se alteren fácilmente. Una persona puede descargar su falta de perdón en los que no tienen la culpa, causando que esas relaciones se vuelvan tensas y enfermizas también.

El alma humana que está envenenada con la falta de perdón puede experimentar emociones de envidia y conflicto de manera tan volátil que afecta la vida de la persona, incluso hasta la muerte. La ira y el

Necesidades relacionales : La raíz de falta de perdón 79

resentimiento que se desarrollan como recuerdos constantes de ofensas y acontecimientos pasados continúan influenciando el presente y el futuro. Un individuo con una raíz de falta de perdón puede vivir con un sentimiento de dolor generalizado, haciendo que el gozo sea una cosa distante del pasado, con poca esperanza de experimentarlo en el futuro. En general, la falta de perdón puede casi paralizar a una persona en un estado pasivo de inercia mental. Al mismo tiempo, los arranques de ira y conflictos son reacciones momentáneas que entran en erupción y aparecen o desaparecen de circunstancia en circunstancia.

Al orar por esta área de ira, envidia y conflictos, el objetivo es identificar el nombre. El Espíritu Santo es muy personal en este tipo de situaciones. Simplemente pregunte el nombre de la persona que causó o que todavía está causando todo el tormento interior. Sólo el hecho de pronunciar el nombre de la persona traerá a la superficie todo el dolor, y usted será capaz de comenzar a orar con precisión milimétrica. En cada situación en la que haya conflicto, usted estará orando por un alma cuyos derechos han sido violados, cuyas esperanzas han sido aplastadas, y cuya vida ha sido destrozada debido a la animadversión que empezó con una persona clave. Cuando se mencione el nombre, entonces empiece a orar desde un punto de vista positivo. ¿Qué significa esto? Significa que hay que animar a la persona que está recibiendo la oración, y no actuar como juez, jurado o verdugo de la persona que al parecer es el autor del conflicto. Ya que la persona por la que usted está orando ha sido profundamente afectada por otra, es probable que esa misma persona se convierta en un actor principal en el proceso de sanidad. ¡Oh sí! ¡Estos son los caminos de nuestro Amante Padre Celestial!

Nunca olvide que usted debe orar por restauración, no por condenación. Su objetivo es ser un canal de sanidad. Dios es el Juez, y usted no. Esto puede ser muy difícil de hacer porque cuando usted escucha lo que le ha pasado a la persona angustiada, usted tiende a ponerse de parte de alguien. Pero en la oración usted debe ser imparcial. Usted simplemente ore y el Señor hará la sanidad. Piénselo de esta manera: la persona que causó el dolor más profundo es también la persona que quizás tiene la llave para el milagro. Usted puede esperar a ver un progreso cuando el nombre salga a la luz.

Si el causante del dolor más profundo está vivo, hay muchas veces en que lo que se espera es ver a los involucrados unidos otra vez. El Señor puede usarlo a usted para facilitar un encuentro donde ellos se sienten cara a cara y se perdonen el uno al otro. Por supuesto, esto no es posible ni apropiado en todos los casos. El asunto es que si usted critica a la persona responsable, usted le está cerrando la puerta de entrada a la sanidad. Recuerde que la persona causante del agravio también es un hijo de Dios que necesita perdón, sanidad y restauración. Cuando usted ve a todas las personas involucradas en este escenario de conflictos, usted se dará cuenta de que el responsable es una víctima de la vida que merece perdón como cualquier otra persona.

Acusación

Un indicador de falta de perdón de gran importancia es la acusación a los demás. La acusación en un acto de orgullo y consiste en juzgar, culpar, criticar y encontrar defectos. En la acusación, la falta de perdón comienza a cristalizarse en el comportamiento de la persona y su actitud completa ante la vida. Cuando una persona es propensa a la desconfianza, la sospecha y la acusación a los demás la ubica en un estado de constante soledad y confusión. Puede decir que todo está bien, pero su rostro muestra una historia diferente. Su corazón está lleno de negatividad, desasosiego y malestar.

Con frecuencia me hallo orando por gente que ha perdido su trabajo. Algunos de ellos están llenos de fe y confían en que el Señor es fiel y les proveerá. Sin embargo, cuando hay presencia de una falta

Necesidades relacionales : La raíz de falta de perdón   81

de perdón fuertemente arraigada y de resentimiento, se nota una actitud subyacente de que la vida, Dios y el mundo son totalmente injustos. Los problemas de resentimiento, facultades y antagonismo complican la crisis. La falta de empleo es un problema pequeño, pero cuando tal contratiempo ha causado que se detenga el crecimiento espiritual de la persona y que esta esté más interesada en echarle la culpa a alguien que en confiar en Dios, busque, porque hay falta de perdón.

Cuando alguien está acusando a otra persona, se está llevando a cabo un diálogo interno ("auto-conversación") sobre juicio, culpa, sospecha y crítica. La mente de la persona está constantemente llena de estos pensamientos repletos de orgullo y negatividad hacia los demás. Las partes involucradas en esto están a millones de kilómetros de distancia los unos de los otros, a pesar de que sean miembros de la misma iglesia o vivan bajo el mismo techo como familia. La oración dirigida a estas situaciones debe construirse con mucho cuidado. La oración con precisión entra en escena cuando se llama al problema por su nombre: acusación. La única forma de dirigirse a estas cosas es hablando bajo la autoridad de un poder mayor, el de Jesucristo. Usted no puede decir simplemente que estas cosas son inaceptables en su propia opinión. Estas actitudes y emociones están completamente contra la Palabra de Dios y la santa naturaleza de Dios. Así que ore para que salgan. Ore para que sean anuladas e invalidadas en el nombre de Jesucristo. Anime a la persona que está experimentando estas emociones y pídale al Señor la paz para su corazón y su entorno.

¿Cómo identificar la falta de perdón?

Hay muchas señales que apuntan hacia la falta de perdón. He mencionado la angustia prolongada, la ira, la envidia, los conflictos y la acusación. Los conflictos no resueltos entre seres humanos secan el alma, al igual que se deshidrata el cuerpo cuando vive sin tomar agua durante días. Es como si la misma piel de la persona cambiara cuando hay dificultades en las relaciones. Para algunas personas con raíz de amargura, el problema no es necesariamente que otra persona le haya hecho daño. Un alto porcentaje de personas por las que he orado tienen que perdonarse a ellas mismas. Sus errores, fracasos y acciones del pasado permanecen en sus mentes y continúan menoscabándolos en sus vidas diarias.

Cuando usted mira a una persona que se le hace difícil perdonar, usted verá arrugas profundas en su cara y hombros tensos. Muchas veces verá también falta de expresión. Normalmente esta persona no responde de manera normal a una sonrisa o un saludo. No toda persona tendrá arrugas profundas en la cara, pero quizás tenga una voz áspera. De la misma manera en que una persona parpadea cuando está nerviosa, el que tenga falta de perdón con frecuencia mirará fijamente y casi no parpadeará. De la misma forma en que las manos del campesino demuestran que trabaja duro, las manos de la persona que tiene falta de perdón muestran un daño más severo, como si la constante tensión las hubiese deformado. En otras palabras, la falta de perdón puede crear dureza en el rostro, las manos, el comportamiento, la voz y los movimientos de la persona.

Al orar por una persona que ha albergado falta de perdón por un largo tiempo, tenga en mente que sus sentimientos han sido endurecidos y reprimidos. A nadie le gusta que expongan esta área de su vida, tan dolorosa y personal. Para la persona que no perdona, la verdad se le hace incómoda. Cuando usted ore se encontrará con una situación extremadamente desagradable simplemente con la idea de sacar esos asuntos dolorosos a la luz. La persona puede negar firmemente que guarda algún tipo de falta de perdón, y alegar que "lo ha perdonado todo". Por lo tanto, la oración en este caso debe empezar por alentar a la persona por la que estamos orando. Recuerde que la falta de perdón es

Necesidades relacionales : La raíz de falta de perdón 83

una afección relacional. Hay más que están involucrados en la situación. La persona puede mostrarse renuente a hablar de sucesos o de personas que están en el meollo del problema. Pero su objetivo principal es identificar a la persona causante de la herida más profunda. Esto es posible si usted permite que el Espíritu Santo le provea información mediante la revelación.

¿Cómo se recibe el perdón?

Una cosa que se debe hacer es ser obediente a la voz del Espíritu Santo. Una vez estaba orando por una joven. Ella rechazaba todos mis intentos de lidiar con el problema de falta de perdón. Pero el Espíritu Santo no la dejaba ir. Ella reconoció que había tenido una relación que le causó mucho dolor a la edad de dieciseis años, y admitió que hubo un incidente que le rompió el corazón. Este mismo tipo de tragedia le ocurrió con otra persona cuando tenía veinticinco. Pero entonces, mientras hablaba, se emocionó porque mencionó la muerte de alguien en su vida. Resultó que era la muerte de su hijo, a quien había abortado. Cuando se dio cuenta de que todavía Dios la amaba, aún después de haber hecho algo tan terrible, y de que Él la perdonaría por sus pecados pasados, entonces aceptó mi oración y su vida recibió sanidad.

Para la persona con raíz de falta de perdón es difícil recibir el perdón. Como nuestra relación completa con Cristo se erige en nuestra fe de que Él es capaz de perdonarnos y de recibirnos mediante la gracia, esa relación se bloquea si no podemos recibir completamente Su perdón. La Escritura dice: "Si confesamos nuestros pecados, él es fiel y justo para perdonar nuestros pecados, y limpiarnos de toda maldad" (1 Juan 1:9). Cuando confesamos nuestros pecados, Dios nos promete que Él es fiel para perdonarnos. Por lo tanto, el perdón no depende de cómo nos sintamos, sino de recibir el perdón de Dios por la fe de acuerdo a Su promesa en Su Palabra.

Para recibir el perdón de Dios usted debe reconocer que está completamente perdonado. Debe darle gracias a Dios por Su gracia y perdón. Usted debe llamarse a sí mismo "perdonado", y comportarse como tal. El verdadero perdón requiere que nos perdonemos por las decisiones que hemos tomado en nuestras vidas. Si sabemos que Dios nos perdona cuando venimos delante de Él con un corazón arrepentido, entonces debemos ponernos de acuerdo con Él y perdonarnos a nosotros mismos. El enemigo de las almas, quien en Apocalipsis 12:10 se le llama "el acusador de nuestros hermanos", continuamente le va a decir al creyente que no es perdonado. Pero Satanás es un mentiroso y a esta mentira hay que oponerle resistencia. ¿Usted le va a creer a Dios, que promete perdonarnos todos nuestros pecados si los confesamos y nos arrepentimos, o le va a creer al mentiroso? Esto se convierte en una opción de la voluntad: creer lo que Dios dice en vez de creer lo que dice el diablo o incluso nuestros mismos sentimientos.

¿Cómo se perdona a los demás?

Cuando se trata del perdón Dios no tiene límites, y nos llama a nosotros a no tener límites tampoco. Lucas 17:4 dice: "Y si siete veces al día pecare contra ti, y siete veces al día volviere a ti, diciendo: Me arrepiento; perdónale". El perdón exige que alguien esté dispuesto a perdonar infracciones repetidas, que puede ser muy difícil, e ir contra la naturaleza humana. Pero la Palabra es clara: si una persona está contando cuántas veces perdona a otra, no está perdonando realmente.

El perdón es una expresión de amor. "Nuestro amor perdonador por los hombres es la evidencia del amor perdonador de Dios en nosotros. Es una condición necesaria para la oración de fe".[1] El amor es una decisión; por lo tanto el perdón es decisivo para el amor. Abrirse al amor significa que usted va a ser herido de nuevo porque nosotros, los seres humanos, nos herimos los unos a los otros. Sin embargo, una vez que

Necesidades relacionales : La raíz de falta de perdón 85

una persona necesitada descubre que el perdón es realmente posible, empezará a darse cuenta de que estar herido no es tan malo como estar solo en la vida, aislado del amor y la comunidad. Colosenses 3:13 nos exhorta: "de modo que se toleren unos a otros y se perdonen si alguno tiene queja contra otro. Así como el Señor los perdonó, perdonen también ustedes" (NVI). Para ser capaces de perdonar a los que nos han hecho daño hace falta actuar en amor, rehusándose a aferrarse al resentimiento. Esto no es fácil. Puede ser una batalla poderosa. El perdón no es simplemente olvidar lo que nos han hecho. Algunas heridas son tan profundas que esto sería imposible. Podemos ser sanados del dolor, pero el acto de insulto o daño ha sido grabado en nuestra mente. El perdón ocurre cuando la víctima deliberadamente cancela una deuda que crea el causante del agravio. De igual manera, la ira debe combatirse de manera abierta y honesta. En lugar de darle rienda suelta a las represalias, la parte lastimada debe confesarlo en oración para poder liberarse y dejar libre a la otra parte.

El Espíritu Santo comienza a revelar la necesidad con una palabra, y puede ser tan simple como "hombre", "padre", "hermana" o "madre". No siempre necesita mencionar nombres, sólo relaciones. Eso será suficiente para provocar al Espíritu Santo para que escudriñe directo en el corazón de la necesidad. Ore sin miedo. Si existe algún nombre de una persona que hay que pronunciar en esta oración, obtenga el nombre de esa persona. Ore por libertad, por perdón, por misericordia, y por liberación de la ira, de la desconfianza y de la falta de perdón. Su oración puede empezar este proceso de sanidad en la vida de una persona si es precisa y específica.

En muchos casos usted es como el director técnico de un combate de lucha libre con alguien que ha sido una víctima y está luchando por perdonar a alguien y soltar el pasado. ¡Es un momento definitorio para esta persona! ¡Ore con convicción! ¡Ore con autoridad! Trate de que la persona repita una oración de perdón. Hable lo que Dios le está revelando en el momento de la oración. ¡Haga ese pase para anotar un touchdown! Apunte a la raíz, ore la palabra que el Espíritu Santo le dio, y nunca se anticipe. ¡Dios está en su oración!

Aplicación

Esta es una oración para alguien que está buscando liberarse de una raíz de falta de perdón:

> Querido Padre, aquí hay dolor –tanto dolor que mi hermana sufre por una necesidad desesperante ahora mismo. Quita las barreras en su corazón y haz que huyan la angustia prolongada, la ira y los conflictos. Libérala de la atadura de falta de perdón. Ahora repita esta oración: desde este momento me humillo bajo el amor de Dios y destruyo toda actitud de falta de perdón hacia _____ (nombre de la persona o la relación, por ejemplo "mi padre") por la herida que he sufrido. En el nombre de Jesucristo, derrama tu amor sobre mi pasado. Te doy gracias porque Jesús llevó todo mi dolor y sufrimiento en la cruz. Sana todas las heridas que me causó _____. Destruye mi deseo de tomas represalias, de hacer justicia o de justificarme. Desde este momento cedo todos mis derechos a juzgar y manipular. Querido Dios, haz como Tú quieras con todos aquellos que me han herido, ámalos como Tú desees, cuídalos como Tú quieras, y limpia mi memoria de toda falta de perdón desde este momento hasta que escuche que llamen mi nombre hacia la eternidad. Oro en el nombre de Jesucristo, quien murió por mí. Amén

7

La raíz de amargura

Conocer la Escritura y escuchar la voz de Dios van juntos. La revelación es cincuenta por ciento bíblica y cincuenta por ciento espiritual. La Palabra activa el corazón de Dios. Una vez que se haya discernido que la necesidad es relacional, la falta de perdón es la primera área que usted va a considerar. Si la falta de perdón en la vida de una persona no se ha tratado, una raíz de falta de perdón puede conllevar a una raíz de amargura. La raíz de amargura es resentimiento que ha llegado al corazón de las emociones humanas. La amargura lleva a la persona a albergar odio hasta que se le encona y le envenena la mente y hasta el mismo corazón. La amargura es una raíz relacional que nace de la negativa a perdonar por toda una vida o incluso por generaciones. Al igual que el amor, es una decisión y no una emoción. El odio es también una decisión. En la amargura uno decide odiar y aferrarse a ese odio con un puño de hierro. La falta de perdón es el ingrediente básico de la amargura; uno conlleva al otro de una manera progresiva. Cuando la falta de perdón se ignora en una persona, hay una tendencia a que crezca y se desarrolle una raíz de amargura. Por lo tanto, podemos decir que la amargura se "asienta" en la falta de perdón.

La falta de perdón afecta los lazos familiares, lo que significa que "se hereda" a medida que los hijos experimentan ira, peleas y violencia por años en su historia familiar como la respuesta normal a las presiones de la vida. Esa es la raíz de una familia disfuncional. Se puede decir que la amargura está "en la sangre", moviéndose por generaciones y estableciendo raíces fuertes y duraderas en la vida de la persona. Cuando los padres y las madres tratan de resolver problemas usando medidas extremas, los hijos tenderán a hacer lo mismo. Este tipo de comportamiento se trata frecuentemente en el Antiguo Testamento. Dios aborrece y condena repetidamente el uso de la venganza y el odio como respuesta a los problemas humanos. Dios dice en Deuteronomio 32:35: "Mía es la venganza; yo pagaré" (NVI 1999).

Encontramos al Señor dirigiéndose a la raíz de amargura en Éxodo 20:13 diciendo: "No matarás". El asesinato es una forma extrema de amargura. No todo el que tenga una raíz de amargura va a cometer un asesinato, especialmente después de haber tenido un encuentro con Dios. Una raíz como la de amargura se puede "diluir" debido a la obra redentora de santificación por el Espíritu Santo. Aun así, en el transcurso de la vida de una persona, esta misma raíz permanecerá siendo el área básica de su necesidad.

1 Juan 3:14-15 nos dice: "Nosotros sabemos que hemos pasado de muerte a vida, en que amamos a los hermanos. El que no ama a su hermano, permanece en muerte. Todo aquel que aborrece a su hermano es homicida; y sabéis que ningún homicida tiene vida eterna permanente en él".

Entonces vemos que la amargura va más allá de la falta de perdón. La amargura es el odio homicida que mora en nuestro corazón. Trae un espíritu de muerte en vez de la vida abundante que Jesús desea darnos. La obsesión por el recuerdo de sucesos dolorosos del pasado puede causar amargura. La raíz de amargura perpetúa los recuerdos del pasado de tal manera que no se desvanecen. Estos recuerdos pueden causar una vida

La raíz de amargura 89

entera de daños sin resolver que hieren las relaciones, paralizan los ministerios y destruyen la intimidad con Dios. El alma que tiene una raíz de amargura puede reaccionar hacia sus seres queridos con la ira y el resentimiento de heridas emocionales de años pasados, a pesar de que esos incidentes no tienen relevancia válida en el presente. La persona ve la vida con "lentes" cínicos y negativos, esperando lo peor de la vida y de la gente. La amargura afectará el cuerpo más que cualquier otra raíz. Una de las señales reveladoras de la raíz de amargura es la cara de la persona. La amargura puede acelerar el proceso de envejecimiento, haciendo que aparente ser mucho mayor de lo que es en realidad. La cara se endurece y se arruga. La piel se ve cérea, como si fuera de plástico. La degradación de las relaciones causada por la amargura puede tener un efecto poderoso en el sistema nervioso, la piel, y la salud en general de la persona. Enfermedades de todo tipo, al igual que las enfermedades mentales, pueden ser causadas por albergar veneno de amargura por muchos años.

Cuando ore por alguien que está consumido por la amargura, tenga en mente que usted necesita un milagro, porque los seres humanos pueden ser muy duros entre sí. Su oración debe centrarse en la revelación que Dios le da. La revelación puede convencer a la persona mucho más rápido de lo que usted pueda argumentar para lograr el perdón. Su oración llena de revelación de Dios es su arma más poderosa en esta guerra. Usted sabe que la necesidad es relacional. Usted sabe que todavía no hay perdón y que el problema ha progresado y se ha profundizado hacia la amargura.

No comience su oración desde una galaxia distante, esperando que con el tiempo pueda llegar a algún lugar. De vez en cuando haga una pregunta: "¿Puede hablarme sobre el padre de su padre?" Yo usualmente comienzo por ahí porque probablemente el abuelo fue el primero en crear esta situación. Los padres de la persona por la que usted está orando tienen padres que han sido víctimas de la vida también. Hacer este tipo de preguntas le permitirá al individuo identificar rápidamente de dónde salió la herida. Si usted logra llegar hasta este punto al orar, ya tiene suficiente información de parte de Dios y del que está frente a usted para marcar realmente una diferencia. La mayoría de la gente puede identificar la amargura en la familia. Cuando ha habido un patrón de maldad, violencia y crueldad, estas dejan una marca en la persona. Identifique el veneno de la amargura en su oración y diríjase a él antes de ir a otro lugar. ¡Ore por la raíz!

En ocasiones le pido a la persona que respire profundo y luego exhale fuertemente. Mientras suelta el aire, oro para que la ira, el tormento y el veneno sean sacados de lo más profundo de su ser y echados fuera.

Recibí una invitación a predicar en una iglesia metodista en un estado del sur de Estados Unidos. En el primer servicio observé a un hombre que estaba sentado en el último banco de la derecha de la iglesia. Él estaba en un asiento del pasillo y vi que era extremadamente alto, descollando sobre todos. Aún estando sentado él era más alto que una persona común. Cuando llegó el tiempo de los saludos, mientras la congregación comenzaba a estrechar las manos de los visitantes y darles la bienvenida, fui hacia este hombre alto y le di la bienvenida. Solamente el tocar su mano desencadenó en mí una reacción. No cabía dudas de que estaba completamente atribulado y enojado. Sus grandes hombros parecían cargar un peso muy agotador, y me miró como si fuera una cuestión de vida o muerte. Mi sermón ese día estaba basado en el perdón, en Mateo 18:21-35. Podía ver los ojos de su alma torturada enfocándome atentamente durante todo el servicio. Cuando hice un llamado a la congregación a que pasaran adelante para recibir oración, le pedí al pastor local que se quedara al frente y orara por los que pasaban adelante. ¡Yo sabía que necesitaba ir a orar sin demora por ese hombre que estaba en el último banco!

Me le acerqué y le pedí que me siguiera a la primera habitación privada que pude encontrar, cerca del santuario. Resultó ser el baño de hombres. Cuando empecé a orar por él, discerní un abismo de amargura y odio como nunca antes lo había visto. Seguí orando y mientras más lo hacía más fuerte se volvía su voz, primero llorando y luego pidiendo a gritos la misericordia de Dios. Hay algo que no se me olvida de este hombre que lloraba –y este era el hombre más grande que he visto en todos los días de mi ministerio.

Mi corazón se llenó de valor y continué orando por él con un denuedo que sólo venía del Espíritu de Dios. Me dirigí a la falta de perdón y amargura como el área principal de necesidad en su vida. El Espíritu Santo le dijo la palabra "sangre" a mi espíritu. Cuando mencioné la palabra "sangre" algo empezó a suceder. Él empezó a gritar aún más fuerte, pidiendo que Dios lo ayudara. Mi tiempo de oración en el baño por esta mole de hombre duró más de dos horas. Era como si capas tras capas de odio se le fueran quitando, y no pude detenerme hasta que él llegó a un lugar de paz.

Más tarde, el pastor me contó que este hombre impresionante era el líder estatal del Ku Klux Klan, y que había venido al culto desesperado por ser libre. De hecho, ¡Dios lo liberó del prejuicio profundamente arraigado, de la furia y del odio homicida esa noche en el baño de esa iglesia! No fue algo lindo, y duró bastante tiempo, pero nuestras oraciones fueron contestadas. ¿Usted está dispuesto a ser usado en las manos de Dios para sanar ese tormento? Si lo está, entonces espere que algo como esto le suceda cuando se abra a orar por lo demás.

La amargura apaga al Espíritu Santo

La amargura se relaciona directamente con el apagamiento del Espíritu Santo. Efesios 4:30-31 nos amonesta con lo siguiente: "Y no contristéis al Espíritu Santo de Dios, con el cual fuisteis sellados para el día de la redención. Quítense de vosotros toda amargura, enojo, ira, gritería y maledicencia, y toda malicia". El Espíritu Santo no habita donde hay amargura. Contristar al Espíritu Santo puede traer como resultado que Él retire Su unción y Su poder.

El fruto del Espíritu Santo y los dones del Espíritu Santo revelan la gloria de Dios a través de un creyente. La amargura, más que cualquier otra raíz, trae la muerte del fruto del Espíritu Santo. Cuando la gente ve el amor, el gozo, la paz, la paciencia, la benignidad, la bondad, la dulzura, la fe y el dominio propio en la vida del creyente, Dios es glorificado, ya que la humanidad no es capaz de producir tales frutos separados de Dios (véase Gálatas 5:22-23). Sin embargo, la amargura le roba a la persona la capacidad de engendrar estos frutos, para que la gloria de Dios no sea revelada en su vida. De la misma manera en que el fruto del Espíritu Santo se pudre en la vid, la gloria se desvanece y la unción se va. La amargura no sólo contamina el alma, sino que también consume la unción. Los dones del Espíritu Santo no fluirán a través de la persona que está envenenada con la amargura.

Usted se asombrará del resultado de la oración de sanidad en esta área cuando es bien recibida. La persona que recibe la oración querrá que todo el dolor, el odio y las peleas lleguen a un final. A veces, dependiendo de la situación, el Espíritu Santo le dará a la persona instrucciones sobre lo que debe hacer cuando se termine la oración. Ha habido veces en que me he sentido guiado por Dios a instruir a la persona para que se acerque a quien le causa amargura y le lleve un regalo, haga un acto de bondad o le pida perdón. Diría que en el ochenta por ciento de esos casos en los que la persona hace lo que se le pide, hay sanidad. Lo interesante de esto es que hay personas que se rehúsan a dar un paso hacia la reconciliación, escogiendo soportar el desconcierto y aferrarse a su rencor. El fruto del Espíritu Santo se paraliza cuando alguien escoge permanecer en la amargura.

El espíritu cargado y quebrantado

"El espíritu del hombre soportará su enfermedad; mas ¿quién soportará al espíritu quebrantado?" (Proverbios 18:14, La Biblia de Casiodoro de Reina, 1569). Un espíritu quebrantado es un espíritu derrotado. El peso de tantos problemas y las heridas pasadas cargan agobiadamente a la persona, oprimiéndola espiritualmente. Es como si las ofensas y los traumas de hace cuarenta años hubieran sucedido ayer. Cuando usted empiece a orar por esto, se asombrará de la distorsión del razonamiento y de la absoluta confusión en cuanto a las cosas sencillas de la vida. Es aquí donde usted descubre que cuando un ser humano tiene un espíritu quebrantado, su forma de ver la vida está enferma. No olvide que el espíritu cargado y quebrantado es un mal causado por el odio y la amargura.

La raíz de amargura reemplaza el gozo con lamento. Este espíritu cargado y quebrantado conlleva a la persona a la indefensión y la desesperanza como una "falla" en su vida. Cuando tanto el pasado como el presente se ven como amargos, la persona tiene poca esperanza de un futuro lleno de gozo. En el libro de Éxodo, del Antiguo Testamento, los israelitas habían conocido un pasado amargo en sus cuatrocientos años de cautiverio en Egipto, y subsecuentemente comenzaron a ver su viaje hacia la tierra prometida como algo amargo también. A pesar de que ellos habían sido liberados milagrosamente de la esclavitud, todavía se seguían comportando como esclavos presos de la amargura. Fueron incapaces de ver cómo Dios se movía a su favor en lo que ellos creyeron que era una situación desesperada.

Las personas que tienen raíz de amargura ven como imposible que exista alguien que los pueda ayudar. No creen que se puedan recuperar, y frecuentemente ni se dan cuenta de que hace falta esa recuperación. Al poco tiempo empiezan a aceptar ese estado de impotencia y desesperanza como si fuera un status quo: "Es que así es como soy". Es más fácil estar enojado que admitir la amargura. ¿Cómo se ora por alguien que esté en esta condición? Primero que todo, siempre recuerde que es algo relacional. Tiene que ver con los demás. Usted tendrá que identificar quién es el que ha afectado profunda y negativamente la vida de esta persona. No se desvíe de este enfoque. La persona que está recibiendo la oración puede no estar de acuerdo, e incluso cuestionar sus métodos, ¡pero quédese con la revelación! Nunca huya de la revelación. Dios está a cargo de su oración; usted no está solo.

Control

En lo que concierne a la raíz de amargura, el control tiene que ver con los sentimientos de impotencia y desesperanza. Surge la lucha de poderes, y se gana criticando y controlando a los demás. Los que se sienten incompetentes y piensan que la vida es aplastante, tratan de controlar a los demás para sentirse seguros y protegerse a ellos mismos. La amargura hace que una persona pierda la perspectiva en cuanto a los demás. Para poder sentir que se tiene el control, la persona comienza a manipular a los demás para su propio beneficio, y se vuelve posesiva con las cosas y las personas. Es como si ya estuvieran decididos a ejercer autoridad con el fin de mantener el poder y nunca más ser vulnerables.

Para que la sanidad venga, los que tienen raíz de amargura deben descubrir aquellas cosas que quieren controlar y por qué se sienten forzados a controlarlas. Deben observarse a sí mismos de manera dura y honesta, al igual que a sus relaciones con los demás y con Dios. La persona puede pensar que no puede evitar ser de esta manera. Pero hace falta convicción. Querer controlar a los demás a causa del odio y del miedo es una opción. Será difícil deshacerse de ella. Pero la persona debe admitir que está enferma y cansada de vivir de esta manera, y ¡tomar la decisión de querer aliviarse!

Combatimos la amargura cuando humildemente nos permitimos a nosotros mismos volvernos indefensos delante de Dios, totalmente dependientes de Él, como si fuéramos niños pequeños, buscando Su misericordia y Su ayuda. Cuando ore por problemas de control, vaya contra la manipulación de los demás. Su oración debe dirigirse al problema con amor y preocupación. Haga uso de toda la ternura que pueda. Si hay alguien dispuesto a recibir su oración, entonces háblele a la necesidad con autoridad y firmeza. Debe orar valientemente contra todo tipo de actitudes relacionales, incluyendo el control y la manipulación que hacen que la persona sea prisionera de la amargura. Usted puede hablarle directamente al espíritu humano. El Espíritu Santo rodea al espíritu del hombre para confortarlo y consolarlo en momentos de necesidad. Su oración es capaz de dar en el blanco, en lo profundo del espíritu de la persona por la que usted está orando.

Esto es lo que este libro nos enseña a hacer. Sin dudas, hasta ahora usted está viendo que la oración certera necesita denuedo, coraje y absoluta confianza en el Señor. No es que usted haga una "oración agradable" para hacer que la persona se sienta bien. ¡Dios mismo le dará este tipo de oración audaz y efectiva!

Destrucción

La fuerza destructora de la amargura puede destrozar a una familia. Un padre con raíz de amargura puede expresarse de manera tan severa, cruel e insensible que cambia la dinámica de la familia completa. El destructivo abuso verbal o físico separa entre sí a los miembros de la familia. Se levantan murallas de protección y todos se dispersan para encontrar un lugar de seguridad. Como la familia está involucrada, los niños caen en la red. Pierden el sentido positivo de la identidad familiar, y a su vez aprenden que el odio, la venganza y el castigo son normales en la vida familiar. Tristemente van en busca de relaciones donde se repiten los mismos comportamientos destructivos, porque eso es a lo que se han adaptado.

Nunca podré olvidar una visita a una iglesia en la parte norte de Georgia. La iglesia completa estaba a punto de dividirse a causa de la amargura. Parece ridículo, pero este problema empezó cincuenta años atrás, cuando un miembro de una familia mató una vaca que pertenecía a otra familia. Estas dos familias iban a la misma iglesia, y durante el avivamiento ambas familias fueron a la iglesia a cada culto en la noche. Cuando empezó el primer servicio, las dos familias estaban en el santuario, pero se sentaron tan lejos como fue posible la una de la otra, a ambos lados de la iglesia. Durante la santa cena, cada familia se aseguró cuidadosamente de no ir adelante al mismo tiempo para recibir los elementos. Para mí era imposible ignorar tan obvia división.

El lunes en la mañana fui a la casa de uno de los ancianos, y me contó la historia de estas dos familias. Era de conocimiento público que se habían odiado por muchos años, y ninguna de las partes era capaz de ceder ante el conflicto.

El miércoles en la noche, en el último culto, decidí invitar a los miembros más ancianos de cada familia –uno de cada una- a que pasaran adelante. Los dos abuelos pasaron de mala gana. Se miraron a la cara, frente a la mesa de la comunión, y les pregunté a quemarropa si estaban listos para romper la maldición de la amargura, que por tantos años había destruido la paz y el gozo de ambas familias. Uno de los señores me miró y me dijo: "yo creo que ya es tiempo". Sorprendentemente, el otro estuvo de acuerdo. El Espíritu Santo que trae convicción había estado obrando. Un murmullo de sorpresa se escuchó en la congregación.

Luego leí Hebreos 12:14-15, que dice: "Seguid la paz con todos, y la santidad, sin la cual nadie verá al Señor. Mirad bien, no sea que alguno deje de alcanzar la gracia de Dios; que brotando alguna raíz de amargura, os estorbe, y por ella muchos sean contaminados". Después guié a los hombres en una oración: "Padre Celestial, confesamos que hemos pecado el uno contra el otro, y también contra Ti. Te pedimos

La raíz de amargura

perdón por todo lo que les hemos hecho a nuestros hijos y nietos, y que Tú nos perdones a nosotros. Hoy renovamos nuestro compromiso de caminar en gracia contigo, y el uno con el otro. Ven Señor, y rompe la maldición de amargura que ha herido a nuestras familias y nuestras vidas". En ese momento, todos los miembros de ambas familias pasaron adelante, y empezó a ocurrir un derroche de amor. Luego escuché que hubo más visitantes el siguiente domingo que la cantidad total de los domingos anteriores de todo el año.

Llamándolo por su nombre, una maldición de amargura fue suficiente para que el Espíritu Santo trajera convicción. La destrucción que el diablo había causado por años pudo revertirse sólo al pronunciar una simple palabra de autoridad en el nombre de Jesús.

Amargura en el cuerpo de Cristo

Para los que tienen raíz de amargura, las relaciones se les hacen difíciles debido a que tienen miedo a la vulnerabilidad y a la intimidad. La amargura destruye las relaciones y crea soledad. La amargura puede traer como consecuencia un comportamiento ofensivo contra Dios y detestable a los hombres. El prejuicio y el racismo se pueden encontrar con frecuencia en los que tienen raíz de amargura. En nuestra cultura actual se "habla" mucho del racismo, pero casi siempre sin base. Sin embargo, el modo de pensar de la persona con raíz de amargura acerca del racismo y del prejuicio es real. Un profundo odio y desprecio por aquellos que son de una raza, una cultura, o una religión diferente, se ha pasado a través de tres o cuatro generaciones. Las diferencias en la teología cristiana pueden hacer que aquellos que deberían ser hermanos en Cristo se traten con maldad y desprecio. En la actualidad, probablemente haya más amargura de este tipo dentro del cuerpo de Cristo que en el mundo.

Hace muchos años me llamaron a predicar en una iglesia antigua en el sur de Georgia. Llegué a la iglesia el sábado temprano en la tarde, y en cuanto llegué entré directamente a instalar mi equipo. Cuando bajé las escaleras hacia el salón de hermandad, escuché voces gritando y sonidos estrepitosos. Me asomé por la puerta que estaba casi abierta y me di cuenta de que ¡en el salón de hermandad de la iglesia había una pelea a puñetazos! Rápidamente fui de vuelta al santuario para establecerme, esperando que nadie me hubiera visto bajar las escaleras. Ya sabía sobre qué iba a predicar durante el avivamiento: ¡el perdón! Fue una difícil serie de encuentros. Con el tiempo me dijeron que la pelea fue por el área del coro y presbiterio del templo, que necesitaba reparaciones capitales debido a los muchos años de la iglesia. Pero cierto grupo de hombres se oponía a la idea de la construcción y la reparación pues creían que así se cambiaría el carácter de su vieja iglesia. Todavía puedo recordar cuando caminaba por el área del coro y del presbiterio durante los cultos en las noches y el piso envejecido crujía y chirriaba bajo mis pies, como si se fuera a hundir. Hice un llamado a la congregación a pasar adelante para recibir oración, y muchos lo hicieron. Sin embargo, el grupo de hombres que se oponían a la reparación de la casa del Señor, estaba sentado en la parte de atrás de la iglesia, con los brazos cruzados, completamente indiferentes a los servicios. Estaban fuertemente aferrados a su rencor en contra de los otros. El miércoles en la noche, la última noche de culto, Dios me guió a un pasaje de la Escritura en Levítico 6:1-13.

En el versículo dos, Dios le está diciendo a Moisés lo siguiente: "Cuando alguien peque y cometa una falta contra el SEÑOR, engañando a su prójimo (...) (La Biblia de las Américas), comenté que, a pesar de que el asunto en cuestión era la controversia y la ira con el prójimo, aún así Dios lo veía como un pecado contra Él mismo. Esta congregación necesitaba saber lo que Dios piensa cuando ofendemos a alguien más. Frecuentemente ofendemos a Dios.

Ya había predicado cuatro sermones y todavía no había logrado alcanzar ningún progreso, pero esta porción de la Escritura trajo arrepentimiento a la congregación completa. Aquellos hombres que estaban en el fondo de la iglesia llegaron a la baranda del altar llorando y pude, junto con el pastor, orar por todos ellos. Terminamos el servicio leyendo Levítico 6:13, que dice: "El fuego arderá continuamente en el altar; no se apagará". Moisés se estaba refiriendo al fuego del holocausto que vino directo del Cielo al principio. El domingo siguiente, en medio de la noche, los torrentes de lluvia vinieron acompañados de relámpagos. ¡Se inició un incendio en el área del coro y presbiterio que quemó por completo a la iglesia entera! ¡A esta congregación se le dio la oportunidad de no sólo arreglar el altar, sino también de construir una nueva iglesia! La amargura fue derrotada. El arrepentimiento tomó su lugar.

La amargura y el resentimiento claramente no vienen de Dios; aún así este problema está muy presente en nuestras iglesias, especialmente en el liderazgo. Hay pastores que no se han hablado por años debido a desacuerdos teológicos. Hay líderes que están abrumados por esta plaga de amargura debido a que se tienen miedo los unos a los otros. En estos casos, parece que no se puede romper "el orden" y abrirse a aquellos líderes que están en el lado opuesto, porque al hacerlo el estatus social o la seguridad financiera tanto de los primeros como de los últimos se ven amenazados.

Esta es una realidad presente entre nosotros. Debemos batallar con el asunto de la amargura en el cuerpo de creyentes. Recuerde que la persona por la que usted está orando puede que tenga influencia sobre muchas almas. Hay muchas cosas en juego cuando la amargura se infiltra en la vida de la iglesia.

Condenación

La miseria que acompaña a la raíz de amargura puede traer como consecuencia que el odio se vuelque hacia adentro. La persona puede tener pensamientos continuos de auto-condenación. Juan 16:7-11 nos dice que el Espíritu Santo viene para convencernos con el fin de bendecirnos y traernos plenitud. Pero el malestar de la amargura hace que sea difícil escuchar la voz de convicción del Espíritu Santo. La persona amargada solamente escucha la voz de la condenación.

Lo que sucede en realidad es que se pierde la autoestima. Debido a que no hay libertad, la persona se vuelve prisionera de sus propios pensamientos. Es doloroso ver que hay hermanos que se esfuerzan por vivir una vida cristiana, pero están llenos de amargura y odio, y sufren en cada intento para alcanzar la plenitud, ¡culpando a los demás o al diablo por todos sus problemas! Ahí no existe una bendición real, sólo sudor y lágrimas a través de todas sus miserables vidas.

El alma afectada por la amargura no disfruta la misericordia y la gracia de Dios, sino que vive en un estado de culpa y condenación. Romanos 8:1 proclama gozosamente: "Ahora, pues, ninguna condenación hay para los que están en Cristo Jesús". Para ser libres de la amargura, la persona debe conocer que el Señor no la condena por su pasado, sino que la llena de amor y gracia para perdonarla y limpiarla de todo pecado. ¡Pero esto no es solamente porque Dios está dispuesto a pasar por alto el pecado! Es sólo por la muerte expiatoria del Hijo de Dios en la cruz del Calvario. La disponibilidad del perdón se nos ha dado libremente sólo porque Dios envió a su hijo unigénito para soportar por nosotros la agonía del pecado y la maldición. ¡Que nunca se nos olvide! Cada una de las verdades que estoy tratando de comunicarles a ustedes en este libro se basa en una cosa: la cruz de Jesucristo.

He visto muchas personas que, después de años de dolor y enfermedad, se dan cuenta del nivel de engaño que había en sus corazones y deciden dar un valiente paso hacia el perdón. ¡Finalmente determinan que están cansados de seguir en esta situación y comienzan a avanzar! ¿Es usted alguna de estas personas? ¿Cuánto tiempo ha estado usted en la iglesia guardándole un profundo rencor a alguien, incluso siendo un líder espiritual? ¿Cuánto tiempo ha estado usted viviendo bajo el peso de la condenación, la culpa y el odio? ¿Podría la luz del amor de Dios entrar a su alma e iluminarla con gozo?

Conocí a una mujer de Mississippi que albergaba sentimientos enfermizos hacia alguien. Digámoslo de una mejor manera: ella quería matar a esta persona si tuviera la oportunidad. Estaba atada a las drogas y al alcohol. Su familia estaba destrozada debido a las continuas disputas y conflictos. Después de conocernos y empezar a orar por ella, me di cuenta de que estaba finalmente lista para recibir y ofrecer perdón. Habían pasado más de cuarenta y tres años y su mente, su cuerpo y su bolsillo habían pagado el precio por la dureza de su corazón. Le pregunté si podíamos pasar al altar de la iglesia. Todo lo que dije fue: "Dios, gracias por hacer esto". Su vida cambió de una manera total y completa. En el parqueo ella me dijo: "quiero que usted conozca al hombre que he odiado por tantos años". Me llevó a la oficina de la iglesia. ¡El hombre era el pastor de la iglesia! Nunca olvidaré su reconciliación, sus lágrimas y sus abrazos. Dios entró a esa oficina. Escuché luego que los lazos familiares fueron renovados. Sus adicciones a las drogas y el alcohol desaparecieron, como si un viento fresco de esperanza hubiera soplado en su vida.

> El que ama a su hermano, permanece en la luz, y en él no hay tropiezo. Pero el que aborrece a su hermano está en tinieblas, y anda en tinieblas, y no sabe a dónde va, porque las tinieblas le han cegado los ojos. (1 Juan 2:10-11)

Una persona pudo ser libre del espíritu de asesinato, del espíritu de muerte y del espíritu de oscuridad. Aunque parezca increíble, ¡la fe sencilla funciona! En el pasado permanecía horas aconsejando, sugiriendo, y al final me daba por vencido. No depende de mí que ocurra una sanidad para una situación que le ha robado a alguien treinta años de su vida. Esto depende de Dios. Aun así, cuando una persona está verdaderamente lista para ser libre de la amargura asesina, la confusión y la oscuridad, yo estoy listo para ser un portavoz obediente de Dios. El Señor le usará a usted también para hacer esto. Simplemente hable con denuedo, y deje que sea el Salvador el que sane.

La sanidad de la amargura

Antes de su conversión, el apóstol Pablo infundía amenazas de muerte a los seguidores de Jesucristo. Él participaba en sus arrestos y ejecuciones. En 1 Timoteo 1:12-14, él le escribe al joven ministro Timoteo:

> Doy gracias al que me fortaleció, a Cristo Jesús nuestro Señor, porque me tuvo por fiel, poniéndome en el ministerio, habiendo yo sido antes blasfemo, perseguidor e injuriador; mas fui recibido a misericordia porque lo hice por ignorancia, en incredulidad. Pero la gracia de nuestro Señor fue más abundante con la fe y el amor que es en Cristo Jesús.

La sanidad de la amargura es un verdadero milagro poderoso. Es un milagro porque los sentimientos de rencor se han albergado en la personalidad de alguien, y dirigen sus actitudes y conducta. Tanto los cristianos como los no cristianos sufren de amargura y permanecen atrapados en ella debido a que nada de lo que han experimentado en la iglesia se ha acercado a la confrontación y la sanidad de este padecimiento tan angustioso.

Cuando el apóstol Pablo viajaba por el camino a Damasco, escuchó que Jesús le hablaba, diciéndole: "Saulo, Saulo, ¿por qué me persigues? El dijo: ¿Quién eres, Señor? Y le dijo: Yo soy Jesús, a quien tú persigues; dura cosa te es dar coces contra el aguijón. El, temblando y temeroso,

La raíz de amargura

dijo: Señor, ¿qué quieres que yo haga? Y el Señor le dijo: Levántate y entra en la ciudad, y se te dirá lo que debes hacer" (Hechos 9:4-6). Dese cuenta de que la revelación de Jesús a Pablo fue suficiente para transformar su mente y sanarlo de la amargura. ¡Todo sucedió a través de la revelación! Aquellos que están atrapados por la amargura necesitan experimentar la revelación del amor y la misericordia de Dios de una manera directa y personal. Cuando la revelación llega a ellos, en un abrir y cerrar de ojos sus mentes pueden recibir liberación y sanidad. Si usted puede creer en esta poderosa manera de sanar, muchas cosas pueden sucederle cuando ore por los demás. Debe estar abierto a la idea de que Dios puede sanar tal estado. Si usted es el canal de la misericordia de Dios para la persona infectada de amargura, su oración da en el blanco y Dios puede hacer el milagro.

Vamos a repasar lo básico. La amargura "se asienta" en la falta de perdón, lo que significa que la amargura es producto de una falta de perdón avanzada o "calcificada" que no se ha tratado durante muchos años, o incluso generaciones. Pensar de esta manera le podría ayudar a distinguir entre las dos áreas de falta de perdón y amargura. También recuerde que la amargura se combina en su efecto sobre una persona. En vez de ser solamente ofensas personales directas, desacuerdos y conflictos, la amargura es falta de perdón que ha permanecido y se ha convertido en una personalidad generalizadamente agria, venenosa y amarga. La persona se ha endurecido y se ha vuelto cínica. En la medida que el Espíritu Santo nos guíe hacia la necesidad central, encontraremos inevitablemente que una relación se convirtió en venganza, incluso hasta en derramamiento de sangre. Puede ser un padre que abusó de la forma en que corrigió a su hijo. En vez de disciplinar como lo hace un buen padre, este padre castigó a su hijo severamente, hasta tal grado que el castigo fue más grande que la ofensa. En muchos casos, y esto es casi una regla, hay sangre en el pasado de esta persona. Si revisamos la historia de la familia, encontraremos un padre que derramó sangre para resolver un conflicto o un tío que hacía uso de acciones extremas para corregir el comportamiento. La necesidad en estos casos se debe encontrar y hacia ahí debe dirigirse la oración. Se puede batallar con la raíz de amargura y se puede romper con las cadenas.

La amargura es una herida que no sana, una lesión en el espíritu. Usted no debe eludir estas situaciones. La oración precisa tiene que llegar al lugar profundo de la necesidad. Usted no debe ser tímido y dejar áreas sin descubrir y sin tocar. Sé que uno de sus deseos en el ministerio de oración es saber qué hacer o decir al confrontar necesidades de esta magnitud. Déjeme asegurarle que cuando encuentre amargura, esta hablará por sí misma. Cuando me acerco a un problema serio, no me preocupa lo que debo decirle a la persona; lo que me preocupa es entender lo que el Señor va a hacer. Todo sucede cuando se escucha al Espíritu Santo y se comienza a orar. En estos casos, donde hay amargura y veneno, es Dios quien debe hacer el milagro transformador en la vida de la persona. Cuando Dios comienza a moverse en cuanto a la amargura profundamente arraigada, hay tantas cosas ocurriendo que lo único que usted debe hacer es dejarse llevar por Él. ¡Mientras más grande sea el problema, mayor será la revelación!

Aplicación

Esta es una oración para un alma atrapada en la amargura:

Querido Señor, tú sabes que el corazón de este hombre debe recibir un milagro hoy. Sólo un milagro lo puede hacer. Los sentimientos y los recuerdos son muy fuertes, y sangran dolor. ¿Tú podrías entrar y tocar a mi hermano para sanarlo a tu manera amorosa y dulce? Hay tanto odio y amargura que han hecho que su alma se enferme y se desespere por un toque que venga de arriba. Por favor, interviene con Tu amor y con el poder de la cruz. Echo fuera toda

La raíz de amargura

desesperanza. Declaro que se pone fin a todos los incidentes de esta familia que han conllevado al odio, y hasta al derramamiento de sangre. Dale a tu hijo la capacidad de aceptar las consecuencias de sus propias decisiones, y de saber que no hay condenación para aquellos que están en Cristo Jesús. Esta alma escoge amar, perdonar y soltar. Reprendemos y declaramos que se termina la maldición de la amargura y el efecto del odio en las vidas de esta familia. Por el nombre más poderoso bajo el Cielo, Jesucristo, proclamo un milagro como el que ocurrió en la vida del apóstol Pablo en el camino a Damasco. ¡Libertad y transformación en el nombre de Jesucristo, el Salvador! Amén.

8

El ministerio de Jesús

Por muchos años deseé orar por la gente, pero cuando comenzaba a hacerlo, dentro de mí se creaba un vacío que disminuía mi fe y me dejaba con una sensación de carencia. Quizás usted se sienta de la misma manera. Los problemas de la vida son muy difíciles, y cuando nos encontramos con personas heridas a menudo parece que lo único que podemos hacer es sufrir junto a ellas, ya que no tenemos el poder para cambiar las cosas. Yo entiendo. Yo he estado en esa situación, sintiendo el dolor de los demás sin saber cómo orar.

¿Cómo fue que este enfoque de oración se volvió tan importante en mi vida? Sucedió porque me cansé de tratar de hacerlo diferente, para ministrar verdaderamente a la vida de los demás sin ver ningún resultado. Yo sabía que había ocurrido algo en mi mente y en mi ser. A pesar de que me criaron en el hogar de un ministro e iba a la iglesia regularmente, mi encuentro con el Espíritu Santo sucedió mucho tiempo después en mi ministerio, después que me cansé completamente de tratar de hacerlo por mí mismo. Como lo escribió George Muller, descubrí que: "La fe no opera en el reino de lo posible. No hay gloria para Dios en lo que es humanamente posible. La fe comienza cuando el poder del hombre se acaba."[1] La oración "despega" cuando dejamos de depender de nosotros mismos.

Mi padre fue pastor y sus maneras de orar se iban más allá de mi comprensión. Cuando yo era un niño, mi vida era pública y altamente visible debido a que mi papá era bien conocido. A pesar de que mi padre era un hombre poderoso en el Espíritu, en lo espiritual yo permanecí viviendo del nombre de mi padre por muchos años. Mi mente y mi orgullo me impedían aprender y escuchar de Dios. Obtuve varios títulos y me gradué del seminario, pero eventualmente para mí fue evidente que, en cuanto a la oración, todo mi adiestramiento era inútil. Tengo que decir que mi formación fue una bendición para mí, porque me dejó insatisfecho. Por lo tanto esto creó en mí un hambre de búsqueda de las cosas más profundas de Dios. Finalmente me llegó el tiempo de crecer y abrir mi mente a lo que el Espíritu Santo me podría mostrar en este viaje. Lo que me sucedió después de eso fue solamente debido a que me sentía muy débil. Deseaba desesperadamente saber cómo transformar mi vida de oración para poder hacer algo significativo en función de ayudar a los demás. Resultó ser que sentirme débil fue bueno. Tuve una experiencia personal poderosa con el Señor de la Gloria, y todo cambió desde ese momento.

Yo sabía que mi encuentro con Dios iba a producir cambios en mí, que traerían como consecuencia el rechazo de mis iguales, pero ya para ese tiempo yo estaba tan enamorado del Señor que no volvería atrás jamás. Yo sabía que tenía que complacer a Dios en vez de complacer al hombre; pero no sabía lo difícil que iba a ser a veces. Sin embargo, cuando uno se siente "hecho polvo" por el poder convincente y la presencia de Dios, ¿qué es lo que uno debe hacer? La única salida es seguir avanzando.

El ministerio de Jesús 109

Consistente y repetitivo

Un día estaba leyendo los Evangelios y me di cuenta de algo increíble. Vi de una manera totalmente diferente cómo el mismo Señor Jesús oraba y le ministraba a la gente. A medida que comparaba los milagros y los hechos de Jesús entre sí, comenzó a emerger una metodología de carácter consistente y repetitivo. Esta fue una revelación revolucionaria, y lo suficientemente extraña como para atemorizarme. Creo que este temor estaba relacionado a la experimentación con un enfoque fuera de la "norma de la iglesia", algo en lo que nunca antes había ahondado. Sin embargo, sabía que había sido Dios quien me había traído esta nueva perspectiva en respuesta a mi petición de una mejor manera de orar.

Cuando comencé a aplicar lo que estaba observando en el ministerio de Jesús, mi enfoque de oración empezó a cambiar gradualmente. Mi mente se llenó de una nueva claridad sobre cómo ver cada situación que se presentaba delante de mí. Con el paso de los años y a medida que fui testigo de innegables resultados, la amenaza de rechazo de mis compañeros disminuyó. Créame cuando digo que sus compañeros pueden ser sus peores enemigos cuando se trata de su crecimiento espiritual. También aprendí que la mayoría de estos sentimientos fueron auto-creados y simplemente frutos de mi percepción de lo que los demás pensaban de mí. Sin embargo, decidí que a Dios le iba a agradar el hecho de que en mi corazón me proponía escucharlo y obedecerlo. Así que decidí que le temería a Dios y no a los hombres. Decidí que quería escuchar a Dios por sobre todas las cosas y seguir Su Espíritu. Fue la mejor decisión que he tomado en mi vida.

Después de haber estudiado meticulosamente cada uno de los milagros, diálogos y ministración de Jesús, admití que Cristo fue siempre sensible y creativo en la forma en la que Él se relacionó con cada persona. Cada acto de ministración es único. Al mismo tiempo, descubrí un patrón definitivo en Su enfoque. Jesús empleó una metodología consistente y repetitiva durante todo su ministerio. Para mí esta observación fue espectacular. No estaba seguro de hacia dónde me estaba conduciendo este descubrimiento, pero la evidencia que iba encontrando era muy emocionante. ¿Dios me estaría diciendo que podía orar con precisión milimétrica por los demás, de la misma manera que lo hizo Jesucristo? ¿Podría dejar de jugar a descubrir qué decir al orar, o peor aún, a repetir lo que escuchaba que los demás decían en sus oraciones?

La cuestión se convirtió en una obsesión para mí. ¿De qué manera yo, un joven brasileño, podría siquiera acercarse a la forma de orar y ministrarle a la gente como lo hizo Jesús? Después de mucho estudio y oración, llegué a una conclusión de suma importancia: solamente algunos días después de Pentecostés, los discípulos de Jesús comenzaron a orar por muchos de toda la ciudad de Jerusalén. Ellos habían visto a Nuestro Señor en su ministerio por más de tres años, y ahora el mismo Espíritu Santo que obraba a través de Él estaba obrando a través de ellos. ¡Ellos estaban empleando los mismos métodos y viendo los mismos resultados que el Salvador! Si el Espíritu Santo los había bendecido tanto con discernimiento y con sabiduría al orar, ¿por qué Él no haría lo mismo por mí? ¿Acaso no había sido lleno yo también con el mismo Espíritu Santo, quien estaba presente en la vida de Jesús y Sus apóstoles? Yo no buscaba construir un tipo de ministerio que fuera grande y famoso. Yo sólo quería recibir lo que recibieron los discípulos de Jesús. Después de todo, Jesús lo prometió en Juan 14:12: "De cierto, de cierto os digo: El que en mí cree, las obras que yo hago, él las hará también; y aun mayores hará, porque yo voy al Padre."

Además, al principio de Su ministerio, Jesús les explicaba a Sus discípulos: "De cierto, de cierto os digo: No puede el Hijo hacer nada por sí mismo, sino lo que ve hacer al Padre; porque todo lo que el Padre hace, también lo hace el Hijo igualmente" y "No puedo yo hacer nada por mí mismo; según oigo, así juzgo; y mi juicio es justo, porque no busco mi voluntad, sino la voluntad del que me envió, la del Padre." (Juan 5:19, 30). En otras palabras, el mismo Jesús afirmaba ser totalmente dependiente y guiado por el Espíritu Santo en todo lo que hizo durante Sus tres años y medio de ministerio en la tierra.

Comencé a estudiar pasajes del Evangelio, uno tras otro, buscando un proceso que pudiera aplicarse en la vida real. Primero observé que el Espíritu Santo llevó a Jesús directamente hacia el ambiente donde ocurriría la ministración. Jesús no esperaba a que vinieran a Él los que tenían necesidad. Él iba a ellos, ¡siempre guiado por el Espíritu Santo! Este punto de vista fue vital para mi interpretación. El ministerio se crea mientras vamos. El darme cuenta de esto abrió mi mente hacia la esperanza formidable de que el Espíritu Santo también me guiaría en dirección a las personas necesitadas, una por una.

Un torrente de oportunidades

Esta idea del Espíritu Santo obrando a través de Jesús de una manera consistente y repetitiva, me mostró que en cada acto de ministración, Dios se nos adelanta preparando el camino. El encuentro de Jesús con la mujer samaritana, según el Evangelio de Juan, es un excelente estudio de caso de los siete comportamientos consistentes y repetitivos encontrados en el ministerio de Nuestro Señor.

Veamos cada uno de estos siete procedimientos. Nos vamos a tomar un tiempo con cada uno, y espero que para cuando hayamos terminado, usted pueda identificar cada elemento que el Hijo de Dios empleaba a la perfección cuando interactuaba con la necesidad humana.

> Vino, pues, a una ciudad de Samaria llamada Sicar, junto a la heredad que Jacob dio a su hijo José. Y estaba allí el pozo de Jacob. Entonces Jesús, cansado del camino, se sentó así junto al pozo. Era como la hora sexta (Juan 4:5-6).

¡Dios tenía que estar metido en esto! Juan Wesley describió la "gracia preveniente" como la gracia de Dios o la presencia de Dios que se adelanta o precede cualquier movimiento del hombre hacia Dios.[2] El Espíritu Santo siempre iba delante de Jesús, involucrado personalmente en lo que estaba por suceder. Cuando Jesús llegó a Samaria, la tierra de José y de Jacob, y se sentó en el pozo de Jacob, el Espíritu Santo estuvo guiando a Jesús de manera deliberada y metodológica, hacia su encuentro en el pozo.

Discernimiento

Jesús llega a la ciudad samaritana de Sicar, un área totalmente rechazada por los judíos. Dese cuenta de que aquí el ambiente representa un papel importante. Jesús escoge sentarse y descansar en el pozo de Jacob. A medida que se acerca, ya está obrando, observando y midiendo cada aspecto del ambiente y de las personas que viven en él. El ambiente está cargado de rechazo. En este momento, el discernimiento de espíritus está operando en Jesús y revelándole el propósito por el cual Él está allí. Este es un comportamiento consistente que se repite en cada milagro o ministración en los Evangelios. Incluso antes de que Jesús dijera alguna palabra, ya había ocurrido algo grande en su ministración.

Esta fue una revelación maravillosa para mí, porque en mis primeros días, cuando fui a predicar a una iglesia y a ministrarle a la gente, yo no sabía que Dios me estaba precediendo. Mi mente siempre estaba enfocada en mí mismo, y tratando de planificar lo que yo pensaba que debía hacer, no en lo que el Espíritu Santo ya estaba haciendo. ¡Pero qué bendición fue para mí recibir la revelación de que Dios ya tenía un plan y de que estaba mucho más adelantado que yo en mi situación de oración! Si yo hubiera podido estar abierto a escucharlo, Él me hubiera guiado en lo que debía decir y hacer. El mismo Señor se me hubiera revelado mediante el discernimiento. Esto era como verse libre de un enorme peso. Como encontrar un tesoro de gran valor. Dios no sólo iba delante de mí, sino que me enseñaba exactamente lo que yo debía hacer y decir. ¡Impresionante! Note que el discernimiento de espíritus fue la primera acción del Espíritu Santo al moverse delante del mismo Jesús. Si Dios va delante de nosotros en cualquier actividad que lo honre, entonces este principio tendría que cumplirse en la historia de la mujer en el pozo.

Confirmación

En el próximo versículo en esta porción de la Escritura, dice: "Vino una mujer de Samaria a sacar agua" (Juan 4:7). Así que lo siguiente que iba a suceder es que un diálogo o una acción iban a confirmar el propósito del Señor en este momento del ministerio. Si el discernimiento de espíritus revela algo, entonces la confirmación demuestra que lo que usted está escuchando y viendo es correcto. Cuando ocurre la confirmación, ya usted sabe que algo maravilloso está por suceder. Cuando Jesús estaba sentado en el pozo, cansado del viaje, viene una mujer a sacar agua. Su apariencia confirma que, sin dudas, Jesús había sido guiado por el Espíritu hacia este pozo en particular. Su comportamiento confirma que el Espíritu Santo lo ha traído para ministrarle a alguien con una gran necesidad. Este es un elemento consistente y repetitivo en el ministerio de Jesús, que se encuentra una y otra vez en los Evangelios. Nunca olvidaré que descubrí esto revisando los Evangelios, comparando porción bíblica con porción bíblica y viendo el mismo progreso que sucedía una y otra vez. ¡Qué día más grande para mí!

La confirmación es de fundamental importancia porque eleva nuestra conciencia de que debemos discernir lo que está sucediendo a nuestro alrededor. Debemos estar alertas a la confirmación. ¿Hacia dónde nos está guiando el Espíritu Santo? ¿Qué o a quién está poniendo delante de nosotros? Nos comprometemos en el ministerio de Jesús cuando observamos el momento y el ambiente a nuestro alrededor. En ocasiones estamos más interesados en lo que nos está comunicando lo que nos rodea o la multitud, que en cualquier otra cosa. La familia o los compañeros podrían pensar que estamos "fuera de zona", sin prestar atención al asunto en cuestión. Lo que sucede es que estamos "sintonizados" con el ambiente y con lo que el Señor nos puede estar diciendo en ese momento.

Durante muchos años, a cualquier lugar que iba a ministrar, mi mente se mantenía fija en lo que quería hacer –mi plan, mi horario y mi enfoque-, no en lo que Dios quería hacer conmigo en el momento. Recuerdo cuando oraba de manera automática sin ningún tipo de observación, sin escuchar, sin sentir la presencia de Dios. Muy poco pasó en esos años de ministerio. Cuando mi corazón se sintonizó con lo que Él iba a hacer, la conciencia de la presencia de Dios se triplicó en mi vida. Una vez que puse mi mente en "modo de escucha", oyendo la dirección del Espíritu Santo, fue que pude prestar atención a lo que Él estaba poniendo frente a mí. No se puede escuchar a Dios si nuestro corazón está pensando en lo que se va a hacer, lo que se va a decir y la manera en que se va a desarrollar la ministración. Se debe ir escuchando en la medida en que se va avanzando. *La oración con precisión comienza con escuchar con precisión.*

Déjeme ponerle un ejemplo de esto. Estaba saliendo de mi garaje, manejando mi carro en dirección hacia la calle, cuando vi a una mujer en su carro hablando por teléfono y llorando. En la medida que avancé, detuve mi carro de forma tal que la ventana frontal del mío coincidiera con la del de ella. Se me ocurrió que quizás podía decirle algo que la alentara. Ella inmediatamente abrió la ventana y le dije: "¿Puedo orar por usted?" Ella estuvo de acuerdo inmediatamente, así que empecé a orar. Yo podía sentir su dolor y su tristeza. Mi oración estaba dirigida hacia su familia (relacional). Pude ver que estaba casada y que estaba herida y quebrantada. Mientras ella conversaba conmigo, los resultados

El ministerio de Jesús 115

de esa interacción fueron poderosos y pude invitarla a la iglesia. El domingo siguiente, su familia entera se apareció allá para el culto. Ya la sanidad había empezado. Así que mi descubrimiento fue este: darme cuenta. Me di cuenta de la presencia de Dios moviéndose delante de mí en todo momento. Traté de ser sensible a lo que Dios estaba haciendo, aún cuando yo no había proferido una palabra. A veces hubo personas que a la distancia de siete metros ya estaban recibiendo mi oración, sin siquiera haber hablado con ellas todavía. ¡Este concepto de darse cuenta se convirtió en algo valioso y poderoso para mí!

Una vez más me acuerdo de un distinguido hombre de oración, George Muller, que dijo: "Vivo en el espíritu de oración. Oro mientras camino, cuando me acuesto y cuando me levanto. Y las respuestas siempre están llegando."[3] ¡Qué testimonio tan maravilloso de este hombre que caminó en tantos milagros!

En esto hay dos factores cruciales. El primero es que vi el ambiente, y dentro del mismo había una mujer llorando. El segundo factor es que cuando me acerqué a ella, ella bajó la ventana. Por lo tanto, sucedieron dos de las cosas que siempre están presentes en el ministerio de Jesús: discernir la necesidad que hay en el ambiente, y luego la confirmación de que esta es la necesidad a la que hay que hacerle frente.

Avanzando un poco en la historia que aparece en el evangelio: "y Jesús le dijo: Dame de beber. Pues sus discípulos habían ido a la ciudad a comprar de comer. La mujer samaritana le dijo: ¿Cómo tú, siendo judío, me pides a mí de beber, que soy mujer samaritana? Porque judíos y samaritanos no se tratan entre sí" (Juan 4:7-9). Jesús le pidió agua a la mujer porque el Espíritu Santo lo provocó a hacer esto. La confirmación de que la ministración debe proseguir puede llegar de varias maneras. El versículo anterior nos muestra a Jesús proveyendo una oportunidad para que ocurra la ministración. El mismo Jesús pudo haber sacado el agua, pero como aquí el Espíritu Santo lo había guiado a interactuar con esta mujer, Él le pidió que le diera el agua.

En mi ejemplo de la mujer del carro, le pregunté si podía orar por ella. Cuando llega la confirmación de que estamos en el lugar correcto, empiezan a pasar de todo tipo de cosas. En ese momento, el hecho de que yo detuviera mi auto y el hecho de que ella bajara la ventana activaron la ministración. Obviamente, el próximo paso era ofrecerme a orar por ella. Cuando ella aceptó recibir mi oración, llegó una confirmación adicional.

Con el paso de los años he tenido muchas confirmaciones de lo que el Señor quería que yo empezara a hacer o le dijera a la gente, y aún así perdí aquellas oportunidades a causa de la confusión o el miedo. Ahora mi "escucha" está mucho mejor y trato de no perder ninguna oportunidad de conectarme con la ministración guiada por el Espíritu Santo. Cada semana me cruzo con muchas personas en mi camino. En el transcurso de la vida diaria, oro para que Dios me revele una palabra y pueda dársela al menos a treinta o cuarenta personas cada semana. Dios organiza estos encuentros y los confirma. Mi trabajo es prestar atención a lo que Él está haciendo y no a lo que yo pienso. Y como esta es la gracia de Dios para mí, también lo es para usted. Quizás ya usted se esté dando cuenta de las muchas oportunidades para ministrar que están a su alrededor. Por otro lado, usted podría necesitar orar para que sus ojos se abran a cómo Dios opera de manera consistente y repetitiva.

> Respondió Jesús y le dijo: Si conocieras el don de Dios, y quién es el que te dice: Dame de beber; tú le pedirías, y él te daría agua viva. La mujer le dijo: Señor, no tienes con qué sacarla, y el pozo es hondo. ¿De dónde, pues, tienes el agua viva? ¿Acaso eres tú mayor que nuestro padre Jacob, que nos dio este pozo, del cual bebieron él, sus hijos y sus ganados? Respondió Jesús y le dijo: Cualquiera que bebiere de esta agua, volverá a tener sed; mas el que bebiere del agua que yo le daré, no tendrá sed jamás; sino que el agua que yo le daré será en él una fuente de

agua que salte para vida eterna. La mujer le dijo: Señor, dame esa agua, para que no tenga yo sed, ni venga aquí a sacarla. (Juan 4:10-15)

Cuando usted tenga una oportunidad de orar por alguien, lo que usted diga creará una respuesta en la mente de la persona. Lo que me asombra de estos versículos es la delicadeza y la amabilidad del intercambio entre Jesús y la mujer, cómo la conversación fluye hacia la dirección que el Espíritu Santo quiere que vaya. Era como si el guión de esa interacción ya hubiera estado escrito. Al principio de mi ministerio pasé mucho tiempo tratando de persuadir a la gente con mi propio razonamiento y argumentos, nacidos de mi educación y mi experiencia. Supongo que exageré algunas veces, lo que trajo como resultado poca respuesta e interés. Ahora cuando me reúno con algunas personas para ministrarles, he aprendido a escuchar lo que el Espíritu Santo me dice. Estoy convencido de que cuando el discernimiento y la confirmación ocurren, muestras palabras son excepcionalmente poderosas. La conversación fluye.

El punto de necesidad

Nuestra meta cuando nos involucramos en ministrarle a alguien es llegar al punto de la necesidad más profunda lo más rápido posible. Cuando el Espíritu Santo comienza a ministrarle a una persona herida, hay una urgencia en el corazón de Dios. ¡Ya esta persona ha estado sufriendo bastante tiempo! ¡Le llegó su momento! Comenzamos este capítulo con el discernimiento de espíritus y luego estudiamos la confirmación–que nos dice que vamos por buen camino- al escuchar a Dios. Ahora nos dirigiremos hacia la identificación del punto de necesidad, o como me gusta llamarlo, el trabajo con la raíz.

El trabajo con la raíz simplemente significa el área de necesidad más profunda. En el caso de la mujer samaritana, el asunto básico de su vida era el autorrechazo. Cuando el discernimiento de espíritus conduce a Jesús hacia lo que la mujer pensaba de ella misma, entonces comienza un momento vital en el intercambio entre Jesús y la mujer samaritana. ¿Cómo llegó Jesús a esta conclusión? El discernimiento reveló a una mujer samaritana rechazada, usada por los hombres y abandonada por todos. Ella va al pozo en el calor del día, al mediodía, en vez de ir temprano en la mañana que es cuando las demás mujeres van. ¿Por qué? Porque ella no es bienvenida allí. Su vida ha estado caracterizada por un agudo rechazo. El mayor anhelo de su alma era que alguien sintiera estima por ella y que entendiera su dolor y su soledad.

Si usted fuera la persona que hubiera estado en el pozo en ese mismo momento de la historia, la forma de moverse, el vestido, la conducta de esta mujer le hubieran revelado a usted la misma raíz: autorrechazo. Cuando se identifica la raíz, la ministración precisa puede empezar a ocurrir de inmediato. Se puede llegar rápidamente al paso de la oración ya que el discernimiento conduce a la confirmación, y la confirmación conduce al trabajo con la raíz (la necesidad más profunda en la vida de una persona). Este patrón es consistente y repetitivo en el ministerio de nuestro Señor Jesucristo.

En mi corazón tengo la absoluta convicción de esto. Si empiezo a orar de la manera adecuada –primero con discernimiento, luego confirmación, y después me muevo hacia la raíz del problema- terminaré bien. Nunca me he decepcionado de los resultados de la oración que comienza bien. Cuando empecé a escuchar a Dios de esta manera, ya no dudé más del resultado de una oración. ¡Lo que Dios empieza, Él lo termina! El ministerio comenzó a cambiar en mi vida y los frutos comenzaron a verse dondequiera.

Jesús le dijo: Vé, llama a tu marido, y ven acá. Respondió la mujer y dijo: No tengo marido. Jesús le dijo: Bien has dicho: No tengo marido; porque cinco maridos has tenido, y el que

El ministerio de Jesús

ahora tienes no es tu marido; esto has dicho con verdad".
(Juan 4:16-18)

Ministrando al alma

En la mayoría de los encuentros para ministración, usted va a tener un diálogo con la persona. En el ministerio de Jesucristo, el diálogo siempre está centrado en el corazón del problema. El diálogo con Jesús nunca es superfluo, innecesario o superficial. Siempre se dirige a la raíz y luego se mueve hacia el alma de la persona herida. En este punto ya se ha avanzado hacia la ministración al alma. Este es el próximo paso después del trabajo con la raíz.

La respuesta de la mujer samaritana a Jesús fue: "No tengo marido". ¡Qué confesión más maravillosa! Estoy seguro de que Jesús ya sabía esto. Pero era una invitación que Jesús le estaba haciendo a ella para que le hiciera frente al grito más profundo de su alma. Todo lo que Jesús tuvo que hacer fue mencionar a su esposo y llegó al punto de mayor angustia de su vida. ¿No es algo poderoso? ¡Cuando una revelación viene por escuchar a Dios es muy dinámica! ¡Es muy fuerte! La ministración al alma es una conducta consistente y repetitiva en el ministerio de Jesús.

A medida que ocurre este diálogo, sucede un milagro. Está claro que esta no es una conversación normal. Vino a Jesús por revelación del Espíritu Santo, y vendrá a usted de la misma manera si usted practica la metodología que se usó aquí. En cuestión de sólo momentos, el Espíritu Santo puede hacer lo que a la mayoría de nosotros nos tomaría horas, o incluso días de diálogo. ¿Suena esto imposible? No en realidad. Cuando usted se pone en sintonía con los caminos del Espíritu Santo y su manera de avanzar entre capas de necesidad, su precisión aumentará un cien por ciento. Podría dar muchos testimonios de personas que han experimentado un avance radical en sus ministerios de oración simplemente al obedecer el enfoque que se encuentra en el ministerio de Jesús. ¿Quién puede superar los métodos de Jesús, nuestro Señor y Salvador? ¡Todavía queda mucho por decir para poder llegar a la manera en que Jesús ministraba! ¡Imagínese cuántas horas de consejería usted se ahorraría si le permitiera a Dios decirle lo que Él quiere hacer por la persona a la que usted le está ministrando!

Una noche en Brasil, después de un servicio que duró más de cuatro horas, una mujer detuvo al grupo que iba camino hacia el autobús e insistió que oráramos por ella. Yo pensé: *¿Tengo que orar por ella después de haber tenido la oportunidad de hacerlo por tantas horas en el templo?* (Sí, yo sé que conté una historia en el capítulo tres que empezaba de la misma manera, pero quédese conmigo. Esta es una historia completamente diferente). Después de más o menos un minuto escuché al Espíritu Santo. Vino a mí sin hacerle ninguna pregunta sobre ella. Lo que escuché fue: "Tiene mucha pena". Yo sabía que era Dios diciéndome que tenía que detenerme y orar en ese momento. Sentí la presencia de Dios que venía sobre mí, y de momento sentí un deseo genuino de orar por ella. Ella se arrodilló, me agarró las manos y las puso firmemente en su cabeza. Para mí fue una confirmación de que en su corazón ella creía que Dios iba a hacer algo por ella aquella noche.

Ella me miró y dijo: "Yo no quiero morir. Quiero vivir". Yo respondí: "Dios quiere que tú vivas. Quédate tranquila". Cuando miré sus manos encima de las mías vi su piel áspera y las uñas rotas. Obviamente, ella había estado expuesta a años de arduo trabajo y muchos sufrimientos. Mientras oraba, sus manos presionaban las mías con todas sus fuerzas. Me sorprendí diciendo: "espíritu de enfermedad, no tienes derecho sobre esta mujer y no eres bienvenido aquí. Ahora te reprendo en el nombre de Jesucristo, el Hijo de Dios". En mi mente, yo sabía que había sido profundamente rechazada en su vida, sin esposo y trabajando duro para alimentar a sus hijos. Supe que llevaba algún tiempo padeciendo una enfermedad mortal, y que ya no aguantaba más. Era ahora o nunca. Sentía su dolor, pero también sentía su fe presionando mis manos.

Tres días después ella vino a verme en otra iglesia con un papel en sus manos. Los resultados de los análisis de sangre dieron negativos. ¡El virus del VIH se había ido! ¡Milagrosamente había sido declarada libre de VIH! ¡Con lágrimas en sus ojos me agradeció y, a su vez, agradeció a Dios por tan maravillosa experiencia! Más tarde pensé para mis adentros que ella no había ido al altar para que oraran por ella porque le daba pena. Pero incluso hasta el último momento, el Espíritu Santo se movió a través del discernimiento para mostrarme su necesidad. La confirmación vino cuando se arrodilló delante de Dios y su alma gritó: "¡No quiero morir!" Todo lo que tuve que hacer fue declarar que ella era sanada.

Cuando empecé a aprender a cómo orar por los demás, al principio, lo que más me preocupaba era que para ver los resultados yo tenía que hacer algo. Me preocupaba el hecho de que no tuviera suficiente fe para obtener un resultado victorioso. Sentía la presión de la gente que contaba conmigo, y temía que no "tuviera" lo que se requiere para lograrlo. Sin embargo, ¡aprendí que no podía estar más equivocado! Si queremos movernos en la ministración como lo hizo Jesús, es de vital importancia entender cómo funciona la fe.

Quisiera compartir una historia que es muy personal. Cuando a mi mamá le diagnosticaron que tenía mal de Parkinson, se me cayó el alma a los pies. ¿Cómo era posible que una mujer tan ungida, que había entregado toda su vida al servicio del Evangelio, pudiera estar sujeta a tan terrible sufrimiento? Oré por ella muchas veces, pero cada vez era como si mi batería espiritual se estuviera agotando y necesitara ser recargada. En cuanto se acababa la oración, inmediatamente me sentía cansado y triste. Pasaron un par de años.

Un día, estaba en una misión en Brasil, y me dirigía con el grupo hacia las lomas de Santa Bárbara, cuyas laderas estaban cubiertas por las chozas de los pobres. Estaba apurado por alcanzar a mi grupo, pero hice una pequeña parada en la casa de mi madre. Le puse una mano en el hombro y dije algo así: "¡Tú, horrible enfermedad! ¿Por qué estás aquí? ¡Tú no eres bienvenida!" Dije estas palabras pasando por su lado y seguí mi camino. Desde ese día, todos los síntomas del Parkinson salieron del cuerpo de mi madre. ¡Dios la sanó instantáneamente!

Por favor, ahora no me sugiera que yo hice algo maravilloso, o que mi fe no tuvo nada que ver con el milagro perfecto en la vida de mi madre. Ella recibió sanidad instantánea a pesar de que mi oración fue muy breve y sin ningún pensamiento real. ¿Cómo puede ser esto? He aprendido que lo que trae sanidad a la gente no es lo que uno sienta o haga. Incluso cuando la fe es tan pequeña como un grano de mostaza, si se pone en acción, puede mover montañas. Mi fe era muy pequeña. Lo que sanó a mi madre fue mi obediencia al Espíritu Santo en cuanto a su necesidad. Lo que sana a la gente es nuestra obediencia a movernos y a decir lo que Dios nos está guiando a hacer, para que Él pueda hacer lo que Él quiera hacer en ese momento. ¿Ha escuchado a alguien orar en el hospital de esta manera: "Dios, si es Tu voluntad, sana a esta mujer"? Esta es una oración con doble mentalidad. Sepa que la voluntad de Dios es sanar. ¡Así que sólo sea obediente y pida sanidad y dele una patada a la enfermedad!

Mandato y autoridad

Cuando Jesús le dijo a la mujer en Samaria: "Vé, llama a tu marido, y ven acá" (Juan 4:16), Él estaba siendo obediente a la voluntad de Dios. A esta acción la llamo mandato y autoridad. Está presente en todos los milagros de Jesucristo, algo que es consistente y repetitivo en Su metodología. Un mandato es una declaración que ejerce autoridad sobre una condición de aflicción, enfermedad o esclavitud. En Mateo 8:3, Jesús le dice al leproso: "Quiero; sé limpio." Esto es un mandato. El mismo tratamiento está presente cuando Jesús sana al siervo del centurión en Capernaum: "Entonces Jesús dijo al centurión: Vé, y como creíste, te sea hecho. Y su criado fue sanado en aquella misma hora" (Mateo 8:13). Cuando Jesús dijo la palabra "vé", ese fue un mandato.

A continuación hay otros ejemplos del ministerio de nuestro Señor, donde se usa el principio de "mandato y autoridad":

"Él les dijo: Id. Y ellos salieron, y se fueron a aquel hato de cerdos; y he aquí, todo el hato de cerdos se precipitó en el mar por un despeñadero, y perecieron en las aguas" (Mateo 8:32).

"Pues para que sepáis que el Hijo del Hombre tiene potestad en la tierra para perdonar pecados (dice entonces al paralítico): Levántate, toma tu cama, y vete a tu casa" (Mateo 9:6).

"Pero Jesús, volviéndose y mirándola, dijo: Ten ánimo, hija; tu fe te ha salvado" (Mateo 9:22).

"Entonces, mirándolos alrededor con enojo, entristecido por la dureza de sus corazones, dijo al hombre: Extiende tu mano. Y él la extendió, y la mano le fue restaurada sana" (Marcos 3:5).

"Entonces le dijo: Por esta palabra, vé; el demonio ha salido de tu hija" (Marcos 7:29).

"Y Jesús le dijo: Vete, tu fe te ha salvado. Y en seguida recobró la vista, y seguía a Jesús en el camino" (Marcos 10:52).

Continuando nuestro estudio de las acciones consistentes y repetitivas de Jesús en Su ministerio, terminemos con la historia de la mujer samaritana:

Le dijo la mujer: Señor, me parece que tú eres profeta. Nuestros padres adoraron en este monte, y vosotros decís que en Jerusalén es el lugar donde se debe adorar. Jesús le dijo: Mujer, créeme, que la hora viene cuando ni en este monte ni en Jerusalén adoraréis al Padre. Vosotros adoráis lo que no sabéis; nosotros adoramos lo que sabemos; porque la salvación viene de los judíos. Mas la hora viene, y ahora es, cuando verdad; porque también el Padre tales adoradores busca que le adoren. Dios es Espíritu; y los que le adoran, en espíritu y en verdad es necesario que adoren. Le dijo la mujer: Sé que ha de venir el Mesías, llamado el Cristo; cuando él venga nos declarará todas las cosas. Jesús le dijo: Yo soy, el que habla contigo". (Juan 4:19-26)

Yo solía leer este pasaje como si fuera una conversación aparte, y no parte de la sanidad de esta mujer. Sin embargo, un estudio más diligente de todos los milagros y hechos del ministerio de Jesús me demostraron que todas esas acciones de Jesús funcionan juntas todas las veces. Teniendo esto en mente decidí prestar más atención al final de la conversación que al principio. La totalidad del milagro se encuentra al final de este diálogo. Cuando la mujer samaritana se da cuenta de que Jesús es un profeta, y dice que ella sabe que viene el Mesías, (aquel que es llamado Cristo), una declaración fenomenal sale de la boca de Jesús: "Yo soy, el que habla contigo."

Contacto y transmisión

En los Evangelios, cada vez que Jesucristo le ministra a alguien, llega un momento cuando toca o le habla a la persona. Es como si el milagro estuviera incompleto hasta que algún tipo de contacto o expresión transmite la sanidad y la plenitud del necesitado. Esta acción se llama contacto y transmisión. ¡Es aquí que ocurre la sanidad! Cuando vemos otros milagros en los Evangelios, vamos a encontrar que el Señor estaba tratando de llegar a la persona y hacer contacto. En la mayoría de los casos los toca, imponiéndoles Sus manos, o dándoles la mano para levantarlos. Incluso lo vemos escupiendo en la tierra y haciendo lodo con la saliva, ¡y untándoselo a los ojos de un hombre ciego! Pero a veces el contacto y la transmisión son verbales, lo que significa que Él declara la bendición. En el estudio de caso de la samaritana, Él finaliza la ministración extendiéndole una verdad estremecedora que cambiaría sus percepciones para siempre. Le transmite bendición a su vida cuando le revela Su verdadera identidad. A ella, que había sido rechazada, desechada, usada y abusada por los hombres, el Señor del Universo le estaba confiando la verdad más grande que una persona puede conocer. Ella nunca volvería a ser la misma.

Observe cuidadosamente los métodos que ya se han empleado en esta ministración: discernimiento, confirmación, trabajo con la raíz, ministración al alma, y mandato y autoridad. Todos han ocurrido en cuestión de minutos. Uno fluye hacia el otro. Es difícil notar cuando uno termina y el siguiente comienza. Ahora, en la etapa final, el contacto y la transmisión están en la impartición de una bendición a una mujer muy necesitada.

La historia de la mujer samaritana termina con los discípulos de Jesús entrando en escena, maravillados de que Él acabara de tener una conversación trascendental, de entre tanta gente, ¡con una mujer samaritana! La mujer va a la ciudad a testificar acerca de este hombre que ha cambiado radicalmente su vida entera y su futuro. El milagro está hecho. El Espíritu Santo ha obrado a través de Jesús para transformar completamente la vida de alguien. Aquí se encuentra sólo uno de los hábitos más consistentes y repetitivos de Jesús, que es mirar al Espíritu Santo para ver hacia dónde y cómo debe moverse.

Mire alrededor

Una vez que la ministración termina, Dios da las indicaciones de lo próximo que va a suceder. Sin omitir un paso, Jesús se mueve como guiado por el Espíritu Santo para continuar su ministerio entre la gente con gracia y poder. En algunas situaciones, Él declaraba que Su propósito ya estaba terminado allí, y salía de esa región. Otras veces se dirigía directamente hacia otra persona que anhelaba un toque de Él. Por lo tanto, la última fase en la metodología de Jesús es chequear los alrededores y moverse en obediencia a Su padre. Si Dios nos está guiando al orar, también podríamos preguntarle si queda algo más por hacer por los demás.

Esta iniciativa bendijo mi vida realmente. Nunca terminaré de orar por alguien sin antes mirar si hay alguien más necesitando ministración. En una multitud de cientos de personas, siempre trato de observar quién es el siguiente que está esperando por oración. Aquí la idea es que usted no debe querer terminar si Dios tiene a alguien más en mente. Usted debe seguir y no guiar.

Consideraciones adicionales

Vamos a repasar los siete principios ministeriales que se encuentran consistentemente en el ministerio de Jesús.

Discernimiento de espíritus

El "discernimiento de espíritus" o "distinción de espíritus", es una acción del Espíritu Santo mencionado en la lista de nueve dones del Espíritu Santo en 1 Corintios 12: "Pero a cada uno le es dada la manifestación del Espíritu para provecho... discernimiento de espíritus" (1 Corintios 12:7, 10).

Hablamos acerca de la operación del discernimiento de espíritus en el capítulo uno. Quiero compartir con usted dos cosas adicionales acerca del discernimiento. Es una verdad fundamental que el discernimiento empieza a operar cuando empezamos a orar con el deseo de dar en el blanco, esperando escuchar mejor para beneficio de los demás. En la medida que nos adiestramos para comenzar con el discernimiento de espíritus, cada vez que oremos se convertirá en un acto reflejo. Toda ministración efectiva comienza con la revelación del Espíritu Santo.

El ministerio de Jesús 127

Así que debe permanecer abierto a la idea de que este don operará a través de usted a medida que se acerca a una oportunidad de ministrar. Tomé dos determinaciones: primero, desear que el Espíritu Santo se moviera en el discernimiento de espíritus y luego esperarlo. Cuando eso sucedió, mi vida de oración no sólo cambió, ¡sino que hubo una explosión que me hizo avanzar con más fe!

Segundo, toda persona que ha tenido una experiencia personal con Cristo puede tener esta expresión del Espíritu Santo en medio de una oración. El punto esencial es identificar Quién está a cargo aquí. R. A. Torrey lo dice de la siguiente manera: "Si pensamos en el Espíritu de la manera en que muchos lo ven, como un simple poder o una fuerza, entonces nuestro pensamiento constante sería: "¿cómo puedo tener más del Espíritu Santo?" Pero si pensamos en Él en la manera bíblica, como una Persona divina, entonces nuestro pensamiento sería: "¿cómo el Espíritu Santo puede tener más de mí?"[4] Si le permitimos al Espíritu Santo que tome el control y nos guíe al orar, podemos estar seguros de que el discernimiento va a entrar en acción. El discernimiento de espíritus viene por la fe y aumenta mientras la fe va creciendo.

Confirmación

La confirmación busca una evidencia que confirme que estamos en el camino correcto. No tenemos que suponer lo que está sucediendo, solamente debemos seguir las señales. Nunca debemos olvidar que estamos siendo guiados por el Espíritu Santo, así que en esto debemos confiar en Dios con todo nuestro corazón. La confirmación puede venir cuando el Espíritu Santo nos traiga a la mente una porción de la Escritura. La mayoría de las veces sale directamente del que está recibiendo la oración. No vendrá de una fuente externa.

Estaba orando por un hombre una vez y no tenía la seguridad de recibir ninguna confirmación de parte de él, o de que yo estuviera oyendo con precisión la voz de Dios. Comencé a mirar a mi alrededor, como si fuera a recibir más información de algún otro lugar. Pero cuando pasaron unos minutos vi que el hombre tenía sus manos bien agarradas y una mueca profunda en su cara. Su lenguaje corporal me estaba demostrando que había desesperación en sus emociones y en su corazón. Él estaba más que listo para recibir algo de parte del Señor. Esa fue mi confirmación. Puede venir a través de los ojos, las manos, el movimiento corporal, un sonido o el tono de la voz. Dios siempre nos dejará saber cuando estamos en el camino correcto y nos ayudará a continuar. ¡No se rinda! Dele tiempo para que suceda.

Trabajo con la raíz

Ya casi estamos al llegar "a la cocina", directo al meollo de lo que Dios quiere hacer. Siempre permita que el discernimiento lo guie hacia el blanco de la oración. Este paso revelará la necesidad principal en la vida de alguien. Es un punto decisivo. Haga una pausa aquí con mucho cuidado; no se apure. Usted puede comparar esto con la cacería. Cuando estamos cazando no comenzamos a disparar el arma sin pensar, hacia cualquier dirección. Nos detenemos, estudiamos el horizonte, chequeamos la dirección del viento y miramos dónde está el blanco. Verificamos que no haya obstáculos en el medio. Es lo mismo con esta área de oración. Nos estamos moviendo cuidadosamente hacia la necesidad primaria de un alma que desea un toque de Dios. Tenga en mente que, a menudo, la misma persona no percibe correctamente su mayor área de necesidad, así que esto es algo poderoso. La gracia de Dios está en acción, y las palabras que se usen en la oración en este momento pueden afectar la vida y el futuro de una persona. Creo que en este punto hay más sabiduría que viene de Dios que en otra etapa de su oración. Las cosas se van enfocando. Ahora estamos viendo el centro

El ministerio de Jesús 129

de la cuestión, y no podemos pasarlo por alto. Una vez que se identifica la raíz —rechazo, rebeldía, falta de perdón o amargura- entonces se sabe hacia dónde ir.

Ministrando al alma

La mente, la voluntad y las emociones conforman el alma o el "ser más profundo" de la persona. Después de haber identificado la necesidad básica y haberle hablado, la mente, la voluntad y las emociones de una persona le hablarán a usted. Piense en lo que usted ha escuchado del Espíritu Santo en cuanto a la necesidad primaria de esta persona y siga guiando la conversación hacia esa área. Debido a la precisión de las palabras que usted ha dicho en la oración, frecuentemente las personas responderán con convicción. Podrán mirar a sus años pasados y tratar de darle sentido a las cosas. Estos son momentos preciosos en los que escuchar será realmente necesario. A veces, a las personas que oran por los demás les gusta usar muchas palabras, pensando que mientras más palabras usen al orar será mejor. Sin embargo, cuando una persona está respondiendo a la convicción, ¡lo que estamos diciendo casi no importa! ¡Deje que Dios haga la obra y apártese para escuchar! En esto escuchar es crucial. Si usted interfiere con una conversación que va a distraer a la persona, impidiéndole responder a lo que está siendo revelado, la oración se va a descarrilar. Piénselo de esta manera: lo que usted está escuchando es el dolor suplicando que lo escuchen, la culpa que debe ser manejada, y la agonía que ha permanecido en secreto por muchos años. Deje que salgan y escuche de manera activa.

Mandato y autoridad

Cuando tenía cerca de doce años, mi pequeña mente vivía constantemente agitada en mi prisa de querer hacerlo todo y de correr a todas partes. Sin dudas, era hiperactivo en todo lo que hacía. Un día llegué a mi casa, acabando de salir de otra pelea con los muchachos en la calle. Mi nariz sangraba y mis emociones estaban agitadas. Mi padre me tomó de la mano y me sentó en su regazo. Comenzó a orar más o menos así: "Señor, este es mi hijo querido. Él está tan apurado que todo lo que quiere hacer es correr y pegarle a alguien. Ahora, en este momento, hablo a todos sus pensamientos de impaciencia, agitación e ira. ¡Déjenlo tranquilo!". Recuerdo esta oración como si hubiese sido ayer. En cuanto mi papá oró era como si mi mente comenzara a tranquilizarse inmediatamente. Fui libre de todo el miedo y la agitación. No fue mucho tiempo después que fui llamado al ministerio cristiano a tiempo completo mientras atendía un campo de fútbol.

"Mandato y autoridad" no es algo que uno haga. Es algo que Dios hace. Todo lo que hace falta es escuchar una palabra que llevará a que el problema se enfoque. Háblele a la necesidad sin titubeo, y confíe en que Dios traerá buenos resultados. Usted tiene una compañía completa de ángeles, profetas, y hombres y mujeres de Dios apoyándole (véase Hebreos 12:1, que declara: "Por tanto, nosotros también, teniendo en derredor nuestro tan grande nube de testigos, despojémonos de todo peso y del pecado que nos asedia, y corramos con paciencia la carrera que tenemos por delante"). Usted no está solo. Dios va delante de usted. No tenga miedo. Cuando usted llegue a esta etapa, es Dios el que sana, liberta, bendice y hace que la gente cambie. No depende de usted; depende de Dios.

Contacto y transmisión

Esta parte de nuestra oración es la más fácil de todas. Ya la parte difícil ha sido hecha. La liberación que usted ha estado buscando viene de arriba. Siempre sepa que no es usted quien está trayendo la restauración y la sanidad. Usted es una boca que habla en fe, un canal del poder de Dios y un transmisor de bendición del Cielo hacia la persona por la que usted está orando. Aprenda a dejar que Dios sea exaltado reconociendo y honrando Su presencia. Lo que trae sanidad es Su presencia. Usted simplemente lo que está haciendo es poniéndose de acuerdo con el Padre por la vida de una persona. "El contacto y la transmisión" pueden venir al imponer las manos sobre una persona, tomando su mano o abrazándola, diciendo algo que la bendiga o declarando una palabra profética.

Mire alrededor

Recuerdo los días cuando me pasaba una hora escuchando a una persona contándome sus problemas. Entonces oraba basado en lo que recién había escuchado. Hoy, lo único que necesito es de quince a veinte minutos para conducir una sesión de oración completa de principio a fin, y pasar a la siguiente persona. Lo que hace que la gente quiera recibir la oración es nuestra capacidad de escuchar, no a ellos, sino al Espíritu Santo. Cuando ellos están convencidos de que usted puede identificar el problema elemental sin mucha palabrería, su fe aumenta y serán más receptivos a la oración. En la mayoría de mis reuniones de avivamiento de los fines de semana, aparté un par de tardes para orar por personas que deseaban ministración. Docenas de hombres y mujeres concertaban una cita para sesiones de quince minutos. Eso era todo lo que se necesitaba. Usualmente, en cuestión de minutos, llego a la raíz de la necesidad, y llega la convicción a los que están recibiendo oración. Después de tantos años orando por los demás, quizás en algunas ocasiones no dé en el blanco. Pero con el tiempo tiendo a llegar al punto de mayor necesidad. ¡Los frutos de este tipo de oración no tienen comparación! Jesús, en sus días de ministerio, le ministraba a una persona, miraba alrededor y luego se dirigía a la próxima necesidad. ¡Usted también lo puede hacer!

Conclusión

Mire a los Evangelios y vea que estas siete acciones son consistentes y repetitivas en todos los milagros de nuestro Señor. ¿Cómo pude llegar a las conclusiones que he compartido con ustedes en este capítulo? Fue leyendo y releyendo los milagros de Jesús, tratando de comprender el enfoque usado por nuestro Señor para satisfacer las necesidades de la gente. Sigo estando asombrado de que en cada hecho se usen los mismos principios.

Lo que es más importante, dejé a una lado todas las demás "fórmulas" de ministración, y comencé a seguir solamente la metodología de Jesús en mi propio ministerio de oración. Verá, el objetivo aquí es minimizar nuestra propia presencia al orar y maximizar la presencia de Dios al escuchar y cumplir lo que Él dice. Esta es la obra del Espíritu Santo, no de un hombre o de una mujer especialmente "ungidos". Como declaraba Juan el bautista: "Es necesario que él crezca, pero que yo mengüe" (Juan 3:30).

En el siguiente capítulo vamos a cubrir algunos otros estudios de caso de la metodología de Jesús.

9

¿Cómo luce lo "consistente y repetitivo"?

Continuando nuestro estudio con otro ejemplo de un milagro hecho por Jesús, espero que para usted sea más claro ver cómo estas acciones consistentes y repetitivas se acoplan para producir un milagro. Quiero poner mucho énfasis en esta porción de nuestro estudio, porque estar más atentos a los caminos que nuestro Salvador transitó cuando estuvo en esta tierra, nos ayuda a aprender más de Él. Esta vez vamos a ver el milagro que aparece en Marcos 10:46-52:

> Entonces vinieron a Jericó; y al salir de Jericó él y sus discípulos y una gran multitud, Bartimeo el ciego, hijo de Timeo, estaba sentado junto al camino mendigando. Y oyendo que era Jesús nazareno, comenzó a dar voces y a decir: ¡Jesús, Hijo de David, ten misericordia de mí! Y muchos le reprendían para que callase, pero él clamaba mucho más: ¡Hijo de David, ten misericordia de mí! Entonces Jesús, deteniéndose, mandó llamarle; y llamaron al ciego, diciéndole: Ten confianza; levántate, te llama. El entonces, arrojando su capa, se levantó y vino

a Jesús. Respondiendo Jesús, le dijo: ¿Qué quieres que te haga? Y el ciego le dijo: Maestro, que recobre la vista. Y Jesús le dijo: Vete, tu fe te ha salvado. Y en seguida recobró la vista, y seguía a Jesús en el camino.

Hay muchos milagros de Jesucristo grabados en los cuatro Evangelios. La Biblia de Estudio Nueva Versión Internacional (NVI) (véase bibliografía) divide los milagros de Jesús en tres categorías: 1) milagros de sanidad, 2) milagros que muestran poder sobre la naturaleza y 3) milagros de resurrección de los muertos. (En dependencia de su edición, en la Biblia de Estudio NVI se puede encontrar una tabla útil con todos los milagros, al principio o en los primeros capítulos del Evangelio de Juan). Esta división nos ayuda a resumir y diferenciar mejor los milagros. Por supuesto, estos representan solamente una pequeña parte de todos los milagros y ministraciones del Hijo del Hombre durante Sus tres años y medio de ministerio activo. De acuerdo a lo que dice la tabla en la Biblia de Estudio NVI, veintitrés de los milagros recogidos están relacionados con la sanidad de la mente o el cuerpo de los seres humanos. Nueve de los milagros tienen que ver con el poder sobre la naturaleza, como calmar la tempestad o la multiplicación de los panes y los peces. Tres se tratan de la resurrección de los muertos.

Este ejemplo en Marcos 10 claramente cae en la primera categoría, ya que Bartimeo era ciego y necesitaba sanidad física. (Otras versiones de este milagro se encuentran también en Mateo 20:29-34 y en Lucas 18:35-43). Veamos esta maravillosa historia según el evangelio de Marcos, parte por parte:

Discernimiento

Entonces vinieron a Jericó; y al salir de Jericó él y sus discípulos y una gran multitud, Bartimeo el ciego, hijo de Timeo, estaba sentado junto al camino mendigando. Y oyendo que era Jesús nazareno, comenzó a dar voces y a decir: ¡Jesús, Hijo de David, ten misericordia de mí! (Marcos 10:46-47).

Si usted alguna vez viaja a Israel, espero que tenga la oportunidad de visitar Jericó. En las dunas de arena, las rocas y las colinas que rodean la ciudad, a través de todo el desierto de Judea, usted encontrará cauces secos y profundos llamados "wadis". En medio de un lugar árido, escarpado y desolado, los wadis son canales que el flujo del agua de la lluvia va abriendo en la temporada lluviosa en Israel. El ambiente habla por sí mismo. En los tiempos antiguos, la gente usaba los wadis como caminos o senderos a través de las rocas altas y el terreno accidentado. Mientras atravesaba un wadi desde el nuevo Jericó hacia el antiguo Jericó, que se había convertido en un camino muy transitado, Jesús se encontró con un ciego que gritaba fuertemente: "¡Jesús, Hijo de David, ten misericordia de mí!"

Casi lo podemos sentir ahora. La ministración está a punto de ocurrir. Cuando el discernimiento opera en la vida de Jesús, es debido a que Dios quiere hacer algo por alguien. El don de discernimiento de espíritus está por activarse con el propósito de ayudar y bendecir a alguien necesitado. Dese cuenta de que en medio del resoplido y del griterío de camellos y burros, al igual que las muchas voces que se oían de la multitud y de los discípulos precisamente en ese momento, fue la singular voz de este ciego que hizo que Jesús se detuviera. A medida que el discernimiento se activa, la voz nos dice mucho. La voz es la "firma" del espíritu de la persona. Cuando Bartimeo le gritó a Jesús, solamente su voz le decía mucho. El texto dice que Bartimeo "comenzó a dar voces". Su voz evidenció que él era un ciego quebrantado, con fe, pobre y sometido. No lo marcó como alguien orgulloso, falto de fe o discutidor. La voz reveló exactamente quién era él. Justamente el tono de la voz de Bartimeo atrajo la atención de nuestro Señor. En este momento del milagro es que tenemos el primer elemento consistente y repetitivo que siempre se halla en el ministerio de Jesús: el discernimiento de espíritus.

No hace mucho tiempo, mientras predicaba en un avivamiento, un hombre me gritó desde la multitud. Me enteré que era un visitante que venía de otra iglesia y que asistía al culto sólo por esa noche. Me pareció extraño que me estuviera llamando de esa manera, pero empecé a abrirme paso hacia él entre la multitud que cubría el área del altar. Sus ojos estaban fijos en mí, siguiendo cada uno de mis movimientos. Cuando finalmente llegué a él, me dijo con una voz débil y despedazada: "Mi Jena, mi Jena, hermano Rick, mi Jena." Solamente la entonación de su voz y la expresión de su cara y sus ojos fueron suficientes para romperme el corazón. Escuché su voz llena de miedo y dolor. A pesar de que a nuestro alrededor había cerca de doscientas personas, era como si solamente pudiera escuchar su voz. Esto me dijo quién era este hombre. La voz no estaba comunicando orgullo, ira o ego, sino más bien miedo a la pérdida y desesperación. Era algo muy personal y muy emocional.

Cuando empecé a orar, sus manos agarraron las mías. Sentí que sus lágrimas caían en mis manos. Empecé a orar: "Dios, salva a Jena de la muerte. Señor, eso no va a suceder. Padre, ten misericordia de esta familia." Oré alto y urgente. Después de la oración, él me dijo que Jena estaba gravemente enferma y en coma después de haber tenido un accidente de auto. Nunca más escuché acerca de él, pero sé que Dios hizo algo por Jena aquella noche.

En su ministerio de oración, usted va a experimentar la presencia de Dios cuando se adhiera a estos conceptos porque están presentes en el ministerio de nuestro Señor Jesucristo. Prestarle atención detenidamente a los componentes del ambiente que le rodea, será suficiente para abrir la puerta a una oportunidad de ministración. El discernimiento de espíritus no es meramente la observación de lo que está sucediendo, sino una revelación de Dios que apunta directamente hacia una necesidad. Un mendigo ciego clamando repetidamente por la misericordia de Dios debe tener muchas necesidades profundas, además de ser ciego. Mientras usted observa quiénes están a su alrededor, lo que están diciendo y cómo lo están diciendo, usted escuchará del Señor lo que Él quiere hacer en cada situación. Al desear escuchar y discernir, usted desarrollará un ministerio de oración que estará impregnado de precisión.

Confirmación

"Y muchos le reprendían para que callase, pero él clamaba mucho más: ¡Hijo de David, ten misericordia de mí! Entonces Jesús, deteniéndose, mandó llamarle; y llamaron al ciego, diciéndole: Ten confianza; levántate, te llama. Él entonces, arrojando su capa, se levantó y vino a Jesús" (Mar 10:48-50).

Cuando Bartimeo oyó la multitud que estaba pasando, preguntó qué estaba sucediendo. Le dijeron que era Jesús de Nazaret quien estaba pasando por allí. Después de gritar "Jesús, Hijo de David, ten misericordia de mí", la multitud lo reprendía, pidiéndole que se callara. Pero no podían disuadirlo. ¡Esta era su oportunidad! Él gritaba más alto: "¡Jesús, Hijo de David, ten misericordia de mí!" Jesús escuchó la insistencia en su voz. Lo que este hombre estaba diciendo y la manera apasionada en que lo hacía, revelaba su desesperada necesidad.

Todo el que le insista a Dios de esta manera obtendrá Su atención. Jesús escuchó a Sus seguidores reprendiendo al ciego, pero escuchó la voz del ciego mucho más alto que las voces de los que se quejaban. Esto es confirmación. Bartimeo no sólo clamó una vez, sino que insistió en clamar una y otra vez, y yo creo que la urgencia aumentaba en decibeles. A él no se le negaría la oportunidad de tener su sanidad. La confirmación está presente en cada uno de los milagros de Jesucristo. En este caso, la insistencia de este hombre humilde confirmó que la ministración estaba en el corazón del Espíritu Santo ese día.

Nunca he tenido éxito en el ministerio de oración a no ser que llegue un momento que confirme mi propósito de estar en el lugar correcto, y me dirija al área central que Dios quiere manejar. El discernimiento de espíritus es el Espíritu de Dios dándonos información que de otra manera no supiéramos. Ese discernimiento está diseñado para ayudarnos a movernos hacia las áreas más íntimas de las necesidades humanas. Algunos de nosotros estamos tan apurados que no escuchamos la confirmación de la dirección de la oración. Después de años pidiéndole a Dios dirección y buscando confirmación, ya se ha convertido en algo natural para mí. La confirmación es un requisito en la oración.

Trabajo con la raíz

"Respondiendo Jesús, le dijo: ¿Qué quieres que te haga? Y el ciego le dijo: Maestro, que recobre la vista" (Marcos 10:51).

Aquí empieza el siguiente paso en este milagro –o en cualquier milagro de Jesús-, que es considerar la mayor necesidad de esta persona. Es decir, la raíz del problema. La historia de Bartimeo explica que él no estaba en la ciudad de Jericó, sino mendigando fuera de la puerta de la ciudad, "junto al camino". Otros indicios muestran que había sido un hombre instruido, sin embargo ahora era un repudiado –incluso ni podía conseguir un buen lugar para mendigar dentro de la ciudad. La manera severa en que la multitud lo reprendía revela que tanto la sociedad como sus coterráneos lo rechazaban. El Señor Jesús, en vez de ignorarlo o amonestarlo, se fija en él y lo llama. Esta invitación a venir hacia Él se dirige directamente al problema principal de este hombre: la raíz de autorrechazo.

Jesús le hizo a Bartimeo lo que parecería ser una pregunta muy obvia para alguien que esté ciego: "¿Qué quieres que te haga?" ¿Por qué Jesús haría esta pregunta? Porque la respuesta de Bartimeo

¿Cómo luce lo "consistente y repetitivo"?

exteriorizaría su corazón, quién era él realmente. La raíz aquí no era la de una persona rebelde o de alguien lleno de falta de perdón. La raíz, confirmada por su voz y su espíritu humilde, era la de autorrechazo. Esto es importante, porque darle a Bartimeo esta excepcional oportunidad de expresar su deseo a Jesús, lo afirma como hombre. ¡Probablemente nadie nunca en su vida le había preguntado a este hombre lo que él quería! Esta pregunta de parte del Señor Jesús transmite el amor de Dios hacia Él. Bartimeo era un hombre rechazado, cegado por los años de exposición al polvo y a la luz del sol. Cuando Jesús le da validez a Bartimeo al preguntarle "¿Qué quieres que te haga?", le comunica que él tiene importancia, que se preocupan por él, ¡que el Maestro no lo rechaza! En ese momento, la sanidad debe haber inundado su ser.

No quiero decir con esto que toda persona pobre o mendiga tiene una raíz de autorrechazo. Sin embargo, en este caso, el comportamiento, la cara, la voz, y el estado de pobreza, todo coincide para exponer la necesidad más profunda de este hombre llamado Bartimeo. En mis años de trabajo con los pobres en Brasil, he conocido a orgullosos, amargados y enojados. En el caso de Bartimeo, él no era ninguno de estos. En su voz, Jesús oyó a un hombre lleno de rechazo, pero también lleno de convicción e insistencia para recibir un toque del Hijo de David.

Lo que el don de discernimiento de espíritus revela es sólo el principio de lo que formula la precisión en la oración. La siguiente acción es buscar la confirmación, alentándole a continuar y luego llegar a la necesidad más esencial de la persona por la que usted está orando. Es un momento de un enorme gozo. La raíz es el área básica de la vida de una persona, es la llave que abre la puerta del milagro.

Ministrando al alma

"Y el ciego le dijo: Maestro, que recobre la vista" (Marcos 10:51).

Llegamos a la siguiente acción consistente y repetitiva: la ministración al alma. Una vez que hayamos identificado la raíz, avanzamos hasta llegar al alma de la persona creando algún tipo de diálogo. Cuando llegamos a este punto debemos estar preparados para hacer una pausa y aconsejar o escuchar un comentario que nos ayudarán a "caer en cuenta". Usted recordará que en la historia de Juan 4, la ministración al alma ocurría cuando Jesús conversaba con la mujer en el pozo acerca de su marido. La ministración al alma en esta historia de Marcos 10 ocurre cuando Jesús escucha el interior del corazón de Bartimeo diciendo "que recobre la vista." Esta era su petición. La multitud había sido silenciada. Jesús escucha el alma de este hombre en su petición y se conecta completamente con él en cuanto a sus emociones y necesidades. Esta acción toca profundamente a Bartimeo.

Después de haber lidiado con el profundo rechazo que había en este hombre ciego, Jesús ahora escucha su ferviente deseo de ser sanado. El corazón de una persona le revelará cuándo usted se acerca con una ministración que la haga sentirse comprendida, importante y valiosa. Es un momento decisivo. Es el momento de hacer una pausa y conversar un poco con la persona. Es una conversación directamente conectada con lo que se ha mostrado como el centro de la necesidad más sensible del individuo. Por lo tanto, esta conversación tiene dirección, propósito y significado. No es sólo hablar; es ministrarle al herido con óleo de alegría y con bálsamo de buenas nuevas. Uso este momento en la oración para recuperar energía. Aquí es cuando comienzo a pedirle a Dios que venga y se mueva en la vida de la persona que está pidiendo oración.

Mandato y autoridad

"Y Jesús le dijo: Vete, tu fe te ha salvado. Y en seguida recobró la vista, y seguía a Jesús en el camino" (Marcos 10:52).

La próxima etapa de este milagro y de todos los milagros de Jesús es la aplicación del poder del Dios Todopoderoso a la necesidad. Note que el Espíritu Santo ha estado guiando esta conversación desde el principio. Es como un razonamiento deductivo que une todos los pensamientos hacia una conclusión final. Comienza cuando Jesús se detiene y escucha el corazón de una persona. Ahora está en el momento crucial. Como en cada milagro de nuestro Señor, hay otro paso que debe ser expresado, que abrirá el camino para que el Espíritu Santo cambie totalmente la vida de este ciego. La acción aquí es mandato y autoridad.

Cuando Jesús da un mandato en cualquier situación se establece su autoridad. En este pasaje se presenta de manera directa y efectiva en una frase: "Vete". El mandato no tiene que ser una disertación larga. En Lucas 8:48, Jesús da un mandato a la mujer que sanó del flujo de sangre diciéndole: "Ve en paz". Al hombre que nació ciego, después de haberle echado lodo en sus ojos, Jesús le dice: "Ve a lavarte en el estanque de Siloé" (Juan 9:7).

En este momento, lo que comenzó en el Cielo viene ahora a la tierra en forma de milagro. Mucho antes de que Jesús entrara en escena, el corazón de Dios ese día se dirigía hacia Bartimeo. Jesús simplemente estaba siguiendo la guía de Su Padre por el Espíritu Santo. Este acto final nos muestra a Jesús finalizando lo que ya había comenzado en el corazón de Dios. Nunca olvide que Dios va delante de usted en la ministración.

¿Cómo se incorpora esta acción de mandato y autoridad a su oración? ¡Usted es necesario en este momento, quizás más que en cualquier otro! En este instante de su oración, la necesidad ya se ha vuelto visible, así que depende de usted completar la ministración con poder. Hace falta arrojo y valor de su parte. Pero recuerde, el poder viene de arriba. Usted no genera poder. Dios es la Fuente de todo poder. La única responsabilidad que usted tiene es llevarlo a cabo en la persona que está delante de usted.

Hace poco alguien me dijo: "¡Dios lo hace todo!" Esto es cierto; Dios lo hace, pero Él escoge usarlo a usted para decir una palabra que activará la soltura de Su poder hacia la necesidad. En la ministración, el poder es la autoridad, pero no la autoridad suya. Usted es un simple canal. Todo lo que hacemos en la ministración es sólo por el poder que se encuentra en Jesucristo. Somos herederos, participantes de Su poder sólo por Su muerte expiatoria en la Cruz y por Su resurrección de entre los muertos, venciendo el pecado y a Satanás. (Estos principios de poder y autoridad serán debatidos con más amplitud en el capítulo quince de este libro).

La sanidad comienza con Dios. La revelación y el poder vienen de Dios, ¡pero la palabra que la implementa viene de usted! Si usted llega a este punto de mandato y autoridad, la probabilidad de un milagro es muy alta. Sin embargo, para que esto suceda, usted debe vaciarse de todo orgullo, control y temor. "La raíz de toda virtud y gracia, de toda fe y adoración aceptable, es que sepamos que no tenemos nada a no ser que lo hayamos recibido, y que nos postremos en la más profunda humillación para esperarlo en Dios".[1]

Después de haber recibido la guía de Dios, ¡es hora de declarar la palabra que imparte sanidad a la vida de la persona! Será un mandato. Declare valientemente lo que usted sienta que es necesario en la oración. Una vez estaba orando por un hombre y le dije en voz alta: "¡Perdona!" Igualmente pudo haber sido una frase como: "¡Suelta!" o "¡Recibe tu sanidad!" o "¡Así sea!" Si usted habla creyendo en su corazón que Dios está con usted, contribuirá en gran medida a que esta oración se llene de fe.

Hay una palabra en yidis que significa "fuerza, audacia y valentía". ¡Esa palabra es "chutzpah"! ¡Si usted está realmente comprometido con ver a las personas sanándose, liberándose y siendo bendecidas mediante una oración certera, va a haber momentos en que usted va a tener que mostrar un poco de "chutzpah"!

Contacto y Transmisión

"Y Jesús le dijo: Vete, tu fe te ha salvado. Y en seguida recobró la vista, y seguía a Jesús en el camino" (Marcos 10:52).

El contacto y la transmisión le siguen al mandato y la autoridad. Si la autoridad desata a una persona de lo que la ha estado encadenando y aprisionando, el contacto y la transmisión traen la bendición que hace falta. ¡Es como si el mandato y la autoridad los liberara de las garras del diablo, y el contacto y la transmisión los llenara de la bendición de Dios! Cuando usted desata una bendición mediante el ministerio de la oración, usted está desatando los beneficios del Cielo sobre la persona. Me llevó bastante tiempo darme cuenta del hecho de que a pesar de que nuestro Señor es poderoso y Él mismo puede bendecir a la gente, Él a menudo usa personas para completar Su obra. Él usó a Abraham como una persona importante en el cumplimiento de una promesa. Lo mismo sucedió con Isaac, Jacob, David y muchos otros. Somos personas escogidas por Dios para hacer cumplir Sus promesas en beneficio de los demás. Usted tiene que creer que puede ser usado por Dios para conferir e impartir una bendición.

La bendición debe ser desatada. No es algo a lo que uno debe aferrarse. Cuando desatamos el poder de Dios mediante el contacto y la transmisión, estamos llegando a la persona con la bendición del Dios Todopoderoso. Si la palabra "vete" es un mandato para la persona, entonces la frase "tu fe te ha salvado" la está alcanzando −transmitiendo bendición. Es afirmativa y levanta al individuo. Al decir "tu fe te ha salvado", Jesús parece minimizarse a Sí mismo para maximizar al hombre o a la mujer que tiene delante. Eso es algo divino.

En el contacto y la transmisión, hemos llegado a la etapa final de la oración. Casi siempre, el contacto y la transmisión llevan la imposición de la mano o las manos sobre la persona, o al menos la declaración de una palabra que haga que la bendición aflore. El comportamiento consistente y repetitivo del contacto y la transmisión es el punto culminante de lo que empezó en el Cielo y ahora desata bendición en la vida de una persona que ha estado anhelando un toque del Señor. Esta acción final tiene que suceder, y sucederá cada vez que se comienza con Dios.

Cuando Jesús le dice al hombre "tu fe te ha salvado" (Marcos 10:52), la fe de la que Jesús habla es una fe que ocurre sólo una vez en la vida. Aquí Él no se refiere a la fe de Hebreos 11:1, sino a la fe "que va más allá", que aparece en 1 Corintios 12:9. Es una acción del Espíritu de Dios dentro del espíritu de un hombre y de una mujer. Este es el don de fe del Espíritu Santo, una fe dada de arriba con un propósito y una dirección específicos. Cuando Jesús reconoció y expresó que Dios le había dado tal fe a Bartimeo, el contacto y la transmisión ocurrieron. Bartimeo recibió una bendición enorme en su vida, y nunca más volvería a ser el mismo.

Mire alrededor

"Y en seguida recobró la vista, y seguía a Jesús en el camino" (Marcos 10:52).

El resultado de esta interacción que ocurrió en las afueras de Jericó es un hombre restaurado en espíritu, alma y cuerpo. Marcos 10:52 indica que a medida que Jesús se movía en obediencia a Su Padre, Bartimeo se convertía en un seguidor de Él. Ya no seguía siendo clasificado como rechazado, como mendigo ciego, sino que se descubría completamente con una nueva identidad y propósito en la vida. ¡La metodología encontrada dentro del ministerio de Jesús produce estupendos resultados! Ahora Jesús, con Su nuevo discípulo Bartimeo, se dirige hacia el próximo encuentro que el Espíritu Santo ha preparado para Él.

Cristo Jesús nos deja un ejemplo de cómo ministrar, cómo orar con precisión. Esta metodología de ministración repetida una y otra vez por nuestro Señor en los Evangelios es fascinante, y espero que le haya alentado. Yo sé que usted quiere seguir a Jesús en Su ministerio, y quiere ser usado por Él para servir verdaderamente a los demás, o usted no estuviera leyendo este libro. Dios le es fiel a Su propia Palabra. Sólo crea que el Señor puede y quiere usarlo a usted para hacer las obras milagrosas que hizo Jesús, ¡y usted se maravillará!

Si usted decide tomar esto en serio, es posible que no todo el mundo lo entienda al principio, a medida que usted busque seguir esta metodología consistente y repetitiva, demostrada por nuestro Buen Pastor, pero las bendiciones pesan más que todo lo negativo. Sepa esto: nadie puede complacer a Dios y al hombre a la misma vez.

10

Ministrando al autorrechazo– estudio de caso

Hasta ahora hay algo muy claro: Jesús siempre identificaba y le ministraba a la necesidad real. Él no relaciona los síntomas con el clamor de las multitudes o a las prohibiciones y tradiciones del día. Los líderes religiosos no lo intimidaron. Su propósito era revelar el corazón de Dios en cuanto a las necesidades reales de la gente y ministrarles en el poder del Espíritu. Observar cómo Jesucristo ministra con precisión es algo poderoso y cambia la vida de las personas. En su carta a los Corintios, Pablo escribió: "Sed imitadores de mí, así como yo de Cristo" (1 Corintios 11:1).

Ya vimos que el mismo Jesús había dicho: "No puede el Hijo hacer nada por sí mismo, (...) sino la voluntad del que me envió, la del Padre" (Juan 5:19, 30). Así que Jesús expresa claramente que Él "imita" o que está completamente guiado y empoderado por el Padre a través del Espíritu Santo. Por consiguiente, mientras el apóstol Pablo plantaba iglesias por todo el mundo gentil y le ministraba a miles, declaraba en esencia: "Yo no tengo mi propio ministerio ni mi propio modelo. Yo simplemente imito a Cristo Jesús y hago exactamente lo que Él hizo".

Déjeme hacerle una pregunta: cuando usted ministra y quiere ser una bendición para los demás, ¿quién es su ejemplo principal? ¿El "modelo" de quién usted sigue? Este libro es un esfuerzo franco para examinar la manera en la que nuestro Señor se relaciona con la gente necesitada. Además, es un esfuerzo sincero para prepararlo a usted para que aplique los mismos principios en su propio ministerio de oración para que pueda ayudar a los demás. Verá, es que Jesús siempre dio en el blanco. Nunca se desvió del centro de la diana de nadie cuando ministraba. Estoy convencido de que usted también puede experimentar la precisión en su oración. El mismo Espíritu Santo que obró mediante Jesús obrará a través de usted, y Él no ha cambiado Su carácter, Sus formas o Su deseo de usar una vasija rendida ante Él.

Con esto en mente, sería beneficioso para nosotros avanzar un poquito más, paso a paso, en nuestros estudios de la metodología de Jesús. ¿Me sigue? En este capítulo veremos cómo Jesús se relacionó específicamente con los que tenían raíz de rechazo.

Estudio de caso uno: Marcos 5:21-24; 35-43

"Pasando otra vez Jesús en una barca a la otra orilla, se reunió alrededor de él una gran multitud; y él estaba junto al mar. Y vino uno de los principales de la sinagoga, llamado Jairo; y luego que le vio, se postró a sus pies, y le rogaba mucho, diciendo: Mi hija está agonizando; ven y pon las manos sobre ella para que sea salva, y vivirá. Fue, pues, con él; y le seguía una gran multitud, y le apretaban". (Marcos 5:21-24)

"Mientras él aún hablaba, vinieron de casa del principal de la sinagoga, diciendo: Tu hija ha muerto; ¿para qué molestas más al Maestro? Pero Jesús, luego que oyó lo que se decía, dijo al principal de la sinagoga: No temas, cree solamente". (Marcos 5:35-36)

"Y no permitió que le siguiese nadie sino Pedro, Jacobo, y Juan hermano de Jacobo. Y vino a casa del principal de la sinagoga, y vio el alboroto y a los que lloraban y lamentaban mucho. Y entrando, les dijo: ¿Por qué alborotáis y lloráis? La niña no está muerta, sino duerme. Y se burlaban de él. Mas él, echando fuera a todos, tomó al padre y a la madre de la niña, y a los que estaban con él, y entró donde estaba la niña. Y tomando la mano de la niña, le dijo: Talita cumi; que traducido es: Niña, a ti te digo, levántate. Y luego la niña se levantó y andaba, pues tenía doce años. Y se espantaron grandemente. Pero él les mandó mucho que nadie lo supiese, y dijo que se le diese de comer". (Marcos 5:37-43)

Discernimiento

En cualquier circunstancia de ministración, el ejercicio del don de discernimiento de espíritus es necesario porque está impregnado de información sobre lo que debe suceder acto seguido. La multitud expectante en el pueblo de Capernaum no es el objetivo de la ministración que está por suceder. Sin embargo, es valioso observar la multitud porque revela el nivel de fe en el pueblo, así como el ambiente en general. En la mayoría de los casos, en los milagros de Jesús en los Evangelios, la multitud siempre se está resistiendo a la fe. Es esencial observar el ambiente y quién está presente en el mismo ya que, a menudo, los factores ofrecen un contraste con lo que Dios está haciendo. La multitud estaba esperando ansiosamente el regreso de Jesús porque tenía ciertas expectativas acerca de Él. Ya tenían una idea hecha sobre Él. Pero Jesús "cruzó" a esta área porque fue guiado por el Espíritu Santo a ministrarle específicamente a esta familia: la casa de

Jairo. Es imprescindible que antes que empecemos a ministrar en cualquier situación seamos capaces de identificar por dónde debe empezar la ministración; en otras palabras, dónde Dios se está moviendo en este ambiente. Dios no se mueve de acuerdo con los planes de la gente. El Espíritu Santo se mueve como Él quiere y donde haya una necesidad real.

El discernimiento de espíritus es el iniciador de la ministración efectiva. Garantiza que su comienzo sea correcto y que cualquier avance será guiado y dirigido por el Espíritu Santo. ¿Por qué la ministración debe estar basada en el conocimiento humano o en la información que nos dan los demás? ¿Por qué debemos depender de la insistencia o de los planes de terceras partes cuando el Señor es el que inicia toda ministración? Jesús inmediatamente discierne el espíritu de Jairo al observarlo y escucharlo. Jesús va a Jairo por fe. Él pudo haber llevado a cabo una investigación personal de la situación, que es lo que la mayoría de nosotros tiende a hacer. Pero en vez de eso fue obediente al Espíritu Santo y simplemente fue a la casa de Jairo. Él no hizo esto porque Jairo se arrodilló delante de Él y se lo pidió de todo corazón, sino porque discernió la fe y la esperanza que había en este hombre. ¡Ya Jesús se había adelantado a Jairo porque estaba en sintonía con el Espíritu Santo!

Debe concentrarse en algo importante, y es que el discernimiento de espíritus revela el principio de la ministración y no el final de la misma. Lo que usted escucha es sólo una pequeña parte de lo que Dios quiere hacer. Si usted obedece y sigue la primera iniciativa del Espíritu Santo, va a venir más a usted en lo que continúa orando. A usted no le hace falta saber cómo va a resultar todo en cuanto empiece a moverse hacia la necesidad. Recuerde esto: Dios es el que está ministrando. ¡Usted simplemente lo está ayudando!

Confirmación

La confirmación justifica y confirma el discernimiento de espíritus. Cuando Jairo le dice a Jesús que su hija está enferma y casi al morir, ya Él sabe lo que debe hacer. Jesús ya ha discernido la fe y la esperanza que había en este hombre. Entonces, cuando Jairo habla acerca de su hija, ocurre la confirmación. La confirmación es un elemento esencial antes de que usted avance más hacia la ministración de la persona. Cuando se confirma el discernimiento de esta forma, nos sentimos animados a seguir la dirección que nos ha dado el Espíritu Santo. Nos da la seguridad de que, sin dudas, estamos escuchando la voz de Dios y estamos siendo guiados por Él. La confirmación ocurre de diferentes maneras. Puede producirse una respuesta emocional, como el llanto. La persona que recibe la oración puede decir algo que reafirme lo que se ha discernido. El Espíritu Santo puede recordarnos una porción de la Escritura. Tiene que estar atento a la confirmación.

Trabajo con la raíz

En cada estudio de caso estamos viendo que el trabajo con la raíz tiene una importancia primordial porque determina, más que cualquier cosa, la dirección de la ministración. ¿Cuál es la raíz de este funcionario de la sinagoga llamado Jairo? Haga una pausa aquí y vuelva a leer la historia. ¿Puede identificar la raíz desde el relato bíblico? ¿Es espiritual o relacional? ¿Es rechazo, rebeldía, falta de perdón o amargura?

Está bien, ¡ya vio la respuesta en el título de este capítulo! Pero ¿puede ver la necesidad espiritual que hay en Jairo? ¿Puede ver que su problema no es relacional? Él no es orgulloso, incapaz de relacionarse, o se siente amargado por la vida. Él es humilde y se siente destrozado por la grave enfermedad que estaba sufriendo su querida y amada hija.

He aquí lo que Jairo le dice a Jesús: "Mi hija está agonizando; ven y pon las manos sobre ella para que sea salva, y vivirá" (versículo 23).

Jairo no sólo es manso, sino también contrito y está lleno de fe. Él le está pidiendo a Jesús que ponga sus manos sobre su hija. Esto indica que había visto a Jesús poniendo las manos sobre la gente para sanarles. Él espera y ora para que pueda ser digno de recibir la misma generosidad y atención del Señor que él ha visto que reciben los demás. Más tarde, cuando se acercaban al hogar de Jairo, alguien de su propia casa viene y le dice cruelmente: "Tu hija ha muerto; ¿para qué molestas más al Maestro?"(v.35). Aquí vemos un líder de la sinagoga siendo corregido por sus iguales. Como los que estaban dentro de la casa se reían de Jesús y de la fe de Jairo, es fácil darse cuenta de que Jairo también era rechazado por su propia familia. Sí, Jairo tenía una necesidad espiritual: una raíz de autorrechazo.

Si usted está interesado en tener una oración certera, debe discernir la raíz, o la necesidad básica, debido a que esto le llevará al próximo lugar dentro del alma donde debe ministrar. Este discernimiento sobre la persona por la que se está orando ocurre a primera vista. Es algo obvio cuando usted ve un rechazo profundamente arraigado en la vida de alguien. Es imprescindible que usted vea cómo nuestro Señor se ocupa de manera diferente de los que tienen una raíz de rebeldía o una raíz de amargura, de la forma en que trata a los que tienen una raíz de rechazo. Determinar la raíz decora la escenografía para saber cómo nos vamos a acercar a esta persona, y lo que se va a decir y a hacer en el momento de la ministración.

Ahora que sabemos que la raíz es el autorrechazo, podemos proceder con confianza, entendiendo que la necesidad más profunda de este hombre es lo que él piensa de él mismo, cómo lo ve la comunidad y cómo Dios lo ve. Está a punto de ocurrir un milagro grande en su vida, que lo hará convertirse en otra persona. Este es un buen hombre con un gran problema: lo que él cree de sí mismo. Le he estado diciendo que esta maravillosa acción del Espíritu Santo, el discernimiento de espíritus, lleva una cantidad de información inmensurable. Es bello ver la manera en que ella opera en este milagro de Jesús.

Ministrando al alma

Cuando vemos todos los acontecimientos en estos milagros de Jesús, mucho sucedió en cuestión de segundos. Cada componente de la ministración fluía hacia el siguiente: "Mientras él aún hablaba, vinieron de casa del principal de la sinagoga, diciendo: Tu hija ha muerto; ¿para qué molestas más al Maestro? Pero Jesús, luego que oyó lo que se decía, dijo al principal de la sinagoga: No temas, cree solamente (v.35-36). Dese cuenta de que Jesús no pudo evitar escuchar lo que se estaba diciendo. Sin embargo, no le prestó atención, sino que se volvió hacia el corazón de Jairo. Estas palabras de Jesús penetraron en lo más profundo de Jairo. Jesús le habla al miedo que había en Jairo, propagado por los siervos de su casa. Estas palabras de Jesús están cargadas de contenido y profundidad; están diseñadas para ministrar a las emociones de Jairo, al miedo que había sido desatado. "No temas, cree solamente". La ministración al alma es un momento cuando el discernimiento de espíritus, la confirmación y el trabajo con la raíz se juntan y se refuerzan. El compromiso suyo con el necesitado es dar en el blanco, y ahora es un asunto que ha tomado un carácter muy personal. Usted no puede detenerse aquí o dejar a la persona en suspenso. Tiene que llegar hasta el final, siguiendo al Espíritu Santo en lo que Él quiere hacer.

Mandato y autoridad

La autoridad establece la tonalidad de la conversación. Aquí Jesús no se está comunicando con el fin de hacer amigos o de predicar el evangelio. Él les está diciendo a los de la casa: "¿Por qué alborotáis y lloráis? La niña no está muerta, sino duerme" (v.39). Esta declaración no es solamente una afirmación de vida, sino también un mandato. El mandato y la autoridad conforman un comportamiento consistente y repetitivo en el ministerio de Jesucristo. Jesús no sólo les dice a los de la casa que dejen de llorar y de lamentarse, sino que también afirma que la pequeña está viva. Ella no está muerta. Jesús reprende al espíritu de muerte y da lugar a la vida. El mandato y la autoridad tienen que relacionarse específica y directamente con la necesidad. En este milagro, Jesús nos muestra cómo se debe hacer.

Contacto y transmisión

Tanto en un milagro como en cualquier otro tipo de ministración se llega a un momento de transmisión o de contacto. Usted declara algo en autoridad sobre alguien, pero el Espíritu Santo le va a exigir que se acerque más, es decir, una acción que desate el poder de Dios para finalizar el trabajo. El contacto y la transmisión se pueden expresar mediante una declaración verbal, la imposición de las manos o con un simple toque. En este caso, Jesús toca a la niña y la ayuda a levantarse. "Y tomando la mano de la niña, le dijo: Talita cumi; que traducido es: Niña, a ti te digo, levántate" (v.41). Después que Jesús declara vida hacia la niña, Él transmite un poder que sana su vida. A pesar de que parece que uno sigue al otro, existe una gran diferencia entre declarar una palabra de autoridad y el hecho de desatar poder. El poder debe ser profesado y confesado en la vida de una persona. Es aquí cuando la fe actúa para beneficio tanto del que está orando como del que está recibiendo la oración. Si usted no puede decir "estás sanado", entonces no lo puede decir. Pero si se mueve en fe en esta parte de su oración, Dios le honrará. Creo que esta es la parte más difícil de cualquier oración. Cualquiera puede orar miles de palabras elocuentes y sinceras, pero muy pocas se moverán en fe para hacer que las tinieblas huyan. ¡Quiero que usted se mueva en fe! No sea una persona débil, con miedo de declarar sanidad y bendición sobre alguien.

Mire alrededor

Esta acción está presente en el ministerio de Jesús de manera continua. Si usted lee el relato completo de Marcos 5:21-43, encontrará que ocurrió otro milagro –la sanidad de la mujer con el flujo de sangre-, durante la evolución de los sucesos de Jairo y su hija. En muchas ocasiones en que estamos orando por alguien, seremos guiados a continuar orando por otros. Cuando hay continuidad en el proceso de la oración, parece que se extiende a toda la congregación. La oración efectiva parece atraer a los que tienen fe para recibirla.

11

Ministrando al rechazo a Dios (rebeldía) –estudio de caso

Estudio de caso dos: Marcos 9:14-29

Cuando llegó a donde estaban los discípulos, vio una gran multitud alrededor de ellos, y escribas que disputaban con ellos. Y en seguida toda la gente, viéndole, se asombró, y corriendo a él, le saludaron. Él les preguntó: ¿Qué disputáis con ellos? Y respondiendo uno de la multitud, dijo: Maestro, traje a ti mi hijo, que tiene un espíritu mudo, el cual, dondequiera que le toma, le sacude; y echa espumarajos, y cruje los dientes, y se va secando; y dije a tus discípulos que lo echasen fuera, y no pudieron. Y respondiendo él, les dijo: ¡Oh generación incrédula! ¿Hasta cuándo he de estar con vosotros? ¿Hasta cuándo os he de soportar? Traédmelo. Y se lo trajeron; y cuando el espíritu vio a Jesús, sacudió con violencia al muchacho, quien cayendo en tierra se revolcaba, echando espumarajos. Jesús preguntó al padre: ¿Cuánto tiempo hace que le sucede esto? Y él dijo: Desde niño. Y muchas veces le echa en el fuego y en el agua, para matarle; pero si puedes hacer algo, ten misericordia de nosotros, y ayúdanos. Jesús le dijo: Si puedes creer, al que cree todo le es posible. E inmediatamente el padre del muchacho clamó y dijo: Creo; ayuda mi incredulidad. Y cuando Jesús vio que la multitud se agolpaba, reprendió al espíritu inmundo, diciéndole: Espíritu mudo y sordo, yo te mando, sal de él, y no entres más en él. Entonces el espíritu, clamando y sacudiéndole con violencia, salió; y él quedó como muerto, de modo que muchos decían: Está muerto. Pero Jesús, tomándole de la mano, le enderezó; y se levantó. Cuando él entró en casa, sus discípulos le preguntaron aparte: ¿Por qué nosotros no pudimos echarle fuera? Y les dijo: Este género con nada puede salir, sino con oración y ayuno.

Discernimiento

En cuanto Jesús entra en escena, Él ve mucha gente reunida y escucha la multitud, los escribas y los discípulos, todos discutiendo entre sí. El discernimiento de espíritus revela qué tipo de espíritu está presente, sea bueno o malo. No es una mera observación del incidente que está ocurriendo, sino una revelación de Dios apuntando hacia la necesidad a la que Él quiere dirigirse. Esto es de vital importancia porque nos dará la dirección de la siguiente acción. Por lo tanto, debe ser una revelación de Dios.

A medida que Jesús se acerca, el ambiente está cargado de desacuerdos, agitación y falta de fe. Cualquiera puede identificar la ira, los disturbios y las discusiones. Estos comportamientos son perjudiciales y confusos para todo el que lleve a cabo una ministración. Sin embargo, conocer que estas emociones están en juego no es suficiente para decirnos las causas reales del disturbio y de lo que debe identificarse como la fuente del malestar. La revelación que se recibe mediante el discernimiento de espíritus siempre está conectada a alguien en la multitud. Alguien aquí está en una situación desesperada. El ministerio efectivo empieza con el discernimiento. Si mantenemos este concepto vivo en nuestro ministerio entonces Dios puede usarnos. Le digo una vez más con temor de ser demasiado reiterativo. Cómo se comienza una oración es el secreto de orar con precisión. Cuando se empieza bien, se termina bien. Cuando se empieza mal se termina en el lugar equivocado.

Confirmación

Como se mencionaba anteriormente, la confirmación debe validar el discernimiento. Después que nuestro Señor le hizo algunas preguntas a los que estaban contendiendo, Él escucha una voz: "Y respondiendo uno de la multitud, dijo: Maestro, traje a ti mi hijo, que tiene un espíritu mudo, el cual, dondequiera que le toma, le sacude; y echa espumarajos, y cruje los dientes, y se va secando; y dije a tus discípulos que lo echasen fuera, y no pudieron" (v.17-18). La confirmación es poderosa porque realmente corrige la dirección de nuestra oración. Quizás estábamos listos para meternos de a lleno en la oración por el niño, pero en cuanto escuchamos la voz del padre del muchacho ganamos en claridad y nos damos cuenta de que debemos cambiar la dirección. ¡El problema más grande aquí no es con el muchacho, sino con el padre! Dese cuenta de que parece que el padre que habla de su hijo tiene conocimiento sobre los temas espirituales (incluso más que los discípulos), pero no sabe cómo batallar correctamente con los problemas espirituales. Es rápido para decirle a los demás lo que deben hacer, pero incapaz de hacerlo por sí mismo. En vez de sentirse quebrantado, desesperado y arrepentido, es discutidor y critica a los demás.

A Jesús no le toma mucho tiempo identificar que la falta de fe es la preocupación primaria que está afectando al padre. También está presente en el hijo, los escribas e incluso en los discípulos de Jesús. Cuando el padre del muchacho habla desde la multitud, esto confirma el discernimiento de Jesús acerca de la situación completa. Dios revela dónde está la mayor necesidad y cómo proceder.

Trabajo con la raíz

El padre entiende que hay una enfermedad espiritual, pero carece de poder para lidiar con ella. Él les presenta el problema a los discípulos, pero ellos también son incapaces de ayudar. El mismo Jesús indica cuál es la raíz o la necesidad básica de la siguiente manera: "¡Oh generación incrédula! ¿Hasta cuándo he de estar con vosotros? ¿Hasta cuándo os he de soportar?" (v.19). Él les está hablando duramente a los escribas, los discípulos, el padre y el muchacho. Debido a que la rebeldía se caracteriza por la falta de fe –la exaltación de las disputas, los pensamientos y la razón por encima del conocimiento íntimo de Dios –la rebeldía es la raíz en este caso. Al parecer, el padre comprende que hay una influencia maligna sobre su hijo. Pero este conocimiento no está basado en el discernimiento de espíritus. Está basado en su experiencia personal de rebeldía por buscar a otros dioses con el fin de encontrar respuestas. La rebeldía es una palabra nefasta para describir la necesidad del padre, pero eso es exactamente con lo que estamos tratando aquí. Una mente que se adora a sí misma, la racionalización que cuestiona la fe y habla dudas, y un comportamiento teológico que se exalta a sí mismo por encima del Espíritu Santo no es nada más que rebeldía contra Dios. Este padre es el tipo de cristiano que sabe mucho de religión y de prácticas espirituales, pero que está completamente carente de humildad y fe.

Ministrando al alma

En este relato de Marcos 9:14-29, vemos a Jesús en la cúspide de su sensibilidad y sabiduría mientras ministra al alma de este padre. A mi entender, es la segunda ocasión solamente después del encuentro de Jesús con la mujer samaritana en Juan 4.

> Jesús preguntó al padre: ¿Cuánto tiempo hace que le sucede esto? Y él dijo: Desde niño. Y muchas veces le echa en el fuego y en el agua, para matarle; pero si puedes hacer algo, ten misericordia de nosotros, y ayúdanos. Jesús le dijo: Si puedes creer, al que cree todo le es posible. E inmediatamente el padre del muchacho clamó y dijo: Creo; ayuda mi incredulidad. (v.21-24)

Cuando Jesús pregunta cuánto tiempo llevaba el muchacho con esta enfermedad, la respuesta del padre saca a la luz que él ha tenido vasta experiencia con los fenómenos espirituales, pero carece de fe y de poder para hacer algo al respecto. Es fuerte en cuanto a personalidad, teología y opiniones, pero en cuanto a la fe está en bancarrota. Este es el centro del problema. Desde aquí en adelante, se lleva a cabo la ministración al alma. ¿Cuál área de su alma recibe la mayor ministración? La rebeldía es un asunto de la mente. El padre finalmente se convence, en la presencia de Jesús, de que su autosuficiencia no le ha llevado a ningún lugar y que necesita fe desesperadamente. Bajo la convicción de su falta de fe, el padre clama para recibir la fe de un niño. Jesús confronta su corazón incrédulo en una ministración certera y poderosa. La ministración ha tomado lugar.

Mandato y autoridad

No cabe dudas que hay un espíritu maligno en el muchacho. Este hecho nunca se ha cuestionado. Sin embargo, la gran revelación es que es el padre el que ha estado ocultando cosas. Ya que el padre se ha convencido de su falta de fe, el hijo recibe la ministración que necesita. La autoridad identifica la necesidad por su nombre, y la oración precisa en esta etapa traerá resultados. Jesús declara palabras de mandato: "Y cuando Jesús vio que la multitud se agolpaba, reprendió al espíritu inmundo, diciéndole: Espíritu mudo y sordo, yo te mando, sal de él, y no entres más en él. Entonces el espíritu, clamando y sacudiéndole con violencia, salió; y él quedó como muerto, de modo que muchos decían: Está muerto" (v.25-26).

Cuando estamos confrontando el mal, debemos decir las palabras de mandato y autoridad con decisión. Nunca he visto a nadie bendecido en estas situaciones si el que está orando retrocede con timidez en este momento o trata de ser "agradable". Estamos tratando con el maligno. Es algo que viene del mismo infierno y está esclavizando a alguien con ataduras terribles. Si tiene que mandar, ¡entonces mande! Dígalo con autoridad y valentía. Si quiere moverse en una oración precisa y poderosa, este no es el momento para complacer a los demás.

Contacto y transmisión

La transmisión es directa y concisa. Podemos fácilmente pasar por alto la acción de que Jesús ayude a alguien a ponerse en pie, pero es algo muy relevante. Jesús no se iría sin cumplir el propósito completo de su ministración al muchacho. "Pero Jesús, tomándole de la mano, le enderezó; y se levantó" (v.27).

La acción de tomar al muchacho por la mano y ayudarlo a levantarse es un movimiento clásico de Jesús. Comunica amor y validación a este joven que ha sufrido mucho. Verifica que había sido liberado para vivir la vida de un niño normal. Incluso sin palabras, el toque en sí mismo satisface la necesidad profunda que había en el muchacho, de ser tratado con dignidad y ternura. En ese momento, el poder de Dios entra en contacto con el muchacho y literalmente lo levanta para tener esperanza para un futuro completamente diferente desde ahora en adelante. La ministración de Jesús en cuanto al contacto y la transmisión puede ser una palabra, un toque, o, a veces, ambos. Si usted ha llegado a esta etapa de la oración, usted ha logrado algo maravilloso.

Mire alrededor

"Cuando él entró en casa, sus discípulos le preguntaron aparte: ¿Por qué nosotros no pudimos echarle fuera? Y les dijo: Este género con nada puede salir, sino con oración y ayuno" (v.28-29).

Siguiendo la guía del Espíritu Santo, Jesús continúa hacia la próxima necesidad –la de los discípulos. Su falta de capacidad para echar fuera demonios hace que tengan una crisis de fe. Jesús les ayuda tomándose un tiempo para hablar con ellos en privado. Les explica la importancia de un estilo de vida de ayuno y oración para que alguna vez sean capaces de ministrar efectivamente en circunstancias caóticas como esta. La ministración que esté guiada por Dios continuará hasta que la necesidad completa se trate de manera total. No se acaba nada hasta que Dios lo diga. Esto podría ser perjudicial para los predicadores o laicos que tienen "mucho tacto" cuando realizan una ministración de oración. Tenemos nuestras metodologías, que nos gusta seguir, pero si queremos tener éxito en la oración debemos aprender este principio: nada se acaba hasta que el Espíritu Santo termine de hacer lo que sea que Él esté haciendo. Como los discípulos no fueron capaces de lidiar con la necesidad, nuestro Señor tenía que ir a ellos inmediatamente y explicarles lo que les estaba faltando. Él usó este suceso como una enseñanza y como un momento de capacitación en la vida de los discípulos.

Cuando ore por los demás, trate de no irse del lugar muy rápido porque esté apurado. Escuche la voz interior del Espíritu Santo y pregúntele si hay algo más a lo que Él quiere que usted se dirija. Esto le bendecirá abundantemente.

12

Ministrando a la falta de perdón –estudio de caso

Estudio de caso tres: Marcos 2:1-13

Entró Jesús otra vez en Capernaum después de algunos días; y se oyó que estaba en casa. E inmediatamente se juntaron muchos, de manera que ya no cabían ni aun a la puerta; y les predicaba la palabra. Entonces vinieron a él unos trayendo un paralítico, que era cargado por cuatro. Y como no podían acercarse a él a causa de la multitud, descubrieron el techo de donde estaba, y haciendo una abertura, bajaron el lecho en que yacía el paralítico. Al ver Jesús la fe de ellos, dijo al paralítico: Hijo, tus pecados te son perdonados. Estaban allí sentados algunos de los escribas, los cuales cavilaban en sus corazones: ¿Por qué habla éste así? Blasfemias dice. ¿Quién puede perdonar pecados, sino sólo Dios? Y conociendo luego Jesús en su espíritu que cavilaban de esta manera dentro de sí mismos, les dijo: ¿Por qué caviláis así en vuestros corazones? ¿Qué es más fácil, decir al paralítico: Tus pecados te son perdonados, o decirle: Levántate, toma tu lecho y anda? Pues para que sepáis que el Hijo del Hombre tiene potestad en la tierra para perdonar pecados (dijo al paralítico): A ti te digo: Levántate, toma tu lecho, y vete a tu casa. Entonces él se levantó en seguida, y tomando su lecho, salió delante de todos, de manera que todos se asombraron, y glorificaron a Dios, diciendo: Nunca hemos visto tal cosa. Después volvió a salir al mar; y toda la gente venía a él, y les enseñaba.

Discernimiento

Jesucristo nuestro Señor está consciente del ambiente de falta de fe que hay en Capernaun. Su ciudad natal era Nazaret, pero vino a este lugar como cumplimiento de lo que fue dicho mediante el profeta Isaías:

Cuando Jesús oyó que Juan estaba preso, volvió a Galilea; y dejando a Nazaret, vino y habitó en Capernaum, ciudad marítima, en la región de Zabulón y de Neftalí, para que se cumpliese lo dicho por el profeta Isaías, cuando dijo: Tierra de Zabulón y tierra de Neftalí, Camino del mar, al otro lado del Jordán, Galilea de los gentiles; El pueblo asentado en tinieblas vio gran luz; Y a los asentados en región de sombra de muerte, Luz les resplandeció. Desde entonces comenzó Jesús a predicar, y a decir: Arrepentíos, porque el reino de los cielos se ha acercado". (Mat 4:12-17)

Cuando se extiende la palabra de que Jesús ha hecho "su casa" en Capernaum, se juntaron tantos para escucharlo que la casa literalmente estaba envuelta en gente. Cuando Jesús ve que cuatro hombres habían hecho un hueco en el techo para tener acceso a Su presencia, Él discierne una fe extraordinaria en ellos. La Escritura en Marcos 2 dice: "Al ver

Jesús la fe de ellos..." (v.5). El discernimiento de espíritus está buscando la sustancia de la necesidad. Obviamente este hombre tenía verdaderos amigos que se preocupaban por él en su triste condición. Nadie sería capaz de hacer un hueco en el techo si no tuviera una fe increíble y un compromiso imparable. Así que la rebeldía no es el problema aquí, porque donde hay fe genuina no hay rebeldía. Si su discernimiento está enfocado en la multitud, usted llegará a la conclusión errónea. En la multitud hay mucha rebeldía, pero en el corazón del paralítico hay fe y esperanza a causa de sus amigos.

Por lo tanto, usted debe prestar mucha atención a como Jesús inmediatamente discierne la fe intransigente en los cuatro hombres que le trajeron al paralítico. Había muchos aquel día buscando sanidad, pero había uno que estaba rodeado de fe. Esto significa que el problema con el hombre es más de una naturaleza relacional, no espiritual. La necesidad relacional está directamente conectada a los demás. Este era un hombre verdaderamente amado, pero en su corazón todavía guardaba falta de perdón hacia los demás y, sin dudas, hacia el mismo. Necesitaba saber que su pecado era perdonado antes de poder ser libre.

Confirmación

El hecho de que los cuatro hombres tomaran medidas drásticas tales como bajar a un hombre por un hoyo en el techo, incluso mientras Jesús estaba hablando, confirma que ellos actuaron en fe. Se confirma el centro del problema cuando Jesús, provocado por el Espíritu Santo, le dice al hombre: "Hijo, tus pecados te son perdonados" (v.5). Esta enfermedad está directamente relacionada al pecado conectado a un problema relacional con los demás. Quizás el hombre había sido profundamente herido y no dejaba que el dolor y la culpa se fueran. El pecado de falta de perdón lo estaban manteniendo en un lugar de tortura hasta tal punto que su cuerpo estaba paralizado.

Trabajo con la raíz

No es inusual para una persona con una raíz de falta de perdón que sufra enfermedades físicas. La clave de la sanidad física de este hombre no era el toque físico –era el perdón. Una vez que el hombre sabe que sus pecados eran perdonados, puede recibir sanidad de su parálisis. Como se identifica la raíz, Jesús no vaciló en dirigirse a la falta de perdón en este hombre paralítico. El centro del problema no es físico, es relacional. La oración con precisión llega al punto de necesidad en cuestión de segundos.

Ahora sería un buen momento para poder compartir con usted algo de gran valor, si es que usted espera orar con precisión por los enfermos y ver el resultado. No todas las enfermedades y dolencias tienen la misma causa fundamental. En otras palabras, no toda enfermedad es precisamente una enfermedad. Para orar con precisión por alguien que necesita sanidad, primero usted debe discernir la razón de la enfermedad. En todo el Antiguo y Nuevo Testamentos, y especialmente en los relatos de las ministraciones de Jesús en los cuatro Evangelios, podemos ver que la Escritura identifica cinco causas de enfermedad. Estas cinco son: 1) Pecado, 2) pecados de los demás, 3) hereditarias, 4) demoniacas, o 5) para la gloria de Dios.

Lo que esto nos dice es que si alguien está enfermo debido al pecado que no se ha tratado, toda la oración del mundo por una simple sanidad tendrá muy pocos resultados. Por lo tanto, usted debe buscar revelación de Dios en cuanto a la fuente, el génesis de la dolencia, si es que quiere comenzar su oración por el lugar correcto.

Aquí vemos a un hombre rodeado por una fe enérgica, una fe positiva. Jesús le dice: "Hijo, tus pecados te son perdonados". Jesús sabe sin dudas que el pecado de falta de perdón es el culpable que lo ha mantenido en este estado angustioso. La pregunta que implora una respuesta es la siguiente: "¿Guardar falta de perdón hacia alguien puede

Ministrando a la falta de perdón –estudio de caso

enfermarnos de verdad?" Veamos lo que nuestro Señor nos enseña en cuanto a esto en una de Sus parábolas:

Por lo cual el reino de los cielos es semejante a un rey que quiso hacer cuentas con sus siervos. Y comenzando a hacer cuentas, le fue presentado uno que le debía diez mil talentos. A éste, como no pudo pagar, ordenó su señor venderle, y a su mujer e hijos, y todo lo que tenía, para que se le pagase la deuda. Entonces aquel siervo, postrado, le suplicaba, diciendo: Señor, ten paciencia conmigo, y yo te lo pagaré todo.

El señor de aquel siervo, movido a misericordia, le soltó y le perdonó la deuda. Pero saliendo aquel siervo, halló a uno de sus consiervos, que le debía cien denarios; y asiendo de él, le ahogaba, diciendo: Págame lo que me debes. Entonces su consiervo, postrándose a sus pies, le rogaba diciendo: Ten paciencia conmigo, y yo te lo pagaré todo. Mas él no quiso, sino fue y le echó en la cárcel, hasta que pagase la deuda.

Viendo sus consiervos lo que pasaba, se entristecieron mucho, y fueron y refirieron a su señor todo lo que había pasado. Entonces, llamándole su señor, le dijo: Siervo malvado, toda aquella deuda te perdoné, porque me rogaste. ¿No debías tú también tener misericordia de tu consiervo, como yo tuve misericordia de ti? Entonces su señor, enojado, le entregó a los verdugos, hasta que pagase todo lo que le debía.

Así también mi Padre celestial hará con vosotros si no perdonáis de todo corazón cada uno a su hermano sus ofensas".
(Mateo 18:23-35)

Sí, la falta de perdón puede mantener a una persona en un lugar de tortura mental, emocional y física. La raíz a la que hay que dirigirse aquí es la falta de perdón. Péguese a la raíz y háblele con autoridad y coraje. Recuerde que la gentileza es la mejor manera. Hable amablemente, con claridad, nunca dudando y sin cuestionar lo que está diciendo. Hable con fe y deje que tome su curso. Orar la Palabra siempre será una bendición para el que recibe la oración.

Ministrando al alma

La identificación de la falta de perdón como raíz o necesidad básica en la persona nos llevará al área del alma en la que debemos centrarnos. Cuando la oración certera penetra en la misma alma, a menudo la convicción toca las emociones de manera poderosa. En esta coyuntura, ya hemos llegado al área clave, y se convierte en algo muy personal e íntimo. En este caso, Jesús le dice al hombre: "Hijo, tus pecados te son perdonados" (v.5). Esta palabra: "hijo", le ministra a este hombre más que cualquier otra cosa que se haya dicho o hecho en el pasaje bíblico. Este es un acto de amor y bondad que penetra profundamente las emociones quebrantadas y heridas del paralítico. La intención de Jesús es satisfacer la necesidad más grande que él tiene, la cual es conocer el perdón. La respuesta del hombre hacia el perdón es la capacidad de recibir sanidad para la enfermedad de su cuerpo. Ya que la creencia judía de ese tiempo era que TODAS las enfermedades eran causadas por el pecado, una condenación de culpa y vergüenza caía sobre cada persona que padecía alguna enfermedad. El modo de pensar era que si alguien estaba enfermo se debía a que tuvo que hacer algo que mereciera tal sufrimiento. Por lo tanto, es asombroso el hecho de que el Maestro haya hecho extensiva su gracia hablando en presencia de todos y aliviando la carga pesada de condenación que había sobre este hombre, quitando de su alma un peso enorme. Jesús continúa ministrándole plenitud al alma de este hombre cuando lo envía a su casa para que se regocije con su familia y para que les muestre lo que le sucedió.

Ministrando a la falta de perdón –estudio de caso

Mandato y autoridad

La ministración no terminará si estas dos últimas etapas no se llevan a cabo. Dese cuenta de que Jesús ordena tanto el perdón como la sanidad: "Hijo, tus pecados te son perdonados" y "A ti te digo: Levántate, toma tu lecho, y vete a tu casa" (v. 11). El mandato principal aquí es "Levántate".

Para alguien que haya estado totalmente paralizado, esta palabra carga un poder dinámico. Nunca olvide que cuando ejerce autoridad en la ministración, el poder no viene de usted. Sin embargo, usted debe desatarlo en la situación que tiene enfrente. Para que esto suceda usted debe hablarle. Debido a nuestra falta de fe o incapacidad de aceptar ciertos principios espirituales, tendemos a sucumbir a la falta de fe. A veces nuestro comportamiento es débil porque estamos demasiado preocupados por nuestra reputación, por nuestro lugar de respeto o porque se cuestione nuestra teología.

¿Cómo podemos vencer este comportamiento basado en el miedo? ¡Le sugiero que haga lo que para usted ha sido la cosa más incómoda en toda su vida! Si usted le pregunta a los que han estado a mi alrededor por un tiempo, ¡ellos le podrían contar historias en las que a veces mi comportamiento "agradable" con los demás ha sido algo cuestionable! Tuve que "exagerarlo" para superar mi sensación de no tener nada que dar. Cuando finalmente llegué hasta el punto donde honestamente no me importaba lo que los demás pensaban de mí, Dios empezó a hacer cosas maravillosas. El Señor tuvo misericordia y me dio mucho fruto por mi fe y mi total intrepidez. Pero demoró un tiempo porque mi falta de fe había estado bloqueando el poder de Dios. No permita que esto le suceda a usted. Piense en aquellos cuatro hombres que estaban tan decididos a obtener la bendición para su amigo que rompieron el techo por encima de la cabeza de Jesús mientras Él enseñaba. ¿Cuál fue la repuesta del Señor a esta "chutzpah"? ¡Le encantó!

Contacto y transmisión

Primero, Jesús le da validez a este milagro cuando, de manera pública, reprende a los escribas por sus pensamientos rebeldes y llenos de incredulidad.

> Y conociendo luego Jesús en su espíritu que cavilaban de esta manera dentro de sí mismos, les dijo: ¿Por qué caviláis así en vuestros corazones? ¿Qué es más fácil, decir al paralítico: Tus pecados te son perdonados, o decirle: Levántate, toma tu lecho y anda? Pues para que sepáis que el Hijo del Hombre tiene potestad en la tierra para perdonar pecados. (Marcos 2:8-10a)

Siguiendo en esta ministración en Marcos 2, el contacto y la transmisión se llevan a cabo mediante una simple frase dicha al paralítico: "dijo al paralítico: A ti te digo: Levántate, toma tu lecho, y vete a tu casa. Entonces él se levantó en seguida, y tomando su lecho, salió delante de todos, de manera que todos se asombraron, y glorificaron a Dios, diciendo: Nunca hemos visto tal cosa" (Marcos 2:10b-12).

Transmitir significa que ahora estamos pasando a la parte receptora lo que el Espíritu Santo ya ha hecho. No estamos creando algo o haciendo que surja algo emocional. Solo estamos uniendo los puntos. Cuando Jesucristo desata poder para sanar, comienza a hacer efecto en el momento en que el hombre se levanta o se pone en pie. ¡Ya es un milagro que una persona se ponga en pie después de haber estado paralizada! Pero se debe decir algo más para que el milagro sea cementado en su mente, para que no dude o se derribe. Nuestro Señor dijo lo siguiente: "Levántate, toma tu lecho, y vete a tu casa".

En otras palabras, se debe ejecutar un acto de fe para completar la sanidad. Durante el contacto y la transmisión, Jesús le exige al paralítico que se mueva al pedirle dos cosas: tomar su lecho e irse a casa. Para una persona que ha estado yaciendo incapacitado por años, es de vital importancia poder demostrar que ahora puede moverse y actuar como un ser humano completamente normal. La Escritura dice: "salió delante de todos" (v.12). La capacidad de este hombre de poder recoger su lecho e irse "delante de todos", testifica que le habían quitado la atadura de la culpa, la vergüenza y la falta de perdón, y ahora era un hombre libre.

Lo mismo sucede cuando Jesús sanó a la suegra de Pedro. "Vino Jesús a casa de Pedro, y vio a la suegra de éste postrada en cama, con fiebre. Y tocó su mano, y la fiebre la dejó; y ella se levantó, y les servía" (Mateo 8:14-15). Aquí vemos el completamiento pleno del milagro cuando la mujer no sólo se levanta de la cama, sino que también hace una comida y le sirve al Señor.

Mire alrededor

A continuación de este episodio de sanidad, Jesús sale de la casa y camina hacia la orilla del mar, donde enseñaba la Palabra de Dios a la multitud que lo seguía: "Después volvió a salir al mar; y toda la gente venía a él, y les enseñaba" (v.13). La orilla del mar de Galilea queda justo a unos metros de los límites de la ciudad de Capernaum. La multitud que había rodeado la casa, todavía tenía hambre de escuchar lo que Jesús tenía que decir. El Señor se mueve hacia un lugar cercano y retoma lo que estaba diciendo cuando lo interrumpieron los hombres en el techo.

Después que se acaba la oración de ministración y ha terminado la preciosa sanidad, debe estar disponible y listo para lo que Dios quiera hacer más adelante. Dese cuenta de la continuidad de la ministración. Dios puede tener más para que usted haga. Simplemente detenerse un poco y escuchar a Dios le va a bendecir inconmensurablemente.

13

Ministrando a la amargura– estudio de caso

Estudio de caso cuatro: Marcos 5:1-20

Vinieron al otro lado del mar, a la región de los gadarenos (algunas traducciones dicen 'gerasenos'). Y cuando salió él de la barca, en seguida vino a su encuentro, de los sepulcros, un hombre con un espíritu inmundo, que tenía su morada en los sepulcros, y nadie podía atarle, ni aun con cadenas. Porque muchas veces había sido atado con grillos y cadenas, mas las cadenas habían sido hechas pedazos por él, y desmenuzados los grillos; y nadie le podía dominar. Y siempre, de día y de noche, andaba dando voces en los montes y en los sepulcros, e hiriéndose con piedras.

Cuando vio, pues, a Jesús de lejos, corrió, y se arrodilló ante él. Y clamando a gran voz, dijo: ¿Qué tienes conmigo, Jesús, Hijo del Dios Altísimo? Te conjuro por Dios que no me atormentes. Porque le decía: Sal de este hombre, espíritu inmundo. Y le preguntó: ¿Cómo te llamas? Y respondió diciendo: Legión me llamo; porque somos muchos. Y le rogaba mucho que no los enviase fuera de aquella región. Estaba allí cerca del monte un gran hato de cerdos paciendo. Y le rogaron todos los demonios, diciendo: Envíanos a los cerdos para que entremos en ellos. Y luego Jesús les dio permiso. Y saliendo aquellos espíritus inmundos, entraron en los cerdos, los cuales eran como dos mil; y el hato se precipitó en el mar por un despeñadero, y en el mar se ahogaron.

Y los que apacentaban los cerdos huyeron, y dieron aviso en la ciudad y en los campos. Y salieron a ver qué era aquello que había sucedido. Vienen a Jesús, y ven al que había sido atormentado del demonio, y que había tenido la legión, sentado, vestido y en su juicio cabal; y tuvieron miedo. Y les contaron los que lo habían visto, cómo le había acontecido al que había tenido el demonio, y lo de los cerdos. Y comenzaron a rogarle que se fuera de sus contornos.

Al entrar él en la barca, el que había estado endemoniado le rogaba que le dejase estar con él. Mas Jesús no se lo permitió, sino que le dijo: Vete a tu casa, a los tuyos, y cuéntales cuán grandes cosas el Señor ha hecho contigo, y cómo ha tenido misericordia de ti. Y se fue, y comenzó a publicar en Decápolis cuán grandes cosas había hecho Jesús con él; y todos se maravillaban. (Marcos 5:1-20)

Discernimiento

Este estudio de caso está lleno de movimiento. El hombre que estaba poseído por miles de espíritus malignos sale con ansiedad e impaciencia de su atormentada existencia entre las tumbas para encontrarse con Jesús.

Ministrando a la amargura– estudio de caso 177

Aquí hay un principio del ministerio de Jesús que vale la pena apuntar: Jesús nunca fue en busca de un demonio, los demonios siempre venían a Él. Déjeme enfatizar esto nuevamente: ¡nunca vaya en busca de demonios para echarlos fuera! En su ministerio, si Dios quiere que usted ore por los endemoniados, permítale a Dios que sea Él quien se los envíe. Muchas personas se han metido en serios problemas por andar en "cacería de demonios" fuera de la guía divina y específica del Espíritu Santo.

En este relato, el discernimiento de espíritus se divide en dos revelaciones separadas en cuanto a una sola persona. La primera revelación identifica al espíritu dominante por su nombre, y la segunda apunta hacia la condición del hombre. En cuanto al primer punto en el discernimiento de espíritus, para la mayoría de nosotros no sería difícil discernir aquí la presencia obvia de espíritus malignos. El hombre rompía cadenas con una fuerza sobrenatural, y nadie podía mantenerlo atado porque había muchos espíritus. Los espíritus tenían el control total de las facultades del hombre. Además, la propia confesión del espíritu dominante lo delata fácilmente cuando dice estas palabras a Jesús: "¿Qué tienes conmigo, Jesús, Hijo del Dios Altísimo?" (v.7). La segunda acción en el discernimiento tiene que ver con el nivel de agonía que había en el alma de este hombre. Su batalla interna estaba llena de odio, ira y angustia. Como ya he mencionado en este libro, el discernimiento de espíritus opera dentro de un ambiente, en un diámetro estrecho. Aquí la revelación es que la maldad ha hecho que este hombre pierda todas sus relaciones, todo su raciocinio y toda su paz. Una condición como esta no puede racionalizarse como más o menos de lo que es en realidad. Llámela maldad y trátela como corresponde.

Confirmación

Cuando el hombre corre directamente hacia Jesús y cae arrodillado delante de Él, esto confirma su condición. Dese cuenta de que Jesús ya había dicho: "Sal de este hombre, espíritu inmundo" (v.8), incluso antes de el hombre identificara quién era Jesús. La respuesta que los espíritus le dan a Jesucristo confirma que ya está ocurriendo una ministración certera y efectiva. Cuando usted le ministre a personas que tengan serios problemas, especialmente en el extranjero, se dará cuenta de que el hambre de ellos es más grande que lo que usted esperaba. Usualmente en los países del tercer mundo hay más fe que en su iglesia local habitual. ¡Pero existen problemas espirituales de esta naturaleza dondequiera! Usted debe tener cuidado en estas situaciones. Si usted no recibe confirmación de que va por el camino correcto, podrá terminar condenando a alguien en vez de bendecirlo.

Una vez estaba predicando en una iglesia próspera. Durante mi predicación ocurrieron dos cosas. A mi derecha, al fondo de la iglesia, un hombre de la calle cayó en el suelo y empezó a perturbar el desarrollo del culto, haciendo fuertes ruidos. Estaba gritando y diciendo palabras incomprensibles, que nadie podía entender. Casi a la misma vez, a la izquierda, un hombre elegante, vestido con un traje bello y caro, cayó al piso y se quedo allí, mirando al techo.

Lo recuerdo muy bien. Mi primera respuesta fue: "¿Por qué a mí?" Estaba bien preparado para predicar un sermón muy agradable, y mi interés era hacerle bien a esta iglesia. "Bueno", -pensé- "Dios debe tener otras ideas para esta mañana". Comencé a caminar hacia la parte de atrás, aunque aún no sabía qué iba a hacer. Comencé a orar de todo corazón a Dios para que me dijera algo -¡cualquier cosa! Tenía que escuchar una revelación de parte del Señor. Lo que escuche de Él fue: "Camina muy despacio". Así que caminé despacio, asimilando el conflicto que estaba delante de mí. La congregación entera quedó en silencio, sólo algunas personas susurraban en voz baja. Dirigí mis pasos hacia el hombre perturbador que estaba despatarrado en el suelo, a la derecha. El hombre se veía sucio, como si viviera en las calles. Su cabello era largo y mugriento, y su ropa tenía un olor inconfundible, por no decir más.

A medida que me acerqué pude ver que estaba llorando, cansado de la vida, deseando que alguien le ayudara. Nunca olvidaré aquellos ojos. Poco a poco comencé a entender las embrolladas palabras que salían con un gran esfuerzo de sus labios: "¡Ayuda! ¡Jesús, ayuda!"

Empecé a orar por él, y me di cuenta de que este hombre tenía el corazón puro, amaba a Jesús profundamente, pero tenía problemas mentales. Tomé sus manos y le pedí que repitiera después de mí una sencilla oración. Mientras lo hacía, comenzó a llorar más alto, diciendo "Jesús, Jesús, Jesús" una y otra vez. Era un hombre muy necesitado de amor y aceptación. Los pastores de la iglesia vinieron a ministrarle, y me dirigí hacia el hombre del traje impecable que estaba tirado en el piso a la izquierda. Resulta ser que era el que tenía el problema espiritual más serio. Las tinieblas y el maligno habían tomado control completo de su vida. También oré por él.

Lo que se asume al principio puede ser engañoso, y esto es lo que hace que la confirmación sea tan vital. El endemoniado se veía bien. El otro hombre era simplemente un pobre ser humano con tremenda frustración y dolor, al que la iglesia había percibido como alguien lleno del mal. Estaban completamente equivocados. Usted tiene que escuchar la voz de Dios mediante el discernimiento de espíritus, y luego pedir confirmación mientras se mueve. Existe una gran diferencia entre una enfermedad mental y el maligno.

Trabajo con la raíz

Continuando con nuestro estudio, la raíz en el relato del Evangelio de Marcos 5:1-20 es de amargura. Por muchos años, el problema del hombre había sido con los demás. Todos los que habitaban en la ciudad habían hecho todo lo que podían para lidiar con él, y como último recurso, lo sacaron de la ciudad hacia los sepulcros y lo encadenaron. La ira, el carácter ácido y el veneno llenaron la vida de aquel hombre.

Cuando alguien tiene una necesidad relacional por la amargura, las consecuencias pueden tornarse devastadoras. Hay situaciones donde la amargura es la raíz, las relaciones se rompen y se dañan, al parecer sin arreglo. El conflicto, aun hasta el punto de la violencia extrema, ha sido la norma. Este hombre no podía responder ni comunicarse con los demás. Había estado encadenado por un largo tiempo, y nadie podía dominarlo. Incluso luego de su liberación, cuando las personas del pueblo cercano lo veían, sentían miedo de él y le pedían a Jesús que se fuera de esa región. La amargura, alimentada por el odio y la falta de perdón, toma dominio de la escena. La amargura es el veneno del alma. A veces la amargura deforma el cuerpo. El hombre o la mujer que sienten odio no lucen de manera normal. En mis años de viaje a varias iglesias en Estados Unidos y el extranjero, me he dado cuenta de que la amargura es la dolencia espiritual más seria que puede tener una persona. Afecta su vida en todos los sentidos. El odio es un cáncer espiritual que mata el cuerpo y distorsiona la personalidad.

Ministrando al alma

"Cuando vio, pues, a Jesús de lejos, corrió, y se arrodilló ante él. Y clamando a gran voz, dijo: ¿Qué tienes conmigo, Jesús, Hijo del Dios Altísimo? Te conjuro por Dios que no me atormentes" (v.6-7). Estas son palabras de una persona desesperada que ha permanecido atada por mucho tiempo y que ha abandonado toda esperanza de ser liberada de sus circunstancias. La ministración al alma es esa etapa de ministración en la que se escucha el tormento y la agonía de alguien que está desesperado, esperando a que llegue el alivio de su situación. El hombre corre hacia Jesús, se postra delante de Él y grita en alta voz. Las palabras que dice suenan llenas de rebeldía y rechazo al Señor, pero Jesús escucha el clamor más profundo de su corazón y se dirige hacia él con compasión, la cual es una necesidad urgente. La ministración al alma es un momento en el que ocurre algún tipo de conversación para informarle a usted acerca del corazón de la persona, para consolidar el discernimiento y proveerle una clara dirección a su oración precisa.

Mandato y autoridad

En cuanto Jesús sale del bote ya está hablando palabras de mandato y autoridad. La crisis es de tal magnitud que la única respuesta correcta es levantarse contra ella con denuedo y poder. Puede que las palabras: "Sal de este hombre, espíritu inmundo" (v.8), no sean las que la mayoría de nosotros usemos hoy en la ministración, pero son efectivas y concisas. Jesús, mediante el discernimiento, reconoce que este hombre está atado por un espíritu maligno, y sin demoras innecesarias Él se le enfrenta. Un demonio ocupa espacio y tiempo dentro de un ser humano. Cuando me refiero a espacio, quiero decir que toma control de la mente y del razonamiento normal y le roba a la persona toda la paz. En cuanto al tiempo, está relacionado con el período que la persona ha sufrido y ha estado atada y oprimida. El mandato aquí es simple: "Sal de este hombre". No podría ser más claro y directo.

Contacto y transmisión

El contacto y la transmisión componen el acto de desatar el poder sanador de Dios hacia una persona. Esta es una acción consistente y repetitiva de nuestro Señor Jesús en todos los Evangelios. En este suceso, Jesús establece el contacto mediante el diálogo. Ya que la autoridad había sido establecida sobre los espíritus malignos, ellos ya estaban atados y sometidos a Jesús. Lo mismo ocurrirá con cualquiera que ministre usando el poderoso nombre de Jesucristo de Nazaret.

El contacto se establece en cuanto Jesús comienza el diálogo con una pregunta:

> Y le preguntó: ¿Cómo te llamas? Y respondió diciendo: Legión me llamo; porque somos muchos. Y le rogaba mucho que no los enviase fuera de aquella región. Estaba allí cerca del monte un gran hato de cerdos paciendo. Y le rogaron todos los demonios, diciendo: Envíanos a los cerdos para que entremos en ellos. Y luego Jesús les dio permiso. Y saliendo aquellos espíritus inmundos, entraron en los cerdos, los cuales eran como dos mil; y el hato se precipitó en el mar por un despeñadero, y en el mar se ahogaron. (Marcos 5:9-13)

Recuerde que el blanco de la ministración es el hombre, no los demonios. Jesús no está impresionado por los demonios y no tiene interés en hablar con ellos. Los espíritus malignos ya saben que han perdido el control sobre este hombre. Cuando Jesús le pregunta "¿Cómo te llamas?", Él está hablándole al HOMBRE, preguntándole cuál es su nombre. Pero el espíritu maligno que lo estaba controlando le dice: "Legión me llamo; porque somos muchos" (v.9). Los demonios han estado controlando al hombre y hablando por el hombre, y continúan tratando de hacer lo mismo. Sin embargo Jesús les da permiso a los demonios para que fueran hacia los cerdos, apuntando hacia el hecho de que Jesús está en completa autoridad. Él ni negocia ni dialoga con los espíritus malignos. Dese cuenta de que esta es la única atención que Jesús les presta a los demonios.

Algunos comentarios bíblicos dicen que había seis mil demonios, ya que una legión romana estaba compuesta de seis mil hombres. Otros comentarios dicen que dos mil. Sin importar el número, ¡alejar al menos a dos mil espíritus malignos y la muerte de los cerdos libera a este hombre completamente! El hombre quedó totalmente restaurado en sanidad y dignidad, e inmediatamente expresa un deseo sincero y consciente de seguir a Jesús. Sin embargo, el Maestro le dice a él otras palabras de aliento: "Vete a tu casa, a los tuyos, y cuéntales cuán grandes cosas el Señor ha hecho contigo, y cómo ha tenido misericordia de ti" (v.19). El hombre está realmente comisionado por Jesús para testificar a los demás acerca del poder del Evangelio. Cuando nuestro Señor le da permiso a los espíritus para que dejen al hombre y para que entren a los cerdos, el poder de Dios hace contacto instantáneo con la necesidad más desesperante del hombre. Jesús continúa transmitiendo una bendición dando lugar a un propósito en la vida de ese hombre. El que una vez fue un marginado total, despreciado y temido por todos, ahora testificaría en todo Decápolis del poder transformador de Jesucristo, el Hijo de Dios.

Mire alrededor

"Y se fue, y comenzó a publicar en Decápolis cuán grandes cosas había hecho Jesús con él; y todos se maravillaban" (v.20). Este milagro de liberación se extendió por una región entera de diez ciudades. Un hombre completamente transformado y restaurado comienza a testificar con poder y gracia. La obra del Señor "al otro lado del mar" ya está hecha. Es hora de moverse.

14

Ministrando al alma

Un espíritu renovado

D. L. Moody escribió: "La obra del Espíritu es impartir vida, implantar esperanza, dar libertad, testificar de Cristo, guiarnos hacia toda verdad, enseñarnos todas las cosas, confortar a los creyentes y convencer al mundo de pecado."[1]

Cada ser humano que ha nacido de nuevo (regenerado por el Espíritu de Dios) tiene un espíritu funcional adentro. Este es el espíritu del hombre.

Porque ¿quién de los hombres sabe las cosas del hombre, sino el espíritu del hombre que está en él? Así tampoco nadie conoció las cosas de Dios, sino el Espíritu de Dios. Y nosotros no hemos recibido el espíritu del mundo, sino el Espíritu que proviene de Dios, para que sepamos lo que Dios nos ha concedido. (1 Corintios 2:11-12)

La primera obra del Espíritu Santo es hacer que el espíritu del hombre cobre vida para que pueda estar en íntima comunión con Dios.

"Dios es Espíritu; y los que le adoran, en espíritu y en verdad es necesario que adoren" (Juan 4:24). El nuevo nacimiento, o el espíritu del hombre cobrando vida dentro de él por el poder del Espíritu Santo cuando recibe a Jesucristo como Señor y Salvador, es la cirugía reconstructiva milagrosa más grande que Dios haya hecho. Es el comienzo de un viaje espiritual eterno. "Pero el que se une al Señor, un espíritu es con él" (1 Corintios 6:17).

Cuerpo guardado entero

Cuando recibimos a Jesucristo como nuestro Señor y Salvador, recibimos el Espíritu Santo dentro de nosotros. Romanos 8:15-16 dice: "Pues no habéis recibido el espíritu de esclavitud para estar otra vez en temor, sino que habéis recibido el espíritu de adopción, por el cual clamamos: ¡Abba, Padre! El Espíritu mismo da testimonio a nuestro espíritu, de que somos hijos de Dios". En el momento de salvación y por siempre, nuestros espíritus renovados son santos, perfectos y completos. El Espíritu Santo se convierte en el sello o la garantía de que Dios va a redimir y a restaurar al hombre completo, incluyendo al alma y, eventualmente, el cuerpo en la resurrección corporal. Efesios 1:13-14 nos dice: "En él también vosotros, habiendo oído la palabra de verdad, el evangelio de vuestra salvación, y habiendo creído en él, fuisteis sellados con el Espíritu Santo de la promesa, que es las arras de nuestra herencia hasta la redención de la posesión adquirida, para alabanza de su gloria".

El pecado trajo una maldición sobre la humanidad, pero el Espíritu Santo que mora dentro del creyente, es la promesa –la garantía- de que ¡Dios va a restaurar todo lo que se ha perdido y llevará a esa persona hacia la plenitud!

La Escritura nos dice que el cuerpo del creyente es el templo del Dios Viviente. Además, tenemos la seguridad de que el Espíritu de Dios que mora en nosotros fluirá continuamente para sanar nuestra alma y nuestro cuerpo hasta que todo esté cumplido. El apóstol Pablo escribió en 1 Tesalonicenses 5:23: "Y el Dios de paz os santifique completamente; para que vuestro espíritu, alma y cuerpo sea guardado entero sin reprensión para la venida del Señor nuestro, Jesús, el Cristo" (Versión Biblia de Casiodoro de Reina, 1569, conocida como Biblia del Oso).

Entonces, ¿qué es la ministración al alma?

Hemos estado aprendiendo en varios capítulos cómo opera y se confirma el discernimiento. Entonces vimos cuidadosamente las raíces espirituales de rechazo y rebeldía, y las raíces relacionales de falta de perdón y amargura. Examinamos las siete acciones consistentes y repetitivas de Jesús en la ministración. Ahora estamos listos para explorar la ministración al alma más detalladamente.

Ministrando al alma

El alma es la parte del hombre que necesita sanidad y santificación durante el curso de su vida terrenal. La ministración al alma es conversacional, creativa y personal. La necesidad más íntima de una persona se siente dentro del alma. Sin embargo, no siempre es fácil para nosotros identificarla, debido a que el alma humana es compleja, personal y privada. Para la persona que está recibiendo la oración puede ser difícil explicarlo, porque a pesar de que esté sufriendo las consecuencias de las dificultades de la vida, puede estar incapacitada para identificar exactamente lo que está causando tanto dolor, o quizás quiera esconder lo que está bien profundo debido al miedo o la vergüenza.

Una vez más le hago notar la razón de este libro. Para poder orar con precisión por los demás, usted no puede confiar en la psicología popular. Usted no puede confiar en la capacidad de herir a las personas para saber por dónde empezar. Usted debe ir al lugar del alma que necesita sanidad, como lo hizo Jesús. Esto significa ser capaz de escuchar la voz de Dios. Es por esto que la oración certera, guiada por Dios, es muy seria y maravillosa. Piense en esto como si fuera Dios, el Espíritu Santo, que estuviera viajando hacia las partes más profundas de la persona para abrir una puerta que ha estado cerrada por mucho tiempo. Una vez que Él entra, es capaz de convencer, liberar, iluminar y restaurar.

Hasta que no captemos cómo ministrarle al alma de un ser humano, nuestra oración siempre será superficial. El alma constituye la identidad y la personalidad singulares del individuo, y durará para siempre, hasta la eternidad. El alma es lo que nos identifica como lo que somos. Es como nuestra huella dactilar –única, personal y distinta a cualquier otra en la faz de la tierra. Es asombroso cuando nos damos cuenta de que el ser humano que está delante de nosotros, deseoso de recibir oración, es único en el mundo. No hay más nadie como esta persona. Cuando Dios la creó rompió el molde. Sólo el Espíritu Santo puede comprender y penetrar al nivel más profundo del alma. Ciertamente, sin la guía del Espíritu Santo, es imposible que alguien pueda discernir lo que hay dentro del alma. La medicina puede aquietar la mente, atenuando el conflicto interno, pero cuando el alma está sufriendo sólo Dios puede repararla. El Espíritu Santo puede hacer más que todos los esfuerzos juntos, ya que fue el mismo Dios quien creó a esta persona a Su imagen. Tres minutos sintiendo el toque de Dios pueden sanar veinte años de batallar con la identidad.

En la oración personal, el factor fundamental a considerar es qué dirección quiere tomar el Espíritu Santo a medida que se mueve en la parte más profunda de la persona. Por ejemplo, si el discernimiento de espíritus revela que la necesidad del individuo está relacionada con él o con Dios (espiritual), nos llevará hacia un área determinada del alma. Asimismo, si el discernimiento revela que el problema tiene que ver con los demás (relacional), nos guiará a dirigirnos a un lugar diferente dentro del alma. Así que ¿cómo está compuesta el alma realmente? y ¿cómo vamos a saber hacia cuál área del alma se debe enfocar nuestra oración? Veamos.

Ministrando al alma 189

¿Cómo está compuesta el alma?

La palabra en español que se traduce como "alma" viene de la palabra hebrea "néfesh" que significa propiamente criatura que respira, vitalidad, persona y ser. El concepto hebreo del alma es el centro, el corazón, la esencia no vista de una persona o la parte más interna del ser. Cuando Dios creó al hombre, Él"... sopló en su nariz aliento de vida, y fue el hombre un 'néfesh' –ser viviente" (Génesis 2:7). Existe un conocimiento general de que el alma está compuesta por tres áreas: mente, voluntad y emoción, esas áreas que quedan dentro de nosotros que conocen, deciden y sienten. Veamos brevemente estas tres:

1) La mente –su intelecto. La mente es una "computadora" maravillosa que utiliza datos, aprende, crea y racionaliza a la velocidad de la luz. La mente recuerda y trae a la memoria el pasado y procesa el presente. Es la totalidad del funcionamiento mental consciente e inconsciente. El intelecto es un "procesador" y es diferente a los sentimientos o a la disposición de hacer algo o no hacerlo.

2) La voluntad. La segunda área es la parte del alma que decide, determina y avanza. Es la libertad dada por Dios para tomar sus propias decisiones en su vida. Esto significa que usted puede aceptar a la Persona y a la obra del Espíritu Santo, o rechazarlas completamente. Usted es libre para escuchar la voz de Dios o rechazar la intimidad con Él. Este derecho a ejercer su voluntad determina cuán lejos usted avanzará en el plan de Dios para usted. Tristemente se encontrará muchas personas atascadas en un debate eterno consigo mismos, que nunca pueden ser capaces de avanzar en la vida.

3) Las emociones. Estas, por supuesto, son la amplia variedad de "sentimientos" experimentados por todos los seres humanos. Las emociones son un estado de conciencia efectivo, que incluye la felicidad, el amor, el entusiasmo, el dolor, el miedo, la ira, el disgusto, la angustia e infinidad de sentimientos.

El alma como intelecto

La Escritura confirma las tres áreas del alma mencionadas anteriormente. Considere lo siguiente que identifica el intelecto, el razonamiento y el conocimiento como parte del alma: "La ley de Jehová es perfecta, que convierte el alma; El testimonio de Jehová es fiel, que hace sabio al sencillo" (Salmo 19:7). La Palabra de Dios puede hacer que una persona incauta se convierta en sabia. El Salmo 139:14b dice: "porque formidables, maravillosas son tus obras; Estoy maravillado, Y mi alma lo sabe muy bien". Lo que el alma sepa y entienda influenciará la vida profundamente. "Porque cual es su pensamiento en su corazón, tal es él" (Proverbios 23:7). Usted es lo que piensa. "Y conociendo luego Jesús en su espíritu que cavilaban de esta manera dentro de sí mismos, les dijo: ¿Por qué caviláis así en vuestros corazones?" (Marcos 2:8).

Cualquier oración que vaya a renovar o iluminar la mente de alguien debe estar impulsada por la revelación de Dios. Imagínese usted, con su cerebro, tratando de comunicarse con alguien cuya mente e intelecto sean muy superiores a los de usted. ¿Qué puede usted decirle a una mente que lo conoce todo? ¿Cómo puede usted convencerlo de una verdad superior? ¿Cómo expone usted el área de mayor debilidad, cuando Él tiene todas las respuestas? ¿Las personas que dependen en alto grado de su intelecto para enfocar la vida y que tienen un alto nivel educativo, batallan con la fe? Indudablemente. Cuando un intelectual se encuentra con la fe, muy frecuentemente nace una batalla. Una cosa es ser culto en cuanto al tema de la fe, y otra es experimentar una fe viva y activa, porque la mente es muy dominante.

Conocí a un hombre muy talentoso, que tenía muchas habilidades, incluyendo el liderazgo de alabanza y dar clases. Debido a su impresionante intelecto, él empezó a demostrar su argumento de que él podía "crear un ministerio" al guiar a los demás hacia la alabanza y al enseñarles lo que él sabía. El problema es que servir a Dios comienza con un llamado de Dios. Usted no puede asumir un lugar de liderazgo en el cuerpo de Cristo sin un llamado. Usted puede usar su intelecto y habilidad para abrir una compañía y vender mesas, pero usted no puede emprender un llamado y luego pensar que Dios va a honrarlo.

Este joven es un ejemplo de una persona guiada intelectualmente avanzando hacia la destrucción. Si Dios no está en el asunto, el fallo inevitable conllevará a un final desalentador. En el presente, él es un hombre frustrado, débil en su fe y que se está escondiendo de Dios. Sin embargo, una oración precisa que confronte la exaltación de su mente sobre la sencilla confianza en Dios, podría re-direccionar su vida hacia Jesucristo y Su plan.

Usted está siendo llamado para alentar y declarar vida y plenitud a la persona que está atada en su mente. ¿Cómo se empieza? Tenga en mente lo que usted ha estudiado acerca de orar por la necesidad. Si usted discierne falta de fe ore por la falta de fe. Si usted discierne orgullo, ore por el orgullo. Si usted discierne confusión, ore por la confusión. Lo que reduce la mente de esta persona está directamente relacionado a la incapacidad de tener fe. Es un problema espiritual, una raíz de rechazo a Dios (rebeldía). El área del alma que es más afectada, que debe rendirse a la obra del Espíritu Santo, es la mente. Comience con la raíz que usted discierne y llegará al área correcta de alma.

"Derribando argumentos y toda altivez que se levanta contra el conocimiento de Dios, y llevando cautivo todo pensamiento a la obediencia a Cristo" (2 Corintios 10:5). Si la raíz es una necesidad espiritual de rechazo a Dios (rebeldía), el área del alma hacia la que debemos centrarnos para sanidad es la MENTE. La mayor necesidad de la persona que "vive" en su mente es la FE.

Mientras crecía, ni mi padre ni mis maestros pudieron darme fe, pero ellos me señalaron el camino hacia la fe. Yo era inteligente; pero al parecer tuve que experimentar el fracaso y la desesperación para poder reconocer que el componente que me faltaba era una fe activa. Tuve que atravesar un proceso de olvidar todo lo que yo creía que sabía y permitirle al Espíritu Santo que me impulsara hacia una vida de fe. Conocer acerca de la fe y vivir por la fe son dos cosas separadas. La exaltación de la inteligencia es a menudo lo que está bloqueando una fe viva.

El alma como voluntad

La voluntad es la facultad de una acción consciente y deliberada; el poder de controlar que tiene la mente sobre sus propias acciones. Decidir y escoger es algo que siempre está presente en nuestro comportamiento. Nos enfrentamos a alternativas en todo lo que hacemos, durante todo el día. ¿Por qué un alma tendría tal ingrediente? Se debe a que Dios quiere que usted le responda sin coacción. Orar por el alma lleva desatadura, apertura y creación de una nueva perspectiva de la vida. Imagine que su oración desate un alma para que decida postrarse, ser libre e humillarse delante de Dios. ¡Qué bendición!

> Así que, hermanos, os ruego por las misericordias de Dios, que presentéis vuestros cuerpos en sacrificio vivo, santo, agradable a Dios, que es vuestro culto racional. No os conforméis a este siglo, sino transformaos por medio de la renovación de vuestro entendimiento, para que comprobéis cuál sea la buena voluntad de Dios, agradable y perfecta. (Romanos 12:1-2)

Para discernir la voluntad de Dios hace falta un corazón que escuche y desee conocer Su perfecta voluntad. A veces las personas sufren por la angustia y el disgusto debido a que su propia voluntad batalla contra la voluntad de Dios. Job 7:14-15 dice: "Entonces me asustas con sueños, Y me aterras con visiones. Y así mi alma tuvo por mejor la estrangulación, Y quiso la muerte más que mis huesos". El terrible dilema de Job era la pérdida de su familia, sus posesiones y su salud física. Él declara que su alma está escogiendo la muerte en vez de la vida debido al profundo dolor que está pasando. En Job 6:7, él insiste en que está tan afligido que no quiere comer: "Las cosas que mi alma no quería tocar, Son ahora mi alimento".

¿Cómo usted oraría por alguien como Job, que estaba sufriendo por batallar con la voluntad de Dios para su vida? ¿Usted llamaría a un consejero para que escuchara las dificultades de Job? Estamos en la era de las recomendaciones. Los cristianos visitan a otros para resolver problemas porque no pueden discernir la mano izquierda de la derecha. Dios le está equipando a usted para que alcance a las almas torturadas, confiado en que usted tiene de su lado tanto la revelación del Espíritu Santo como la Palabra de Dios. Dirija su oración hacia el área de necesidad y algo se romperá.

El salmista también se refiere al alma como la voluntad en el Salmo 77:2: "Al Señor busqué en el día de mi angustia; Alzaba a él mis manos de noche, sin descanso; Mi alma rehusaba consuelo".

¿Cómo usted le va a ministrar al alma de esta persona? Háblele a la voluntad del hombre, reprendiendo toda ira y confusión. Háblele a la voluntad del hombre, desatando entendimiento y sabiduría para que escuche a Dios en cuanto a Su perfecta voluntad. Háblele a la voluntad del hombre, dirigiéndose a la ira, la falta de perdón, la dureza de corazón y la autodeterminación que apaga el Espíritu Santo de Dios. Háblele a la voluntad del hombre, mandando a toda resistencia a que se postre ante el Rey de reyes. Háblele a la voluntad del hombre para que desate perdón y bondad a los miembros de la familia. Si la raíz es una raíz relacional de falta de perdón o amargura, el área del alma que debe ser transformada es la VOLUNTAD. La mayor necesidad de la persona es tomar una decisión de soltar todo el control y la dureza de corazón; rendirse y renunciar a todo lo que está sosteniendo fuertemente, para ponerlo en las manos de Dios.

El alma como las emociones

Esta tercera área del alma es la parte de nosotros que siente emoción. "Entonces mi alma se alegrará en Jehová" (Salmo 35:9). "Mi alma está muy triste, hasta la muerte" (Mateo 26:38). "En secreto llorará mi alma a causa de vuestra soberbia" (Jeremías 13:17). "Se lamentará el alma de cada uno dentro de él" (Isaías 15:4). En estas cuatro porciones de la Escritura el alma se alegra, está triste, llora y se lamenta.

La oración precisa que está dirigida hacia la sanidad emocional no es la que se hace pasar por "análisis psicológico". No es una psicoterapia espiritualizada o una regresión al pasado. Es una oración guiada por el Espíritu Santo, basada en la Palabra de Dios y la fe. Una vasta selección de áreas dentro de las emociones se pueden enfermar. El "mal-estar" emocional puede surgir a causa de la angustia prolongada, la culpa y el luto debido a un aborto, el abandono o el descuido de un padre, el abuso sexual por parte de miembros de la familia, y la intimidación y el abuso por parte de los hermanos, por sólo mencionar un puñado de ejemplos.

El aspecto más bello de una oración certera, guiada por el Espíritu Santo, es que Él es quien guía durante todo el transcurso. Usted no tiene que estar preocupado por tener cierto nivel de pericia acerca la psiquis humana. No hace falta que usted lea publicaciones psicológicas. Usted debe confiar en que no se le olvidará decir algo o no lo dirá de forma incorrecta. Dios es el que está llevando a cabo la sanidad, y Él es fiel. Él siempre guía cuando usted clama a Su nombre. Esa ha sido mi experiencia de fe.

El alma tiene emociones que están ocultas, heridas que nunca se han expresado y cargas pesadas que no se han reconocido, incluso ni por la persona que las lleva. Por lo tanto, cuando usted ore, use la raíz básica como su guía. Por ejemplo, en el caso de alguien profundamente rechazado por sus padres, lo más probable es que usted se dirija a una necesidad espiritual de autorrechazo. Cuando el discernimiento confirme una raíz de rechazo, entonces la oración se mueve hacia el alma. Trate con las emociones, el área donde se halla el problema. Si usted llega a este punto habrá más revelación de Dios. Del mismo modo, recuerde que el centro del problema está relacionado no sólo con lo que ha hecho el pecado en la vida de la persona, sino también en la familia completa. Es en esta etapa de la oración que puede ocurrir un milagro. No se apure en este momento u ore usando muchas palabras para llenar el espacio y el tiempo. Espere en el Señor, y Él va a prevalecer por usted.

Sin importar cuán diversos y diferentes podamos ser, cada hombre, mujer o niño tiene un problema en común: el pecado. Aunque podamos tener diferentes personalidades, caracteres o apariencias, el alma es la misma en lo concerniente al pecado, y Dios evalúa el pecado de la misma manera para todo el mundo, sin hacer distinción de personas. Aquí no hay diferencias ni matices en cuanto a la variedad de almas. Los humanos somos creados por Dios. O estamos unidos a Dios en un mismo espíritu o estamos separados de Dios. Es por esto que la Escritura en Marcos 12:28-31 nos deja todo muy claro. Amar al Señor con todo el corazón, y con toda el alma, y con toda la mente y con todas las fuerzas, y amar al prójimo como a uno mismo cumplirá la ley de Dios, haciendo que se esclarezca lo que el alma necesita para su plenitud. En estas dos áreas necesitamos sanidad y restauración, sin importar hasta qué grado fallemos y estemos quebrantados.

Al referirnos a la composición del alma, debemos verla no sólo como tres partes, sino como un "campamento", lleno de vida y actividad. Ya sea que estemos dirigiéndonos al intelecto, a la voluntad o las emociones, busque discernir la raíz del problema antes de empezar a orar. El Espíritu Santo viaja hacia atrás y hacia adelante para traer plenitud al alma de la persona. Orar por una persona y ver cómo ocurre la sanidad dentro del alma puede parecer un concepto simple.

Sin embargo, no es simple para el Espíritu Santo. Cuando el apóstol Pablo se refiere al Espíritu Santo como el que "todo lo escudriña" (1 Corintios 2:10), él está hablando de la profundidad del Espíritu Santo en Su capacidad de penetrar en áreas inalcanzables dentro del ser humano. Una oración simple y guiada permite que el Espíritu Santo se desenvuelva para moverse hacia las emociones que pudieron haber sido dañadas hace veinte años. Puede traer libertad a una mente atada en un pensamiento racionalizado y puede tratar con una voluntad que esté en contra de los propósitos de Dios. Si usted sigue conmigo hasta ahora en este libro, puede que se esté dando cuenta de que orar con precisión va mucho más profundo de lo que usted haya pensado alguna vez. La oración que es precisa escucha la voz de Dios mucho más alto que cualquier otra idea preconcebida o que su opinión personal acerca de las cosas que le rodean.

La ministración de Jesús al alma

Nuestro propósito en este capítulo es ayudarle a "viajar" a través del alma en oración. Si usted sigue al Espíritu de Dios en la ministración, verá cómo Él se mueve en el alma de la persona con el mismo tipo de precisión y acierto como lo haría un cirujano en un salón de operaciones. Usted necesita saber hacia dónde ir y qué hacer cuando llegue allí, y luego debe completar su tarea antes de salir. Sería bueno para nosotros ver el ejemplo que se encuentra en Juan 5:1-9. Este relato nos ayudará a ver a Jesús operando en el alma de un hombre en una ministración perfecta.

> Después de estas cosas había una fiesta de los judíos, y subió Jesús a Jerusalén. Y hay en Jerusalén, cerca de la puerta de las ovejas, un estanque, llamado en hebreo Betesda, el cual tiene cinco pórticos. En éstos yacía una multitud de enfermos, ciegos, cojos y paralíticos, que esperaban el movimiento del agua. Porque un ángel descendía de tiempo en tiempo

al estanque, y agitaba el agua; y el que primero descendía al estanque después del movimiento del agua, quedaba sano de cualquier enfermedad que tuviese. Y había allí un hombre que hacía treinta y ocho años que estaba enfermo. Cuando Jesús lo vio acostado, y supo que llevaba ya mucho tiempo así, le dijo: ¿Quieres ser sano? (Juan 5:1-6)

En este estanque de Betesda había una variedad de afecciones graves. Estaban los enfermos, los ciegos, los cojos y los "marchitos" o paralíticos. Es interesante notar los tipos y grados de enfermedades representadas por esos grupos. Los ciegos son completamente capaces de mover sus cuerpos, pero están limitados por la falta de visión. Los enfermos y los cojos también pueden moverse hasta cierto punto, pero sus movimientos son restringidos. Finalmente, los que están paralizados están afectados y debilitados en general, totalmente sin poder moverse. Este es el ambiente en el que Jesús se encuentra. En medio de tanto sufrimiento, el objeto de la ministración para Jesús en este día particular era un hombre limitado de cualquier movimiento, ya que había estado paralítico por treinta y ocho años. Ya que él se sabía paralítico, no podía pensar en sí mismo de otra manera. Su identidad estaba envuelta en ser paralítico, y en la vida que había vivido de esa manera. Su alma contribuía a su parálisis, su mente lo sabía, su voluntad lo aceptaba, y sus emociones lo sentían en lo más profundo de su ser.

¿Cómo se relaciona la raíz o la necesidad central a la parálisis del hombre? Aquí tenemos un caso de constante rechazo debido a que el estilo de vida de un paralítico establecía pobreza y vergüenza. Por treinta y ocho años él había sido obligado a yacer inmóvil, mendigando y dependiendo de los demás para su sustento. Jesús le preguntó al hombre intencionadamente: "¿Quieres ser sano?", para escucharlo confesar el deseo de su corazón. Con Su pregunta, Jesús mueve al hombre de un pasado caracterizado por una raíz de rechazo hacia la realidad presente. Al preguntarle al hombre "¿Quieres ser sano?", en esencia, Él le está diciendo al hombre: "Hoy es tu día. Puedes escoger lo que tú quieras". Aquí Jesús le está permitiendo al hombre tomar una decisión basada en la libertad, que es un deseo básico de cada alma.

El punto que estamos tratando de identificar aquí es exactamente cuando el Espíritu Santo comienza a ministrarle al alma de este hombre. ¿En qué momento Jesús aplicó algo de presión? Cuando el rechazo agudo está presente en la vida de alguien, usted debe detectarlo y moverse rápido hacia el área del alma que clama por la ayuda máxima. Queda claro que Jesús fue directo a las emociones del paralítico. Mediante esta pregunta, Él le dio una opción al hombre. ¿Desde cuándo a este hombre no le daban la oportunidad de escoger algo? Jesús le permitió al hombre sentirse como un ser humano nuevamente al poder expresar un deseo que levantaría su autoestima. Acercarse a esta persona rechazada e indefensa con una pregunta le permitió al hombre decidir lo que él realmente quería para su vida. Esto comunicaba que el hombre tenía valor, importancia, y que Dios no lo despreciaba.

La ministración al alma, por lo tanto, debe sacar a la persona de su miseria y proveerle una bocanada de aire fresco. En el ministerio de Jesús, vemos esta metodología en casi todos los milagros. Cuando la vida se paraliza, encontramos influencias que han estado acompañadas unas por otras, y deben ser tratadas. Jesús vio que la parálisis existía no sólo en el cuerpo del hombre, sino también en su alma. Este hombre necesitaba que a su alma le dieran una oportunidad de ejercer la fe y moverse para experimentar la sanidad y la plenitud en su cuerpo.

> Señor, le respondió el enfermo, no tengo quien me meta en el estanque cuando se agita el agua; y entre tanto que yo voy, otro desciende antes que yo. Jesús le dijo: Levántate, toma tu lecho, y anda. Y al instante aquel hombre fue sanado, y tomó su lecho, y anduvo. Y era día de reposo aquel día. (Juan 5:7-9)

La respuesta que el hombre le dio a la pregunta de Jesús fue: "Sí, quiero ser sanado". Pero había un problema mucho más complejo que tenía que ser resuelto. Cuando el agua se movía, su percepción de la vida era que no tenía a nadie para que lo ayudara a entrar al agua. La dependencia pasiva y habitual del hombre hacia los demás agravaba su estado físico. Él había pasado muchos años viendo a los demás como obstáculos que le habían impedido recibir sanidad. Él había adoptado el rol de víctima indefensa, y de esa manera se definía a sí mismo.

Jesús detecta todo esto y se mueve hacia el reino del alma con poder y autoridad. Jesús dice: "Levántate, toma tu lecho, y anda" (v.8). La raíz es el rechazo. La obvia necesidad física y práctica aquí es la capacidad de caminar. Pero el área del alma que estaba clamando por un toque de Dios eran las emociones del hombre. Cuando él se dio cuenta de que le estaban ofreciendo una posibilidad acerca de su vida, probablemente por primera vez en muchos años, su esperanza se puso en marcha y su fe estuvo a la altura de las circunstancias. El hombre se puso en pie, sanado en cuerpo, pero mucho más profundamente sanado en su hombre interior.

El alma es un enjambre de actividad que sólo la mano de Dios puede poner en orden. El alma no crea la raíz; sólo se nutre de ella y la mantiene afianzada en la vida de la persona. Al orar por alguien esté consciente que es el alma la que siente muchos sentimientos y se aferra a los recuerdos y hábitos (véase Gálatas 5:17). El alma razona, llora, sufre, pregunta y escoge. Cuando usted ore, su trabajo es ministrarle al alma basado en el conocimiento que le ha dado el Espíritu Santo. Una oración exitosa nunca comienza en el alma. Una oración exitosa termina en el alma.

La puerta

Repasemos un poco el proceso de la ministración al alma. Cuando comience a orar, usted debe identificar si la necesidad que tiene delante es espiritual o relacional. A este punto le llamo "la puerta". Para nuestros propósitos, llamémosle a la puerta izquierda "espiritual", y a la derecha "relacional".

Si somos guiados por el Espíritu Santo y la aplicación de la Palabra, para entrar a la puerta izquierda, tendrá que escoger de entre dos áreas: el autorrechazo o el rechazo a Dios (rebeldía). De la misma manera, si usted pasa por la puerta derecha, una raíz relacional le guiará a la falta de perdón o a la amargura. Ahora quiero que vea cuánto ha evolucionado su oración. El discernir la "puerta" correcta significa que ya usted lleva un noventa por ciento de precisión en su oración. ¡Ya está "en la cocina"!

Determinar la dirección que hay que seguir le será más fácil después de haber llegado a este punto. Si usted está orando por alguien que tenga una raíz relacional de falta de perdón, la ministración al alma tratará con la voluntad y la disposición de esta persona. Por otra parte, si usted descubre un problema espiritual de rebeldía, las ramificaciones de rebeldía en el alma como el intelectualismo, el orgullo y la racionalización serán expuestas muy pronto. ¿Se da cuenta de cómo la identificación de la raíz fluye hacia el siguiente paso –ministración al alma?

Aquí hay un ejemplo de una oración por alguien profundamente rechazado:

Señor, gracias por el amor que demostraste en la Cruz del Calvario. Por el poder de Tu amor derramado en la Cruz, sana las áreas más íntimas de las emociones de mi hermana. Quítale la idea de que no es importante, de que no pertenece a nada, de que no tiene valor, o que no tiene lugar en el universo.

Usted identifica la raíz y se mueve rápidamente hacia la parte del alma que más está sufriendo. Otra oración podría ser:

Dios, en el poder del Espíritu, rompo con todo rechazo y timidez. Hablo a todas las emociones que han apagado el sentido de estima y confianza en esta persona que Tú creaste. Declaro para mi hermana liberación de toda incertidumbre, inferioridad, inseguridad, timidez y retraimiento.

Estas son cuestiones del alma relacionadas al rechazo que ha causado que esta persona se mantenga ciega, coja o paralítica en la vida y en las relaciones.

La oración que se dirige a la disposición o a la voluntad de una persona está relacionada a una raíz de falta de perdón o de amargura. La voluntad de la persona es su resolución de aguantar algo o luchar por una idea. La voluntad de un hombre siempre afecta la parte relacional de la vida de la persona. La voluntad es el rey y la reina de las relaciones. Dondequiera que haya "otros" y "usted", la voluntad establece su lugar y lucha por la identidad. Se puede encontrar en estas líneas una oración por la falta de perdón o la amargura:

Señor, me levanto contra todas las maquinaciones de odio y desprecio hacia los demás. Quita todo pensamiento de represalias y limpia el alma de mi hermano en este mismo momento. En el nombre de Jesucristo, te pido reconciliación y paz para esta familia. Gracias porque Tú tomaste todo el odio y la ira sobre Ti en la Cruz, para que pudiéramos tener paz. Voy en contra de toda dureza de corazón, voluntad férrea, desacuerdo, envidia y conflicto. Ven Espíritu Santo, y deshaz estas peleas y toda discordia.

Aquí usted está tomando autoridad directamente contra una voluntad férrea y está ministrándole al alma.

Estas oraciones son simples pautas. El Espíritu Santo debe mostrarle cómo orar por cada persona en cada caso. Sin embargo, aquí el principio es que cuando el Espíritu Santo da revelación en cuanto al problema raíz en la vida de la persona, habrá un fuerte indicador de las áreas del alma donde se necesita sanidad y libertad.

Consecuencias

La siguiente etapa de la oración debe tratar con las consecuencias. Los temas del alma, bien profundos dentro del corazón, se traducen en ramificaciones externas que son tangibles y urgentes. Aquí usted está lidiando con consecuencias específicas que esta persona está enfrentando como resultado de su necesidad central. Un rechazo fuertemente arraigado muy a menudo conlleva tanto a la confusión como a dificultades sexuales. Por lo tanto el perdón, la limpieza y un nuevo comienzo serán necesarios en esta área. La pasividad, el abandono, la soledad y la pesadumbre también son productos del rechazo, y pueden frenar a la persona para que no busque la realización personal en su vida y ministerio. Cuando la voluntad está involucrada, la dureza, la amargura, el carácter agrio, y el veneno dentro del alma pueden haber robado el gozo y dañado las relaciones. Si hay alguien que está experimentando problemas en la familia, usted diríjase a estos asuntos. Si alguien está albergando odio contra otros, casi ciertamente hay una ruptura en relaciones específicas. Se debe tomar una medida deliberada para comenzar el proceso de restauración.

Cuando se trata del área de la mente, usted se va a encontrar a personas que no pueden llorar, no pueden amar, no pueden cantar y no pueden alabar. Frecuentemente, estos individuos racionalizan los detalles más diminutos relacionados con la fe en Jesucristo, y están plagados por la duda en cuestiones de creencia y entrega. Entonces están aquellos que no aceptan la forma en que los demás adoran y expresan su fe, adhiriéndose a la tradición y rehusándose a ceder o a llegar a un compromiso con alguien. Esta es la etapa en la que la oración se vuelve muy práctica. ¿Qué se está dificultando en la vida de la persona? ¿Dónde se ha afianzado el estado de ceguera, cojera o parálisis? ¿Es en el área de las finanzas, relaciones familiares, equilibrio sexual o el trabajo? ¿El problema está afectando las relaciones en la iglesia y en el ministerio? ¿Dónde debe ocurrir un cambio real y duradero para que se refleje la sanidad del alma?

En el caso del hombre en el estanque de Betesda, hacía mucho rato que él se sentía desahuciado como ser humano, sin ninguna opción para su vida. Su necesidad práctica era caminar, pero la situación difícil que subyacía en su alma era saber que él podía escoger la dignidad y la plenitud en vez de ser una víctima indefensa y dependiente. Una vez identificado el problema del alma, entonces Jesús llevó al hombre hacia la aplicación práctica. Es decir, el hombre fue desafiado a comenzar a moverse, a emplear energía para pararse físicamente y tomar su lecho. Cuando su oración llega a esta etapa, siempre hay algún tipo de aplicación práctica y específica que necesita algún tipo de movimiento: movimiento físico, decidirse a encontrarse con un miembro de la familia distanciado, tener un gesto de amabilidad con alguien, cambiar de trabajo, o perdonarle una deuda a alguien.

La ministración al alma en la metodología consistente y repetitiva de Jesús llegaba al "punto culminante" cuando la persona que Él tocaba sabía que la vida iba a ser diferente a partir de ese momento. Involucrar en esto al alma de las personas por las que estamos orando significa que ellas desempeñan cierto rol en su propia sanidad. Ellas reciben la conexión del Espíritu Santo y permiten que los ojos, el corazón y la predisposición de su voluntad estén abiertos a nuevas posibilidades. Se abren paso para hacer algo que nunca pensaron que pudieran hacer. Es un momento de importancia fundamental que puede ser recordado por un largo tiempo por la persona que Dios le ha puesto delante para que pueda orar por ella (con precisión).

15

La ética de la oración

La ética de la oración se enfoca en un buen protocolo –la manera en que una persona ora por los demás. Si usted espera tener un ministerio efectivo, la oración precisa y la ética son mutuamente dependientes. Cuando el Espíritu Santo le revela información personal acerca de alguien necesitado, especialmente en un lugar público, usted debe ser sensible a cómo esto va a influenciar a la persona que está recibiendo la oración. Esto es algo que debe ser estudiado, desarrollado y aplicado. Es cuestión de cooperación con la obra del Espíritu Santo. En la mayoría de los casos, cuando usted practica la ética de una buena oración, el Espíritu Santo le honrará y continuará mostrándole más a usted. La observancia de la ética de una buena oración significa que usted está actuando para beneficiar a la persona por encima de su propio beneficio y para glorificar a Dios. En este capítulo sobre la ética, debatiremos varios tópicos: semántica, ambiente, interacción, asuntos de género, el tacto y el altar.

La semántica en la oración

Siempre que sea posible, las palabras que usted emplee cuando ore por alguien se deben escoger sabiamente. Aunque usted puede estar orando con precisión en cuanto al discernimiento que está recibiendo del Señor, si usted usa palabras incorrectas, puede ser terriblemente malinterpretado. El uso descuidado de las palabras puede dañar el resultado de su tiempo de ministración y puede dificultar la obra del Espíritu Santo.

Hasta este punto, hemos aprendido bastante acerca de las cuatro necesidades básicas o raíces de rechazo, rebeldía, amargura y falta de perdón. Hemos visto que una raíz es el área central por donde debe empezar la oración para alcanzar la plenitud. Es donde el Espíritu Santo se concentrará e impartirá conocimiento con el cual se puede formular una oración que sea precisa y efectiva. Sin embargo, estas palabras raíces primeramente deben ser para su conocimiento como ministro y no se usan necesariamente en la oración como tal.

Cuando usted discierne y recibe información del Espíritu Santo, la manera en que usted lo transmite influenciará grandemente a la persona que está delante de usted. Por lo tanto, en este momento santo y transcendental, sus palabras deben ser dichas bajo la unción del Espíritu Santo, después de haber escuchado a Dios cuidadosamente. Es aquí cuando el milagro empieza a suceder, y la convicción tiene efecto justo enfrente de usted.

Cuando usted está orando por la necesidad básica de alguien, es aconsejable encontrar palabras que describan la situación que usted tiene delante "en el ahora", en vez de usar los cuatro términos de "rechazo, rebeldía, falta de perdón y amargura". Por ejemplo, "timidez, flaqueza, incapacidad, abandono, inseguridad, inferioridad e insuficiencia" son palabras que se adecuan para ser usadas en una oración cuando existe un autorrechazo. Estas son sólo unas pocas palabras que le doy como ejemplo de cómo lidiar con el autorrechazo en la oración. Las palabras como estas son específicas y personales, y hacen que la persona sepa que Dios la conoce y la entiende.

Recuerdo una vez cuando oré por una persona usando la palabra "timidez", pero el momento se prestaba para una palabra mejor y no podía encontrarla. Así que le expliqué a la persona lo que yo estaba discerniendo mientras oraba. "Dios, quita toda inseguridad de esta mujer, cualquier miedo de que la excluyan o la ignoren, cualquier idea que no le pertenece. Ayúdala a no sentirse invisible o insignificante en medio de los demás". Dese cuenta de que la palabra "rechazo" no se menciona. Al usar frases que describan muy específicamente la realidad a la que ella se está enfrentando día a día, usted puede llegar al corazón de la necesidad. Ya que usted se está comportando de manera cuidadosa y delicada, se dará cuenta de que la revelación aumentará mientras habla, y la oración se recibirá fácilmente.

Lo mismo se aplica cuando nos dirigimos a una raíz de rebeldía. "Rebeldía" es una palabra fuerte, que en muchos casos ofenderá a la persona que la está escuchando. A un cristiano en crecimiento, que se está esforzando para edificar su fe, no le gustaría que le dijeran que es rebelde. Tenga presente que la rebeldía puede ser una condición del alma con la que el Espíritu Santo todavía no ha tratado. Si usted usa palabras derivadas de esta, su tacto podría ayudarlo a que su oración tenga mejor aceptación. Recuerde que el objetivo es formular una oración que esté guiada por el Espíritu Santo, que traerá como resultado convicción, sanidad y plenitud.

Aquí hay algunas palabras que están relacionadas con la raíz de rebeldía: "pensamientos que minimizan la presencia de Dios, terquedad, desobediencia, intelectualización, racionalización, perfeccionismo, preocupación, miedo y ansiedad". La rebeldía es algo que se desarrolla cuando no se trata o se ignora el autorrechazo. Como hemos aprendido, el autorrechazo puede producir rebeldía hacia Dios. Un ejemplo pudiera ser una joven estudiante que se siente tan rechazada por los demás que comienza a desarrollar una actitud hacia Dios. Empieza a echarle la culpa a Dios por su dolor. Los pensamientos continúan levantándose contra Dios en su mente porque los demás la rechazan. Con el tiempo, ya no puede escuchar al Señor porque está muy absorta en la racionalización que está ocurriendo en su mente. Su mente es la que domina, y ella está tratando de solucionar un problema espiritual buscando su propia salida, en vez de recibir convicción y verdad de parte del Espíritu Santo.

Otra palabra que lleva adelante la esencia de la rebeldía es "perfeccionismo". Este domina la vida de la persona cuando todo debe estar perfecto mediante un deseo de hacer para Dios o de recibir la aprobación de los demás. El perfeccionismo causa preocupación, miedo y ansiedad, debido a que la presión por hacer sólo va en aumento. Que quede bien no es siempre suficiente. No es suficiente hacer las cosas bien; la persona tiene que superar a los demás y crear un sentimiento de superioridad para sentirse seguro. El que es rechazado se rechaza a sí mismo, y cuando esto no se maneja, rechazará la aceptación y la gracia de Dios. De algún modo, la persona que tiene la necesidad de ganar o lograr la aceptación de Dios, caerá en las ataduras del perfeccionismo. Este asunto ha estado compuesto por mucho miedo y ansiedad guardados bajo llave. Por lo tanto, no fomentamos el uso de la palabra "rebeldía" en este caso.

Lo que estamos tratando de señalar es la constante batalla que esta raíz específica ha causado en la vida de la persona. Nuestro deseo es que, bajo el poder del Espíritu Santo, se pueda lidiar en la oración con el producto o con los efectos de la raíz. Simplemente, llamarle "rebelde" a una persona se puede tomar como una acusación. Y su intención no debe ser catalogar o etiquetar a la persona. Usted debe descifrar la batalla diaria que está ocurriendo en el alma. Cuando usted, guiado por el Espíritu Santo, puede expresar el conflicto que hay en el corazón de esta persona, hay altas posibilidades de que el resultado sea la convicción. La persona puede sentir que por primera vez Dios le conoce y le entiende de una manera profunda. Esta convicción hace que la puerta de su corazón, que había estado cerrada con llave, se abra y esté dispuesta a recibir ministración. Por tanto, el uso intencional de las palabras adecuadas en la oración puede afectar grandemente los resultados. Le recuerdo que en Romanos 2:4 dice lo siguiente: "¿O menosprecias las riquezas de su benignidad, paciencia y longanimidad, ignorando que su benignidad te guía al arrepentimiento?".

Si hay un área donde usted debe tener tacto y ser prudente al escoger sus palabras es cuando se está lidiando con un problema relacional. Cuando oramos por alguien, hacen falta palabras gentiles y amables, porque la dificultad comenzó con los demás y está conectada a los demás en relaciones tanto pasadas como presentes. Debido a la misma naturaleza del problema, el que tiene una necesidad relacional es más propenso a sentirse ofendido con lo que usted diga. A pesar de que usted sepa que sus intenciones son buenas, su oración será mejor recibida si puede usar palabras prudentes.

Cuando oramos por una persona profundamente afectada por la falta de perdón o la amargura, se pueden usar palabras como "angustia prolongada, condenación, acusación, conflicto, resentimiento, pesadumbre, depresión, culpa, desconfianza, paranoia, ira o represalias". Si usted examina el lenguaje que se ha usado aquí, puede ver que cada una de las palabras apunta hacia un área muy específica. Por ejemplo, si al orar por alguien que ha perdido a un ser querido y que continúa penando por muchos años, usted usa las palabras "angustia prolongada", usted está lidiando con una cuestión subyacente de falta de perdón. Quizás esta persona está guardando rencor por un asunto que no está resuelto y no puede soltar al difunto para que descanse en paz. A menudo, en nuestras iglesias me encuentro un grupo grande de miembros ancianos que llevan de luto por sus seres queridos más de los tres años necesarios para la sanidad. He visto personas que guardan luto por treinta o cuarenta años, y están llenas de angustia y malestar. ¡En algunas iglesias las personas se comunican con los muertos mejor que se comunican con los vivos! Su oración por alguien que no puede sobreponerse a la angustia es uno de los momentos más preciosos y sensibles que va a experimentar en su ministerio. Nunca olvide que el Espíritu Santo es el Consolador, y que en estas situaciones Él demostrará Su presencia de una forma poderosa. ¿Cómo usted puede hacer que las palabras le funcionen en este caso? Al orar por una viuda que perdió a su esposo hace veinte años, use palabras como estas:

Dios, sana las heridas pasadas de esta familia. Quita todo resentimiento que pueda crear una tristeza que no desaparezca. Espíritu Santo, quita todo recuerdo del pasado que permanezca tan real como si hubiera sucedido ayer. Ayuda a mi hermana a soltar todo pesar y a saber que ella es libre para avanzar y reincorporarse a la vida. Sana hoy todas las heridas que aún quedan en su corazón.

De manera intencional, la falta de perdón no se menciona en esta oración. Pero es el problema subyacente. El Espíritu Santo le ayudará a formular palabras que ministren a las heridas más profundas y que apunten al cautiverio. Cuando el Espíritu Santo convence, Él no acusa o condena. Él está para liberar a la gente de lo que les ha estado deteniendo por tanto tiempo. Cuando llevemos a cabo el ministerio de Jesús, las palabras que usemos deben ser osadas, pero también llenas de Su amor y Su sensibilidad hacia el alma que está frente a nosotros.

Más abajo hay una lista adicional de sinónimos que se pueden usar para formular una oración poderosa. Mientras usted lee estas palabras, trate de crear un concepto para cada una de ellas. Cada una está relacionada con una raíz. No obstante, estas palabras también son parte de un todo y pueden interrelacionarse y usarse con más de una raíz. Estar familiarizado con estas palabras le ayudará a hacer contacto con el problema específico mientras escucha lo que está diciendo el Espíritu Santo.

Necesidad Espiritual: Rechazo

Inseguridad: inferioridad, autocompasión, soledad, inseguridad, timidez, deficiencia, ineptitud.

Depresión: desespero, desaliento, desánimo, derrotismo, abatimiento, desesperanza, suicidio, muerte, morbosidad.

Pasividad: indiferencia, apatía, letargo.

Abandono: ensueño, pretensión, irrealidad, evasión.

Necesidad Espiritual: Rebeldía

Acusación: juzgar, crítica, desfavorecer, culpa, orgullo.

Control: actitud posesiva, dominación, manipulación, intimidación.

Impaciencia: agitación, frustración, intolerancia.

Enfermedad mental: miedo, mentiras, demencia, dramatización, paranoia, alucinaciones.

Nerviosismo: tensión, ansiedad, preocupación, furia, inquietud, insomnio.

Necesidad relacional: Falta de perdón

Ira: resentimiento, discrepancias, furia, conflicto, enemistad.

Paranoia: celos, envidia, recelo, desconfianza, persecución, miedos.

Codicia: infelicidad, ingratitud, avaricia.

Angustia: pesar, pena, llanto, tristeza, sufrimiento, pesadumbre.

Culpa: vergüenza, condenación, dolor.

Necesidad Relacional: Amargura

Represalias: destrucción, rencor, odio, daño, crueldad, venganza, veneno.

Conflicto: disputa, peleas, discusiones, riñas, pleitos.

Desesperanza: dureza, falta de gozo, cinismo.

Santidad de vida

Lo que valida la ministración no es solamente lo que usted le dice a la persona; sino quién es usted a los ojos de ella. Por lo tanto, su vida personal de oración está directamente conectada a la manera en la que usted ora por los demás. Sin comunión con Dios usted no podrá ayudar a nadie a restaurar su propia comunión con Dios.

E. M. Bounds escribió:

> El alma que ha entrado en un contacto íntimo con Dios en el silencio de la cámara de oración nunca se halla fuera del toque consciente del Padre... El corazón siempre va hacia Él en una comunión amorosa, y... en el momento en que la mente se desliga de la tarea en la que está enfocada, regresa a Dios de manera tan natural como lo hace el ave a su nido.[1]

La intimidad con Dios abrirá puertas para que sus oraciones sean poderosas y efectivas. La intimidad con Dios produce amor hacia Su pueblo. Sin amor usted se convierte en un címbalo que retiñe. Si hay orgullo en su vida, usted no escuchará la voz del Espíritu Santo. Para que una persona pueda orar por otras, hace falta que sea humilde. En mi vida nunca he cambiado a las personas al orar por ellas. Dios ha sido el encargado del cambio y de la sanidad. Lo que es más maravilloso y misericordioso de nuestro Padre es que si tenemos un corazón correcto, Él nos usará para ministrarles a los demás incluso cuando no nos sintamos listos para hacerlo. Mi parte y su parte son muy pequeñas, y aún así, importantes. La oración no es un negocio; es una manera de servirle al pueblo de Dios.

Le sugiero valientemente que su vida de oración también sea una vida de ayuno. Le recomiendo que, por un periodo de tiempo desde la medianoche del jueves hasta la medianoche del domingo, usted ayune por su ministerio de oración. Dele prioridad a esto, y usted verá frutos que bendecirán su vida en la iglesia y fuera de la iglesia. El propósito del ayuno es escuchar la voz de Dios. El primer día va a sentir cansancio y hambre. El segundo día, su cuerpo va a empezar a limpiarse y energizarse. El tercer día, le sobrevendrá una quietud que le permitirá escuchar a Dios. Lo que usted escuche de Dios en el tercer día de ayuno le ministrará a su espíritu y edificará su cuerpo. Vendrá la fuerza y le permitirá escuchar a Dios de manera más clara. Se necesita sólo una palabra del Señor para producir un cambio maravilloso dentro de usted.

David dijo de su vida de ayuno: "Pero yo, cuando ellos enfermaron, me vestí de cilicio; Afligí con ayuno mi alma, Y mi oración se volvía a mi seno" (Salmo 35:13). Las oraciones de David se volvían para fortalecer su corazón después de haber humillado su alma delante de Dios en oración por sus enemigos. Nunca he visto a un hombre o una mujer lleno o llena de orgullo que tenga una vida de oración vigorosa. Una persona orgullosa es autosuficiente y tiene una voluntad férrea. Pero venir ante Dios con egoísmo y motivos ocultos no produce ningún resultado. El profeta Isaías dice: "He aquí que para contiendas y debates ayunáis y para herir con el puño inicuamente; no ayunéis como hoy, para que vuestra voz sea oída en lo alto" (Isaías 58:4).

Andrew Murray, describiendo el inmensurable valor de la humildad, escribió lo siguiente: "He aquí el sendero hacia una vida más alta: ¡abajo, más abajo!... De la misma forma en que el agua busca y llena el lugar más bajo, así también Dios, en el momento en que encuentra a los hombres vacíos e inclinados humildemente ante Él, Su gloria y Su poder fluyen para exaltarlos y bendecirlos".[2]

El ambiente y la oración

La efectividad en la oración está directamente conectada al ambiente. Jesús prestó una detallada atención al ambiente cada vez que ministraba. La mayoría de nosotros no piensa que la condición de otras personas que estén presentes interfiera con nuestra capacidad de escuchar a Dios y llevar a cabo una ministración de manera efectiva. No obstante, la ética de la oración certera necesita una evaluación cuidadosa del ambiente, incluyendo a aquellos que están presentes y su condición espiritual.

En mis años de servicio al Señor, hubo momentos que ignoraba el ambiente cuando oraba por alguien. Pero aprendí que se debe establecer un equilibrio y un orden, y que se deben controlar las distracciones e interrupciones antes de comenzar a orar. De ser posible, el lugar que usted escoja para ministrarle a alguien debe estar separado y consagrado a Dios para el propósito de la oración. En el marco eclesiástico, el salón de la iglesia o una oficina o un aula tranquila serán lo mejor. Trate de que alguien de la congregación esté con usted todas las veces. Esto es mejor —y más ético- que orar a solas con alguien. Si usted va a una casa, trate de que un miembro de la familia esté presente y lleve al pastor local. Los que le ministran a los demás deben tomar medidas encaminadas a crear un ambiente para la oración y establecer una conducta que los invite a confiar en ellos a causa de quienes son en la comunidad de la fe.

Veamos cómo la ética demostrada por Jesús le da importancia al ambiente. En Lucas 8:40-56, Jesús se encuentra con Jairo, principal de la sinagoga, y decide ir a su casa. Cuando Jesús se acerca a la casa, alguien viene y le anuncia a Jairo que su pequeña está muerta, diciendo: "Tu hija ha muerto; no molestes más al Maestro" (Lucas 8:49). Al escuchar esto, Jesús le dice enfáticamente a Jairo: "No temas; cree solamente, y será salva" (v.50). Este es un ejemplo excelente de cómo lidiar con la falta de fe que había en el ambiente. A veces, cuando usted empieza a orar por alguien, casi puede escuchar la incredulidad viniendo de todas partes. Usualmente miro alrededor para chequear si hay alguien cerca o esperando a ser el siguiente en la fila de la oración. A veces he apartado a la persona y orado por ella donde no haya nadie cerca que escuche la oración.

En este caso, cuando Jesús escucha una palabra negativa que pudiera descarrilar la fe de Jairo, inmediatamente se vira hacia él y le responde con una declaración positiva de fe: "No temas". Estas palabras se le dijeron a Jairo en un momento vulnerable, justo cuando estaba a punto de entrar a su casa y ver a su hijita. Usted debe estar atento al momento para identificarse con el grado de tensión y ansiedad que había dentro de Jairo. Él está experimentando emociones fuertes que sólo emergen en los momentos de mayor gravedad, tales como cuando hay un miembro de la familia que está muriendo. Para Jairo es de vital importancia escuchar una palabra positiva para alentar su fe. Sí, ¡lo que usted diga en un entorno de oración puede influenciar el resultado!

Cuando Jesús llega a casa de Jairo, Él no permite que esté nadie excepto Pedro, Jacobo y Juan, y por supuesto, Jairo y su esposa. Estamos acostumbrados a asumir que Él permitió que estos tres discípulos estuvieran porque eran los más cercanos a Él en el ministerio. Yo prefiero pensar que su nivel de fe desempeñó un rol predominante aquí. En algunas traducciones, Lucas 8:54 comienza con esta enunciación: "Mas él echó fuera a todos..." (versión Spanish Reina Valera 2004). Esto indica que Jesús, deliberadamente, sacó a todos los que no tenían fe o a los que estaban consternados emocionalmente por la pérdida de la niña. A los que Jesús les permitió que se quedaran dentro de la casa tenían que creer por la vida de esta niña. Si tanto el ambiente como los presentes durante la ministración fueron un factor relevante en el ministerio de Nuestro Señor, entonces hacemos bien si también prestamos atención a este principio.

Cuando voy a las iglesias a ministrar como evangelista, tengo el hábito de prestar cuidadosa atención a quiénes están presentes. A veces, la congregación está más que dispuesta a recibir, pero al parecer, el pastor está distante y se siente inseguro. Sé que voy a tener que batallar aún antes de llevar la Palabra en el culto de la mañana. Es fácil sentirse desalentado cuando se ve tanta resistencia a la Persona y la obra del Espíritu Santo. Pero hay cosas que se pueden hacer, como cantar una canción o dar un testimonio, que pueden preparar a los corazones recelosos para que se abran a la Palabra y a la obra del Espíritu Santo.

Lo mismo se cumple en la oración personal por los demás. ¿El ambiente está tranquilo o hay tensión en el aire? Préstele atención a las manos de la persona. El nerviosismo y las manos agitadas le pueden decir lo que está sucediendo dentro de la mente de una persona. En ocasiones demoro un poco la oración y hablo acerca del clima, de alguna buena comida que he probado recientemente, o de un evento deportivo. Sonrío y les digo algo sobre mí antes de comenzar la ministración. De vez en cuando, usted va a tener que hacer uno o dos comentarios que guarden ninguna relación con la oración que está por hacerse. Esto ayuda a la persona a relajarse y a relacionarse con usted. Mantenga sus ojos abiertos y detecte sus respuestas a través de la entonación de la voz, la inquietud o rigidez del cuerpo. Durante este tiempo usted debe estar esperando el

La ética de la oración

momento en que el Espíritu Santo penetre con una "descarga" de sabiduría o conocimiento para ayudarle a comenzar su oración.

Cuando quiero tomarle el pulso a la iglesia, habitualmente observo a los que están sirviendo en su ambiente, como lo hacen los ujieres cada domingo. Los que sirven dentro del templo son buenos indicadores de lo que compone el ambiente. Cuando parece que sólo le están mirando fijo, o que permanecen sentados apáticamente durante el comienzo del servicio, esto me dice que ellos mismos están necesitados. Si los que sirven como ujieres y líderes están en una condición malsana, yo sé que la congregación está en una necesidad peor. Observe el mobiliario para ver si está desgastado, mire debajo del púlpito para ver si hay basura. ¿Hay algún mueble frente a la baranda del altar? Las flores plásticas en el área del altar indican que a nadie le interesa ocuparse de mantener flores naturales. Los himnarios maltratados y el piso sucio indican que no hay nadie que limpie la iglesia. Así que si usted ve muebles viejos y sucios acumulando polvo, también sentirá el pulso del ambiente. La gente empieza a parecerse a su ambiente cuando no están recibiendo oración o atención de parte de su pastor.

Hay vida en el ambiente cuando los niños están corriendo por el templo. Las flores están vivas y respirando. La música es creativa y atrayente. La baranda del altar tiene cojines atractivos para los que se quieren arrodillar para orar. El parqueo se ve reparado, y los baños están limpios. El conserje está sonriendo. El pianista está tocando algo que inspira. La gente se saluda dándose la mano, se abrazan y se dan la bienvenida unos a otros. Todas estas cosas son señales de que el ambiente está lleno y cargado de esperanza para el culto de la mañana o de la noche.

En Marcos 9:14-29, Jesús entra en escena para ministrarle a un padre y a su hijo que está poseído por un espíritu maligno. Cuando se abre la historia, la multitud ha estado observando cómo los discípulos tratan de echar el espíritu maligno fuera del muchacho, sin lograr resultado alguno. Es un ambiente lleno de conflicto y caos. Jesús saca al padre y al muchacho de en medio de la alborotadora multitud, y se los lleva a un ambiente más controlado, donde Jesús le habla al padre de manera más confidencial. Unos versículos más tarde, cuando Jesús ve que la multitud los está presionando una vez más, pasa rápidamente a ministrarle liberación al muchacho, reprendiendo al espíritu maligno. Jesús no permitió que la ministración de liberación se convirtiera en un espectáculo público. Su enfoque de ministrar aparte de la multitud, les otorga dignidad al muchacho y a su padre.

Este relato es un poderoso ejemplo para nosotros, que revela el corazón de Dios hacia los que tienen problemas y son incomprendidos. Siempre que sea posible, nuestra manera de interactuar con tales individuos debe reflejar la ética que Jesús demostraba, para no atraer demasiada atención hacia la persona o hacia nosotros. Otro ejemplo de la importancia del ambiente ocurre en Marcos 8:22-26. Aquí a Jesús le parece necesario sacar físicamente a la persona de la aldea donde vivía. Una vez lejos de la aldea, Jesús hace el milagro de sanidad usando el método más inusual:

> Vino luego a Betsaida; y le trajeron un ciego, y le rogaron que le tocase. Entonces, tomando la mano del ciego, le sacó fuera de la aldea; y escupiendo en sus ojos, le puso las manos encima, y le preguntó si veía algo. El, mirando, dijo: Veo los hombres como árboles, pero los veo que andan. Luego le puso otra vez las manos sobre los ojos, y le hizo que mirase; y fue restablecido, y vio de lejos y claramente a todos. Y lo envió a su casa, diciendo: No entres en la aldea, ni lo digas a nadie en la aldea.

Escupir en los ojos del hombre no parece demostrar una ética magnífica, pero nadie debe cuestionar este acto de Jesús como improcedente. Este tipo de ética se necesita cuando nada más satisfaga. Uno de los ingredientes principales es algo que genere fe. Cuando lea todos los milagros de Jesús, se dará cuenta de que esta fue una situación única debido a un par de razones. Primero, Jesús no estaba creando una fórmula para un "ministerio de escupida". Pero en este caso particular, Jesús usa su propia saliva en vez de aceite para sanar al hombre. Segundo, dese cuenta de cómo Jesús se relaciona con el ciego –lo lleva personalmente de la mano y lo guía completamente hacia fuera de la ciudad antes de comenzar a ministrarle. Esto también es algo único. ¿Por qué Jesús sintió que esto era necesario?

Leemos en Mateo 11:20-21 que Betsaida era uno de los tres pueblos a los que Jesús les reprochaba por su incredulidad abierta. Esta pequeña aldea pesquera cerca del Mar de Galilea estaba llena de corazones duros e incrédulos. Nuestro Señor no estaba a punto de permitir que este entorno de falta de fe le robara a este ciego su sanidad. Por lo tanto, Jesús emplea una metodología que primero saca al hombre del ambiente del pueblo, fuera de las puertas de la ciudad. Luego hace algo más bien sorprendente, quizás con el fin de que impresionara al hombre para que tuviera fe. Cuando observamos cuidadosamente la ética de Jesús en todos los Evangelios, vemos que repetidamente Él lidia con el ambiente y procede a crear un ambiente necesario para que ocurra un milagro. En otras palabras, usted tampoco debe sucumbir a cualquier ambiente que exista. Habrá veces que Dios le guiará a crear un ambiente al tomar medidas intencionales e inusuales que le abrirán paso al Espíritu Santo para que se mueva.

El arte de la interacción

La interacción, que prepara el camino para la oración, comienza en cuanto usted llega a la iglesia o al encuentro. La persona que ministra en la oración debe tratar de llegar a todos, incluyendo a los líderes y al personal de servicio. Su actitud en estos momentos es un testimonio de humildad y servicio. Durante el momento de tomar tiempo para escuchar, cuidar y amar, usted verá que las murallas se van cayendo y estará recibiendo aceptación de los que usted espera alcanzar. El espíritu de un siervo debe ser probado antes de que las personas abran sus corazones para recibir oración. La mejor manera de conectarse con la congregación comienza en los lugares más extraños, ya sea en el parqueo de la iglesia, o a la entrada del baño. Prefiero estar en el lugar treinta minutos antes de cada servicio para cuando la gente empiece a llegar. De esta manera, cuando llega el tiempo de orar, ya tengo una noción de los que tienen las mayores necesidades, y ellos ya se sienten cómodos conmigo.

Género y oración

Los principios relacionados con el género provocan algunos de los temas más sensibles de un ministerio de oración. Aunque un hombre orando por una mujer o una mujer orando por un hombre no disminuya el poder de la oración, sí afecta el enfoque que uno debe usar. Cuando confronte las necesidades de las mujeres –incluyendo el profundo rechazo de los esposos y los hombres en general- usted va a tener que demostrar una delicadeza extra, que requiere escoger un uso del lenguaje más amable y mejores modales en la oración. Si usted sigue el ministerio de Jesús, se dará cuenta de que Su comportamiento fue excepcionalmente sensible a las mujeres, quienes no eran solamente rechazadas sino también aisladas en la sociedad de Su tiempo. Desafortunadamente, las mujeres todavía son rechazadas en gran parte de la sociedad al igual que en sus hogares.

En Lucas 8:42b-48, una mujer que había tenido flujo de sangre por doce años se le acerca a Jesús. Desde atrás de Él, le toca el borde de su manto y su flujo de sangre se detiene al momento. Mientras Jesús insistía en saber quién le había tocado y los discípulos trataban de discutir con Él, la mujer ve que no puede escapar desapercibida y cae ante los pies de Jesús. Definitivamente, hay un momento de espera sobre ella para que se presentara pasando adelante. Este es diferente a cualquiera de los otros milagros de Jesús. Aquí Él está tratando con una mujer que tiene un problema delicado, y Su bondad se refleja en este pasaje. Incluso le dice a ella: "Hija, tu fe te ha salvado; vé en paz" (v.48). Considerando el papel desventajado de la mujer en ese tiempo y cultura, Jesús presenta una manera afectuosa, respetuosa y cuidadosa de tratar a esta mujer, lo que es algo revolucionario.

Hace muchos años, una mujer vino al altar por oración al final de un culto de domingo en la mañana. De manera inmediata, el Espíritu Santo me dejó indiscutiblemente claro que no debía tocarla para nada –ni siquiera darle la mano para saludarla y presentarme. Después de orar por ella unos minutos, escuché una palabra de Dios. La palabra era "sangre". Esa simple palabra me decía que algo muy serio había pasado, así que le pregunté cuándo había ocurrido el abuso. Ella me respondió que la noche anterior un hombre la había atacado y agredido física y sexualmente, y que todavía estaba traumatizada. Que cualquier hombre la tocara durante este periodo vulnerable le hubiera causado más perturbación, y el Espíritu Santo lo sabía. Mientras sus lágrimas fluían, despedí a la congregación y llamé a varias mujeres ancianas de la iglesia para que vinieran y la rodearan. Había que tratar esta emergencia debido a la naturaleza del delito que se había cometido contra ella; la situación exigía una discreción y una privacidad extraordinarias.

En otra ocasión, en un culto en una iglesia de Brasil, una mujer de la calle vino al altar. Estaba incorrectamente vestida pero desesperada buscando ayuda de Dios. Yo sabía que el Señor quería protegerla de las numerosas miradas curiosas que estaban pesando sobre ella. Aun así, no pude meterme en la oración o escuchar lo que el Espíritu Santo tenía para su vida hasta que no la cubrieron. Le puse mi saco para que se sintiera segura y más relajada para recibir mi oración. El Señor tocó su vida esa noche. Un poquito de sensibilidad puede contribuir en gran medida.

Como hombre, cuando esté orando por una mujer, usted debe evaluar su posición, si ella está sentada o arrodillada y usted de pie, mirándola hacia abajo. Cuando la ocasión lo requiera, usted debe bajar a su nivel sin arrodillarse. Esto le va a producir a ella menos inhibición y una sensación de confianza, y su oración fluirá sin distracción. Algo tan simple como esto es lo que puede marcar una enorme diferencia.

A pesar de que su metodología pueda no cambiar en sentido general, estar consciente de los factores de género le ayudará en su ministerio de oración para que sea más libre y efectivo. De los treinta y cinco a cuarenta milagros de Jesús que se registran en los Evangelios, en cinco de ellos la mujer es el personaje principal. En cada relato, usted encontrará que nuestro Señor demuestra un tratamiento más cuidadoso y más consideración hacia la mujer. Su ética en la ministración en cuanto a los temas de género es la más alta que se pudiera encontrar en cualquier lugar.

No detenga su oración sólo porque la persona es del sexo opuesto. Aun así, en situaciones especiales, es sabio tener a alguien que se quede con usted mientras ora. Cuando la oración precisa da en el blanco, puede sacar fuertes recuerdos, emociones y reacciones hacia la superficie. Si usted es un hombre que está orando por una mujer, le aconsejo que le pida a otra mujer que entienda de oración que se quede cerca. Si el asunto debe quedar en privado, la mujer puede permanecer en la puerta, orando. Pero si la conversación y la oración están relacionadas con la sexualidad, es mejor que haya alguien más en la habitación con usted. En estos casos, se debe respetar la ética cuidadosamente. Aun cuando hayamos dado esta palabra de precaución, no evite tratar con un problema delicado. Muchos en el pueblo de Dios tienen serias dificultades en el área sexual y usted no puede rehuir el ministrarle a ellos. Ellos necesitan la ayuda que sólo el Espíritu Santo les puede dar.

Aun así, siempre use la sabiduría y emplee una buena ética cuando se le presente este tipo de necesidad.

El tacto en la oración

Es sabio pedir permiso antes de tocar a alguien en la oración. Para algunas personas, el toque se percibe como una invasión de la privacidad. Si usted quiere tocar para propósitos de ungir, sólo dígale a la persona lo que está al punto de hacer. Cuando vaya a tocar a una persona, sólo tóquele la frente ligeramente. No presione fuertemente con toda su mano la cabeza de la persona. Nunca presione la cabeza para echarla hacia atrás. Tenga un cuidado extremo ya que el cuello de la persona puede tener ya algún daño físico. ¡Usted no debe herir a alguien por haber impuesto las manos con agresividad! Nunca empuje a alguien para que se caiga bajo el poder del Espíritu Santo, ayúdelos para que se sientan cómodos y cubra la sección central de su cuerpo con un paño o con una chaqueta. Nunca, pero nunca, trate de causar la caída. Usted no es el Espíritu Santo. Usted es simplemente un canal de Su poder.

También tenga cuidado al arrodillarse cuando ora por alguien. El arrodillarse puede complicar las cosas debido a que usted puede estarse enfrentando a una seria condición espiritual donde haya algún espíritu maligno involucrado, y arrodillarse significa sumisión. Nunca debemos arrodillarnos delante del mal. Usted puede arrodillarse y orar a Dios antes de meterse en el ministerio de oración, pero sea sabio en cuanto a esto si va a orar específicamente por alguien. Es necesario que se entienda y se maneje adecuadamente la naturaleza de una atadura espiritual o la presencia de un espíritu maligno. Jesús nunca se arrodilló delante de un demonio, los demonios tenían que arrodillarse delante de Él. Dicho sin rodeos, si usted sospecha que hay participación demoníaca, ¡nunca se arrodille!

Cuando alguien está orando, si caen lágrimas y continúan cayendo, indicando liberación de un sufrimiento y contrición profundos, permanezca cerca y siga su oración hasta el final. La persona puede querer un abrazo. Esto es perfectamente bíblico y ético. Usted es las manos y brazos de nuestro Amante Padre Celestial para alguien en ese momento. Recuerde, la ética es estar consciente de quién está recibiendo la oración y tratarlo con respeto.

El arte de esperar

A pesar de que existe una urgencia en el corazón de Dios para alcanzar a los más humildes y desesperados, en estos últimos años de mi vida me he dado cuenta de que mientras más me detengo y me tomo mi tiempo, más preciso me vuelvo en la oración. Esperar en la oración significa que usted espere en el Espíritu Santo de Dios. A veces nosotros, los que amamos orar por los demás, nos apuramos para escuchar la voz de Dios. Sin embargo, si usted sigue el ministerio de Jesucristo, se dará cuenta de que Él nunca estuvo apurado.

Hay noches de ministración en las iglesias donde la fila de oración parece extenderse ¡hasta darle la vuelta a la manzana! Usted podría decirse que va a estar allí por horas. La tentación es a apurar el proceso para poder orar por tantas personas como sea posible. Esto es un error. El tamaño de la congregación no debe dictar el tiempo que se va a emplear en la oración por ellos.

También, esperar en Dios traerá la corrección de las intenciones. El orgullo puede surgir fácilmente cuando usted ve una larga fila de gente que quiere oración y usted piensa que vienen a usted como si fuera alguien especial y tuviera la respuesta para la sanidad de ellos. Si usted se siente de esa manera, afloje el paso y espere en Dios. El orgullo viene antes de la caída. Cuando usted se adelanta al Espíritu Santo, viene el orgullo. La peor experiencia que usted puede tener en un altar es la falta de revelación. Cuando Dios se está moviendo, usted le está siguiendo. Cuando Dios se está moviendo, usted está escuchando. Cuando Dios se está moviendo, usted es preciso. Dios debe recibir toda la gloria por una vida sanada o transformada.

En el altar

El área del altar de la iglesia está cargada espiritualmente. Es en este lugar santo donde dos vidas se unen en matrimonio, donde los pecadores reciben a Cristo, donde los santos se bautizan, e incluso donde se celebra la vida antes de que un cuerpo se lleve al cementerio. Refleja al lugar santísimo en el templo de Salomón. La presencia de Dios reside en Su santuario, especialmente en esta área del altar.

Cuando me preparo para la oración en el altar, trato de escanear las caras de los que van pasando adelante. Busco la desesperación, el vacío y la vacuidad. Después de encontrar a la persona hacia la que, al parecer, el Señor nos está guiando, entonces comienzo a orar. Ya que confío en que si comienzo bien terminaré bien, esto me ha sido muy útil.

En algunos servicios donde hay otros miembros del equipo ministrándole a la gente que ha pasado adelante, estoy consciente que la peor necesidad puede no estar en el altar, sino en la parte de atrás, en el último banco de la iglesia. En estos casos salgo del área del altar y voy directamente hacia la persona. Honestamente, no creo que haya sido rechazado alguna vez en este enfoque. Ellos usualmente están dispuestos a venir conmigo hacia la parte delantera de la iglesia, y comenzamos a orar allí. La oración precisa implica denuedo. A veces debemos ejercer ese denuedo antes de que llegue la revelación específica.

Si está sirviendo como miembro de un equipo de oración, su tarea es ver dónde usted es más necesario. Siempre hay algunas personas en la congregación que quieren privacidad y prefieren orar tranquilamente en sus asientos, pero se espera que la mayoría responda a la invitación de pasar adelante por oración. Mientras llegan, usted puede hacerles una simple pregunta: "¿Quiere que yo ore por usted?" Cuando reciba una respuesta positiva, primero pídale a la persona que levante su rostro. Mucha gente que se siente cargada y abrumada tendrá su mirada fija en la alfombra del piso. Pero ese es su momento de recibir algo de parte del Señor, y su intención debe ser que ellos asuman una postura receptiva y de fe. Ayude a la persona a adoptar esta postura ante el Señor. También, si ellos están dispuestos, que levanten las dos manos. Debe estar consciente de que ciertos individuos no pueden mover los brazos a causa de alguna herida en el hombro o el brazo. Eso está bien, pero si pueden al menos levantar sus manos un poquito, tómeles las manos y sujételas en posición receptiva y abierta. ¿Por qué esto es importante? La persona puede sentirse derrotada, oprimida o condenada, y necesita romper con la actitud pasiva y mórbida que se ve reflejada en el cuerpo. "Forzar" con delicadeza a la persona a salir de esa posición física introspectiva puede ser la plataforma de lanzamiento de la gran obra del Espíritu Santo en la vida de esa persona.

No todos los problemas se pueden tratar en el altar. Existen circunstancias en las que si usted va a ministrarle a alguien de forma precisa y efectiva, la privacidad será necesaria. Lo más probable para una persona que esté atravesando un trauma debilitante es que no le responda si hay más personas que pueden estar escuchando lo que se está diciendo. Cada vez que tenga un encuentro, un culto o un evento en su iglesia o ciudad, separe una habitación al lado para llevar a cabo una ministración más confidencial. En el equipo debe haber personas que estén esperando los casos más difíciles y que puedan llevar a alguien aparte cuando vean que se necesita atención especial.

La ética de la oración 227

Un lugar para los ujieres en el altar

Estos son días en los que la pena y el sufrimiento están muy presentes en nuestras iglesias. La sociedad está cambiando rápidamente. En el pasado, los ujieres de la iglesia local estaban entrenados para guiar hacia los asientos a los que llegan por primera vez, pasar el platillo de la ofrenda, cuidar la puerta principal y apagar y encender las luces. En el nuevo orden de las cosas, muchas iglesias están ofreciendo entrenamiento para los ujieres sobre cómo ser sensibles ante las necesidades de los demás. Cuando una persona sufre de una angustia profunda, durante el culto o el tiempo de oración, el ujier está preparado para acercarse a la persona e invitarle a recibir oración. En muchas de las iglesias que yo visito, los ujieres están ocupados orando por los que tienen necesidad incluso antes de que empiece el culto.

Los ujieres deben estar sintonizados con alguna enfermedad que sea visible, dificultades en las familias y algún conflicto emocional obvio que necesite atención y ayuda. Si Walmart puede tener una persona de relaciones públicas que salude en la puerta, ¿por qué la iglesia del Señor Jesucristo no? El que le saluda en Walmart puede responderle sus preguntas y decirle dónde hallar las cosas en la tienda. ¿Esperamos que nuestros ujieres estén conscientes de las cargas de los demás y sean activos o, según lo que ve la congregación que sufre, son sólo moscas en la pared?

Hablamos de servir a los demás pero no podemos pensar en orar por los demás como si la oración fuese una intromisión en su privacidad. Jesucristo nunca pidió permiso para ministrarle a alguien. A medida que la sociedad cambia, debemos cambiar también nosotros y ser más agresivos en cuanto a ofrecerle ministración a cualquiera con quien tengamos contacto.

En Brasil, estaba a punto de empezar a orar por varios cientos de personas cuando observé a una mujer de cuarenta años de edad aproximadamente, arrodillada con la cabeza contra el piso y llorando fuertemente. A medida que me acercaba, le pedí a otra mujer que era líder de la iglesia que me ayudara. Con sólo una mirada a la mujer en el piso supe que alguien la había herido profundamente y abusado de ella. En casos como este el discernimiento de espíritus opera muy rápido. En cuestión de segundos le hice una pregunta: "¿Cómo se llama él?" Ella dejó escapar un fuerte grito y yo le acerqué a la otra mujer para que la sostuviera y la abrazara. La situación ya se había solucionado. El Espíritu Santo es más rápido que lo usted cree. Ya Él le estaba ministrando a ella con precisión y poder. El nombre del hombre no salió de su boca, pero sí salió una gran parte del dolor.

Cuando la mujer que estaba ayudando trató de asistirla para levantarla del suelo, ella gritó, como si la estuvieran hiriendo. El Espíritu Santo me comunicó que su esposo había abusado físicamente de ella. No me pregunte cómo esto pudo salir tan rápido. Todo lo que sé es que Dios estaba apurado por ayudar a esta mujer. Le pedí a la hermana que la ayudaba que la llevara a otra habitación y que chequeara su estado más cuidadosamente. Ella regresó y me dijo que el cuerpo de la mujer estaba lleno de moretones. Ahora mi trabajo era sanarla a ella y a su esposo.

Resultó ser que el esposo era uno de los ujieres que estaban parados al final de la iglesia. Me dirigí a él y lo llevé a la habitación donde estaba su esposa descansando en una silla. Llamé al pastor, que es lo que siempre hago en este tipo de casos tan serios, para que él estuviera en el asunto y se sintiera involucrado. Juntos comenzamos a orar por esta pareja. Después de un rato, el pastor se llevó al esposo a otra habitación y yo seguí orando por la esposa. Más lágrimas y más dolor salieron de ella. Eventualmente la pareja tuvo que separase por un tiempo; pero volvieron meses después. Él se sometió al pastor y recibió la consejería adecuada para sus problemas, y también se oró por la mujer. La mujer que me ayudó fue la que le dio seguimiento a esta señora.

Cualquiera que le abra la puerta al Espíritu Santo para que obre tendrá experiencias similares a estas en su ministerio. El pastor local que conozca a su congregación puede ministrarle y ser mucho más efectivo que un evangelista itinerante. Una vez que empieza la convicción, la gente es cambiada por la misma presencia de Dios. Sin embargo, podemos desempeñar un papel importante al honrar al pueblo de Dios con principios simples de sabiduría, delicadeza y buena ética. Los resultados salen del trabajo con la gente, de amar a la gente y de seguir la guía del Espíritu Santo.

16

El principio de la autoridad

Poder y autoridad

La autoridad es la implementación certera del poder en la ministración. Cuando usted ve un gran cohete que está a punto de despegar en Cabo Cañaveral en la Florida, lo que está viendo es un poder que se está conduciendo de manera precisa. Sin los instrumentos que guíen a este cohete hacia su órbita adecuada, todo lo que tenemos es poder sin dirección. En la ministración, la autoridad es "poder guiado". Este concepto de poder y autoridad debe entenderse claramente para producir exactitud en la ministración personal de oración.

Cuando el apóstol Pablo dijo: "Porque no me avergüenzo del evangelio, porque es poder de Dios para salvación a todo aquel que cree; al judío primeramente, y también al griego" (Romanos 1:16), él estaba diciendo que el poder de Dios es una fuerza potente que dirige su fortaleza hacia satisfacer las necesidades de la gente y cumplir la voluntad de Dios. Dese cuenta del lenguaje que usó Pablo: "poder de Dios para salvación". El milagro más grande es cuando alguien es cambiado por el poder de Dios –y ya no vive en perdición. Ahora hay vida verdadera en Cristo.

Poder guiado

El poder crudo es común. Una locomotora tiene poder crudo. Hala cientos de vagones que tiene detrás. Puede reducir la velocidad o acelerar, pero tiene que quedarse en los rieles. Fuera de los rieles la locomotora no se moverá hacia ninguna parte. El poder guiado no tiene rieles. Usted no puede contenerlo, no puede forzarlo a que haga nada, no puede decirle que vaya más rápido o más despacio. Es poder con la capacidad de recordar, actuar y replegarse con el fin de cumplir la tarea en cuestión. Este poder lo conoce todo. La única manera de conectarse a él es siendo capaz de seguir su senda y simplemente obedecer sus mandamientos. Lo que haga, usted hágalo también. Usted no puede crear una senda. La senda la crea el mismo poder. Este poder es el Espíritu Santo. Usted puede ser partícipe del mismo, pero esto no significa que usted lo posea o lo controle. Él lo controla a usted. Este es el concepto de poder guiado.

Es el deseo del corazón de Dios hacer Su obra con la ayuda de usted. Él creó a Adán para que gobernara Su creación. Él lo llama a usted y nos designa a usted y a mí como Sus ministros, para que podamos administrar Su Palabra y Su poder. Pero de ninguna manera ese poder está bajo nuestro control. Cuando Dios quiere salvar, Él va a hacerlo sin usted. Cuando Él sana, lo hará sin usted. Así que si ese es el caso, entonces ¿por qué Dios necesita su participación? Muy simple, Él quiere que usted obre en hermandad con Él para cumplir Su voluntad en las vidas de los demás. Es por eso que el Señor Jesús se encargó tanto del concepto de servicio. Es en el servicio que complacemos al corazón de Dios. Estamos llamados a servir a Dios –en lo que Él necesite, en lo que Él quiera, a cualquier hora, cualquier día y en cualquier lugar. Él es el que controla, no nosotros. ¿Usted realmente quiere experimentar orar con precisión? Si es así, entonces, por favor, ponga ya su mente en función de este concepto. Si hay un área de esfuerzo espiritual que usted no puede controlar es la obra del Espíritu Santo. Su objetivo no debe ser poseer poder, sino ser un siervo.

Las preguntas que más me hacen acerca del poder guiado son las siguientes: ¿Qué hace falta para que yo pueda ser parte de este concepto de poder guiado? ¿Funciona para todo el mundo o es sólo para unos pocos escogidos? ¿Cómo funciona realmente el poder guiado? Por supuesto, hay muchas más preguntas, pero estas son algunas para que consideremos.

¿Qué hace falta para ser parte del ministerio del Espíritu Santo?

El ingrediente más imprescindible que usted va a necesitar para ser parte del poder guiado es el respeto. Ignorar este ingrediente ha cerrado más puertas a los buscadores en oración que cualquier otro. Usted no tiene que entender el poder guiado, pero debe respetarlo. En las lomas de Virginia vive un predicador metodista que es mi amigo personal, un hombre llamado Buster Payne. Buster trabajó por muchos años como liniero de la compañía eléctrica. Esto significaba contacto diario con cables eléctricos, reparando la red de suministro de electricidad de Virginia, trepándose a treinta metros de altura en el aire, trabajando cerca de miles de vatios de potencia eléctrica. Una vez él me dijo que si sacaba una cuchara y la extendía cerca de un cable, la cuchara se derretiría delante de sus ojos. Al igual que esos cables calientes, el poder guiado se debe respetar. Usted debe tener mucho cuidado y estar muy consciente de lo que Él puede hacer.

El Espíritu Santo es más poderoso que todas las redes de suministro eléctrico de todo el mundo, y aun así es la parte más perseguida de la Trinidad. En muchos lugares no se enseña sobre el Espíritu Santo, no se invita o no se le permite manifestar Su presencia en nuestras iglesias, como si fuera una plaga que se debe evitar. Los que actúan de esta manera hacia el Espíritu Santo se vuelven ciegos e incapaces. Dios en Su misericordia aún puede usarlos, pero a una pequeñísima escala. Tener una actitud de irrespeto hacia el poder de Dios que se encuentra en el Espíritu Santo no lo llevará a ningún lugar en la oración con precisión.

"La Iglesia ha perdido el concepto de autoridad, el secreto de la sabiduría, y el don del poder a través de su persistente y deliberado descuido del Espíritu Santo de Dios."[1]

¿Funciona para todo el mundo o sólo para unos pocos escogidos?

Es asombroso que la persona más ingenua pueda participar en la presencia de Dios, y que, sin embargo, aquellos que son altamente cultos frecuentemente tengan problemas con el Espíritu Santo. Por muchos años de mi vida estuve en esa categoría. Me gradué de la universidad, con varias maestrías, pero me resistía a escuchar o considerar la naturaleza y la obra del Espíritu Santo. Lo que me volvía escéptico era la presión de mis compañeros en la iglesia estadounidense. Parecía que el status quo no permitía una libre expresión en la adoración, la oración o, incluso, la predicación. Sin embargo para mí, como joven brasileño acostumbrado al ritmo y a la danza en la iglesia, todo era muy confuso. Cualquiera que tenga un corazón dispuesto y humilde escuchará la voz de Dios, pero al orgulloso se le privará de este privilegio. El escuchar viene cuando estamos con el alma tranquila y quieta. La a veces contraproducente actividad de liturgia, los procedimientos y programas repetitivos pueden imponer un efecto mortal para escuchar a Dios. Una falta de total libertad en la adoración hace que los que asisten a la iglesia piensen que Dios debe ser muy formal, austero y seco, sin creatividad. Esto hace que uno piense que en el Cielo hay un órgano del que sale una canción fúnebre solemne y que sólo a Dios le gusta ese órgano.

La mayoría de las iglesias del tercer mundo (que, por cierto, son las que están creciendo en membresía) son los lugares donde Dios se está revelando a los humildes y sencillos. Por ejemplo, Cuba está siendo visitada por la presencia de Dios. Cuando los pobres y desesperados vienen a Dios, lo hacen con todo su corazón. Hace tres años, más de ochocientos evangelistas y misioneros de la Iglesia Metodista en Cuba se reunieron en Santa Clara, Cuba. Llevamos un equipo de ministración que tuvo el privilegio de enseñar y orar por estos hermanos cubanos. La mayoría de ellos mostraban las cicatrices de la opresión y las marcas de una vida sin libertad, pero llegaban con sus caras llenas de expectativas. El Espíritu de Dios descendió con poder ese fin de semana, y durante horas cada noche la gente danzó y cantó alabanzas. El gozo de ellos era incontenible.

En el área de Sitio Grande, Cuba, vive un pastor metodista que tiene cincuenta y tantos años. Su nombre es Javier Cañive. Por seis años ha estado dirigiendo una iglesia cuyo edificio es una casa, al igual que cientos de iglesias-casas que forman la Iglesia Metodista en Cuba. Javier es humilde y modesto. Él vive en una casa hecha de cartón. Este hombre está lleno de la presencia de Dios. Hay cientos de personas que han llegado a conocer a Jesús a través de su pequeño ministerio. El escenario político en Cuba puede ser opresivo, pero dentro de la iglesia el Espíritu Santo es libre para moverse y el resultado es una gran cosecha de almas.

¿Cómo se implementa el poder guiado?

Estoy muy contento de no tener que llevar a la gente hacia un momento de catarsis. Dios lo hace mejor que yo. El beneficio más maravilloso del poder guiado es que puedo orar con precisión por la peor necesidad sin tener que batallar por horas o días o meses con todas las ramificaciones del problema. Dios lo hace. Él lleva a cabo la sanidad de manera completa en la vida de una persona.

Filipenses 2:13 dice: "porque Dios es el que en vosotros produce así el querer como el hacer, por su buena voluntad". Tener que investigar, analizar y debatir todas las consecuencias de los problemas que hay dentro de una persona o una familia consumirá tiempo y reducirá psicológicamente sus energías. Cuando su mente está tratando de resolver un problema de alguien en vez de pedirle al Espíritu Santo que le muestre la verdadera necesidad, usted no está dando en el blanco. El Espíritu Santo obra de manera precisa y detallada, y Él lo hace mucho mejor que los mejores de nosotros. No hay mente humana que pueda hacer las cosas mejor que el Espíritu de Dios.

Usted puede recordar la historia que le compartí en el capítulo 5, el capítulo de la raíz de falta de perdón. Permítame repetirle esta historia, pero esta vez con un énfasis diferente. En Van Buren, Arkansas, estaba dando consejería en la oficina del pastor. Una señora entró y me pidió que orara por ella.

Ella dijo unas pocas palabras, pero el sonido de su voz era lo que me llamaba la atención. También tenía sus manos agarradas fuertemente y me miraba con ansiedad en su rostro. Le pregunté por su familia y ella comenzó a contarme acerca de ellos. Realmente no tenía que escuchar las palabras porque la tensión y el estrés de su voz me lo decían todo. Tuve que empezar con su dolor más inmediato. Discerní que su necesidad era relacional. En ese momento escuché que el Señor me dijo: "Hace años que ella no habla con su hermana".

La raíz era falta de perdón, así que le dije que era imprescindible para ella que fuera a casa de su hermana y le pidiera perdón para que se acabara la desavenencia que había entre las dos. Ella empezó a llorar. Esto tenía que venir del Señor. Nadie pudo haber sabido, o siquiera haber estado cerca de descubrir este secreto de familia. Ellos habían mantenido escondida esta enemistad familiar por mantener una buena imagen. Ella fue directamente a ver a su hermana, y Dios sanó su relación ese día. Más tarde, ella escribió un testimonio detallado de su experiencia, el cual se publicó en el boletín de la iglesia. Yo pude haber hablado con ella acerca de sus preocupaciones por su hijo, el conflicto con su esposo por las finanzas, y muchos otros detalles y sucesos en su familia, ¡pero Dios quería que primero la falta de perdón se quitara del medio! Los frutos de aquella oración produjeron sanidad en la familia completa.

Ese tiempo de oración duró cerca de quince minutos. ¿Fue efectivo? ¡Sí, muy efectivo! Dios estuvo en esa habitación para ayudarme. ¿Lo escuché a Él? Oh, sí, lo escuché con precisión. ¿Dios hizo algo grande? De hecho, Él hizo el noventa por ciento de la obra en la familia completa sin mí. Soy un cristiano de uno por ciento, ¡y muy feliz de serlo!

Autoridad es lo que hace Jesús

La pregunta para usted es la siguiente: ¿qué tipo de poder usted usa cuando ora? Quizás usted repita palabras que durante muchos años se han convertido en su manera de comunicar una oración. A lo mejor utiliza técnicas que usted sabe que van a influenciar y causar ciertas respuestas en los demás; o usted llevará a una persona mediante la regresión –trayendo a la memoria, reviviendo y recordando el trauma de hace años. Sin embargo, bajo el poder guiado, hay mucho menos de usted y mucho más de Dios. El Espíritu Santo es el espíritu de Jesús. El poder del que estamos hablando se refiere a todas las palabras, milagros y parábolas de Jesús. Incluye Su existencia con Dios desde la eternidad pasada, Su concepción y nacimiento virginal, su vida sin pecado, ministerio perfecto, Su muerte expiatoria, resurrección de entre los muertos, ascensión a la gloria y Su promesa de volver para gobernar toda la tierra. Todo esto reunido compone el poder que reside sólo en Jesucristo. En la ministración, el poder es autoridad –pero no es la autoridad suya. Tenemos un concepto erróneo de que la ministración en autoridad es algo que hacemos nosotros. Bajo el poder guiado, la autoridad es lo que hace Jesús. Es completamente diferente del poder hecho por el hombre, y los resultados le van a sorprender. Si usted retiene algo de este capítulo, espero que sea lo siguiente: bajo el poder guiado, Dios hace más y usted hace menos.

A través de la Escritura, Dios compara la relación entre Él mismo y el creyente con una relación matrimonial. En un matrimonio tradicional, la esposa toma el apellido del esposo. Entonces ella tiene la autoridad de usar ese apellido como si fuera de ella, porque lo es. Bajo el concepto bíblico de autoridad, usted toma el nombre de Jesús y la Persona de Jesús en su corazón como si fuera suyo. Solamente el hecho de saber que es Jesús, mediante el Espíritu Santo, el cual es el poder de Dios para salvación, le permitirá escuchar a Dios con precisión y formar parte del concepto de oración que estamos hablando en este libro.

Ministrar el Evangelio es ejercer la autoridad que se nos da a nosotros como embajadores de Cristo. "Así que, somos embajadores en nombre de Cristo, como si Dios rogase por medio de nosotros; os rogamos en nombre de Cristo: Reconciliaos con Dios" (2 Corintios 5:20). Un embajador tiene la autoridad de hablar por el que representa. Por ejemplo, el embajador de los Estados Unidos en Japón tiene la autoridad de hablar a nombre del presidente de los Estados Unidos. Se entiende que él o ella hablará de acuerdo a la voluntad y la política del presidente. Igualmente, ejercer autoridad en el nombre de Jesús significa que vamos a operar bajo la voluntad de Dios, representando Su intención y Su carácter apasionado. La autoridad que se les da a los creyentes es similar al poder notarial que una persona le da a otra para que la última pueda actuar en nombre de la primera. En este sentido

El principio de la autoridad 239

Jesús nos ha dado poder para actuar en Su nombre por el bien de los demás.

"Entonces llamando a sus doce discípulos, les dio autoridad sobre los espíritus inmundos, para que los echasen fuera, y para sanar toda enfermedad y toda dolencia" (Mateo 10:1).

Cuando usted llega a un gran entendimiento de la autoridad dada mediante el nombre de Jesús, el poder de su ministración aumentará. Descubrir que los demonios y que cada enfermedad se sujetan al nombre de Jesús nos da un nuevo denuedo y confianza en la oración y ministración. Esta confianza no está en ningún hombre sino en Dios. En la porción bíblica anterior, Jesús llamó a Sus doce discípulos y les dio autoridad. Jesús les dio a Sus discípulos un "poder notarial" para actuar a Su nombre. Esto no significa que tenemos que asumir el poder, sino que en vez de eso debemos representarlo a Él. Para representarlo a Él, usted debe seguir Sus mandamientos y deseos en la oración que usted está a punto de hacer por alguien. Esto no significa que usted vaya a sanar, sino que va a representar a Cristo. Él es el que sana.

Para mí no es suficiente hacer hincapié en que el poder es autoridad reconocida sólo en la persona de Jesús. Todo lo que hacemos en el ministerio está directamente relacionado con el poder que se encuentra en Jesucristo. El poder no viene de nosotros; solamente su implementación es lo que se nos ha dado. Somos la extensión del ministerio de Jesús. Somos Su voz, Sus manos y Sus pies para decir lo que Él quiere decir y hacer lo que Él quiere hacer. Él conduce el ministerio en nosotros, para nosotros y a través de nosotros. El significado de Juan 14:12 se vuelve claro cuando se interpreta de la siguiente manera: "De cierto, de cierto os digo: El que en mí cree, las obras que yo hago, él las hará también; y aun mayores hará, porque yo voy al Padre".

Donde se recibe el ministerio de Jesús, el poder guiado se aplica a través de la autoridad. Sin embargo, si sólo tenemos un conocimiento superficial del ministerio de Jesús, nos quedaremos cortos al experimentar la obra del poder real de Jesucristo en nuestros propios ministerios. El resultado será, a lo menos, insuficiente e ineficaz. Hacer las obras de Jesús y tener el ministerio de Jesús se basa en la aceptación y la total incorporación de la verdad de que el ministerio de Jesús estaba guiado y empoderado por el Espíritu Santo. Si usted no tiene en cuenta los dones del Espíritu Santo o tiene una limitada apreciación de cómo se aplican, le ruego que empiece a comparar pasajes y textos en cuanto a este tema. Usted necesita buscar una buena enseñanza en cuanto a la obra y los dones del Espíritu Santo en el ministerio de Jesús. Dios mediante, pronto estaré escribiendo un libro aparte sobre este tema de los dones del Espíritu Santo.

Conocí a un pastor que predicó en cierta iglesia por un periodo de cuatro años. Los miembros lo amaban, y se pusieron tristes porque él se iba a mudar para otra parte. Después de su partida, la congregación comenzó a irse de la iglesia. Por un periodo de dieciocho meses, los congregantes decrecieron de ochocientos a ciento cincuenta miembros. ¿Por qué sucedió esto? Si alguna vez usted lo hubiera escuchado predicar lo entendería. Su predicación era fascinante y cautivadora, centrada en él mismo y en sus amenas historias. Su personalidad desbordaba la realidad, y era más fuerte que cualquier presencia de Dios en el local. La gente se enamoró de él pero no conocieron a Jesús. Estaban ocupados en escuchar a este experto predicador, pero no conocían quién era Jesucristo, lo que Él podía hacer por ellos, y que era Él quien merecía su devoción. Este es un buen ejemplo de lo mucho que usted debe desaparecer para que Dios pueda hacer Su ministerio a través de usted. Bajo el poder guiado usted no se está promocionando o está complaciendo a nadie. Usted está siendo las manos y los pies del Salvador. Él es quien debe recibir toda la gloria.

La autoridad y el Cielo

Y Jesús se acercó y les habló diciendo: Toda potestad me es dada en el cielo y en la tierra. Por tanto, id, y haced discípulos a todas las naciones, bautizándolos en el nombre del Padre, y del Hijo, y del Espíritu Santo; enseñándoles que guarden todas las cosas que os he mandado; y he aquí yo estoy con vosotros todos los días, hasta el fin del mundo. Amén. (Mateo 28:18-20)

La autoridad que Jesús les dio a Sus seguidores está relacionada con la autoridad celestial y terrenal. En Jesucristo residen todos los niveles de autoridad. Dese cuenta también de que el texto pone la autoridad en contexto con la realización del ministerio. "Por tanto, id, y haced discípulos" se refiere a un mandato que sólo puede ponerse en práctica debido al hecho de que toda la autoridad se encuentra en Jesucristo –a Quien el Espíritu Santo guiaba en Su ministerio terrenal, y Quien ahora está sentado a la diestra del Padre (véase Hebreos 1:3). Ya que la autoridad está basada en la persona de Jesucristo y Su poder, comprender el significado de Mateo 16:13-19 es esencial:

Viniendo Jesús a la región de Cesarea de Filipo, preguntó a sus discípulos, diciendo: ¿Quién dicen los hombres que es el Hijo del Hombre? Ellos dijeron: Unos, Juan el Bautista; otros, Elías; y otros, Jeremías, o alguno de los profetas. El les dijo: Y vosotros, ¿quién decís que soy yo? Respondiendo Simón Pedro, dijo: Tú eres el Cristo, el Hijo del Dios viviente. Entonces le respondió Jesús: Bienaventurado eres, Simón, hijo de Jonás, porque no te lo reveló carne ni sangre, sino mi Padre que está en los cielos. Y yo también te digo, que tú eres Pedro, y sobre esta roca edificaré mi iglesia; y las puertas del Hades no prevalecerán contra ella. Y a ti te daré las llaves del reino de los cielos; y todo lo que atares en la tierra será atado en los cielos; y todo lo que desatares en la tierra será desatado en los cielos.

Primero, la Escritura indica que conocer la persona de Jesucristo viene solamente mediante la revelación de Dios. Después de dos años y medio de escuchar a Jesús predicar, de verlo hacer milagros y de ser testigo de la transfiguración, Pedro creyó finalmente. Un día, mientras estaba en la región de Cesarea de Filipo, Jesucristo se le dio a conocer. Sólo basado en esto –Jesús le dice a Pedro- es que se ha convertido en un candidato para la autoridad. De esta manera, cualquier esperanza de ejercer una verdadera autoridad, depende primero de que la revelación de Jesucristo llegue a nuestras vidas.

Segundo, Jesús le habla a Pedro acerca de edificar Su iglesia mediante la revelación, no mediante conceptos creados por el hombre. Por lo tanto, cuando ejerzamos autoridad sobre la base de la revelación que usted tiene acerca de quién es Jesús, lo que usted hace no viene de usted ni de ninguna institución humana. Viene directamente de Dios hacia usted. Mucha gente puede enseñarle, servirle de ejemplo digno de ser imitado y ayudarle a prepararse. Pero al final, la única manera en la que usted podrá ser capaz de operar en verdadera autoridad es mediante Jesucristo revelándose a usted personalmente –lo que viene solamente de Él.

Después de dar esta revelación, entonces Jesús le dice: "Y a ti te daré las llaves del reino de los cielos" (v.19). ¿Por qué las llaves? ¿Qué hace una llave? Una llave da acceso. Si hay una puerta cerrada, la llave da acceso a lo que sea que esté detrás de esa puerta. En este caso, la llave que Jesús ofrece le da al creyente acceso ¡al Reino de los Cielos completo! Cuando usted ora, está accediendo al Cielo con el propósito de ministrar. Si este concepto de autoridad tiene alguna utilidad debe ser mediante nuestra capacidad de tener acceso y conectarnos con Dios en oración a través de Jesucristo.

El principio de la autoridad 243

Jesús continúa y le dice que este tipo de oración se refiere a lo que usted escoja atar o desatar. La palabra "atar" significa "amarrar o ceñir". Es más, la palabra griega traducida como "intercesión" o "súplica" (como aparece en Efesios 6:18) viene de la misma palabra griega que se usa para "atar": "orando en todo tiempo con toda oración y súplica en el Espíritu, y velando en ello con toda perseverancia y súplica por todos los santos". Por lo tanto, de acuerdo con lo que dice en Mateo 16:19, cualquier súplica que usted eleve, o por lo que interceda o ate en la tierra (cuando está basado en la revelación de Dios), será declarado de la misma manera en el Cielo. Esto parece demasiado grandioso como para aceptarlo, pero en realidad es la llave para su oración de fe. Usted declara la palabra recibida en revelación, y la misma palabra se repite en el Cielo. Entonces, la autoridad comienza y termina en el Cielo, y se implementa en la oración. Es por eso que usamos el término "poder guiado". Usted no está guiando –es Dios.

Asimismo, dice Jesús: "y todo lo que desatares en la tierra será desatado en los cielos" (v.19). La palabra griega traducida como "desatar", también se traduce como "deshacer" en 1 Juan 3:8b: "Para esto apareció el Hijo de Dios, para deshacer las obras del diablo". Curiosamente, esta misma palabra griega es la base de la palabra "quitar" o "desabrochar" que aparece en Mateo 3:11: "Yo a la verdad os bautizo con agua para arrepentimiento, pero el que viene detrás de mí es más poderoso que yo, a quien no soy digno de quitarle (desabrocharle) las sandalias" (versión La Biblia de Las Américas).

Se hace evidente que la oración de autoridad basada en la revelación de Jesús es la llave para acceder al Cielo con el fin de desatar (o liberar) al oprimido y destruir (o deshacer) las obras del diablo en la vida de esta persona. La capacidad de hablar de esta manera en la oración se nos da para el propósito del ministerio. Considere que el mismo Jesucristo declaró estas palabras en el contexto de la edificación de Su iglesia, el cuerpo de Cristo. Así, como el cuerpo de Cristo, estamos destinados a transmitir el mismo poder que se encuentra en el nombre de Jesucristo a medida que llevemos adelante Su ministerio en la tierra.

Revelación por el Espíritu Santo

El concepto de autoridad no puede separase de la revelación, que viene por el Espíritu Santo. Imagine que usted está tratando de sacar un pasaje para volar a cualquier parte de Europa, basado en la idea de que habrá un vuelo en algún momento del día que lo llevará allá. Aquí usted tiene una idea general acerca del medio de transporte y el lugar a dónde quiere ir, pero estos datos por sí solos no son suficientes para sacar un boleto. Para hacerlo, usted debe conocer el destino exacto, las fechas y horas de ida y regreso, y el nombre y la información de contacto de la aerolínea en la queremos sacar el pasaje.

La misma analogía se cumple en cuanto a la implementación de la autoridad para satisfacer una necesidad. Es difícil comenzar a orar sin la información adecuada sobre la persona que está recibiendo la oración, o el "destino" de esa oración.

Para muchos, la conexión entre revelación y autoridad podría parecer más bien poco clara y lejana, debido a que a menudo oramos basados en nuestros sentimientos y emociones. Para alguien que ora alejado de sus sentimientos, la revelación será un descubrimiento convincente. La autoridad se basa en la revelación, y la revelación depende de la intimidad o la conectividad con Dios mediante Jesucristo. Debido a que la revelación es la obra del Espíritu Santo, sólo podemos experimentarla cuando aceptamos a la tercera persona de la Trinidad, el Espíritu Santo, como entidad esencial en cada ministración u oración. Observe que me estoy refiriendo al Espíritu Santo de Dios y no al "espíritu", como si fuera cualquier entidad espiritual. Siento un profundo respeto por la tercera Persona de la Trinidad. Hay muchas maneras en que la revelación le llega al ser humano, incluyendo sueños, visiones, ángeles, la voz interior, una voz profética y la Escritura. Pero todas las formas de revelación de Dios el Padre sólo ocurren mediante Jesucristo el Hijo, impartido al creyente por el Espíritu Santo y de manera consistente con la Palabra de Dios.

La revelación se da a la persona que ora por otra con el fin de ayudarle a satisfacer la necesidad presente. La revelación es la acción del Espíritu Santo inicializando, dirigiendo y completando su oración. ¡El Espíritu Santo está deseoso de comunicarse! Está deseoso de compartir el curso y el propósito en la oración, y deseoso de completar la oración porque su labor es sanar y restaurar a la gente. Los dones del Espíritu Santo –especialmente los de revelación- operarán en cualquier ministración donde se honre y se reverencie el nombre de Jesucristo.

La revelación viene por la fe. Usted debe creer que es capaz de recibir revelación de Dios. No se trata de que casi siempre usted vaya a escuchar una voz, sino que la mayoría de las veces vendrá a su mente un pensamiento o un concepto. Una gran parte viene mediante el conocimiento activo de la Palabra de Dios, porque una de las formas más comunes en las que el Espíritu Santo habla es mediante la Escritura. Cuando empiece a orar, Él le recordará una porción de la Escritura que le dirigirá increíblemente. A veces una simple palabra que se le mencione a la persona por la que se está orando causará una fuerte respuesta emocional. Esto confirma la revelación, confirmándole que está en el camino correcto.

En resumen, aquí hay tres principios de revelación fusionados con autoridad en la ministración:

1) La revelación de Dios concerniente a la ministración es precisa y específica, y única para el caso con el que se está tratando. Cuando el creyente ejerce la autoridad con precisión y exactitud, basada en la revelación, la ministración traerá convencimiento y testificará al que recibe la oración.

2) La revelación no se da sin propósito alguno. Se da para beneficiar la vida de alguien. Desear la revelación sin propósito y sin ejercer autoridad es un ministerio egoísta, sin amor por los demás. Es estéril y no ministrará a nadie o producirá ningún fruto. Por otro lado, puede confiar en que la mayoría de las veces verá resultados positivos si Dios le revela y usted le responde de manera sincera, ejerciendo autoridad en beneficio de los demás.

3) La revelación y la autoridad dependen la una de la otra. La revelación de Dios comunica la urgencia del momento, da dirección y procedimiento específicos y transmite información sobre el completamiento de la oración. Los dones del Espíritu Santo son herramientas con el fin de brindar información a la persona que está orando para que el poder de Dios se pueda descargar correctamente mediante la autoridad. El conocimiento sobrenatural que se da mediante la revelación tiene un propósito definitivo: la terminación de una oración en autoridad. Este patrón de revelación que nos lleva al "mandato y autoridad" se ve consistentemente en el ministerio de Jesús.

El apóstol Pablo, al transmitir este concepto del lugar de la revelación en su propio ministerio, escribe en Romanos 1:16-17: "Porque no me avergüenzo del evangelio, pues es el poder de Dios para la salvación de todo el que cree; del judío primeramente y también del griego. Porque en el evangelio la justicia de Dios se revela por fe y para fe; como está escrito: MAS EL JUSTO POR LA FE VIVIRÁ". El ministerio efectivo que satisface las necesidades más profundas de los demás es por la fe. Es por fe que se recibe la revelación necesaria de parte del Espíritu Santo y luego se mueve a concluir la ministración con autoridad. Es por fe que "el poder de Dios para la salvación" se transmite hacia las vidas de las personas por las que oramos, para ver su plenitud restaurada.

Conocí a un joven que estaba lleno de mucho orgullo e insensibilidad. Él había desarrollado el orgullo para compensar el abandono de su padre cuando tenía siete años. La dureza de corazón se hizo evidente cuando, de manera repetitiva, rechazaba cualquier autoridad espiritual que viniera de cualquier hombre o mujer de Dios. Debido a que esta área de su vida nunca se había resuelto, se rehusaba a reconocer a sus superiores, incluso a pastores que deseaban bendecirlo y ayudarlo. Él tenía sus propias ideas, y a pesar de que él decía que escuchaba a Dios directamente, su audición no era precisa porque se resistía al Espíritu Santo en su mente. Ningún esfuerzo para convencerlo de esta realidad tuvo éxito. Su rebeldía afectará completamente su vida hasta que esté dispuesto a recibir lo que el Espíritu Santo ha revelado sobre su necesidad más profunda.

Si usted cuestiona o se resiste a la idea de que el Espíritu Santo es el que hace manifiesta la relación con Dios el Padre a través de Su Hijo Jesucristo, nunca podrá caminar en la autoridad que nuestro Señor ha diseñado para los creyentes. Además, usted no podrá beneficiarse de ni responder a aquellos que han sido puestos por Dios en autoridad para traerle a usted sanidad y poder. Es crucial reconocer la "cadena de mando", que comienza en el Cielo y termina en un siervo sometido al Espíritu Santo.

Su responsabilidad –nuestra respuesta

La realidad de que cuando Dios da el discernimiento preciso en cuanto a una necesidad es Su responsabilidad suplirla, es decisiva para nuestro entendimiento de autoridad. La definición de autoridad es esta: si usted está bajo autoridad, hay alguien más por encima de usted. Si usted tiene una necesidad que debe ser satisfecha, la persona por encima de usted en jerarquía es el único responsable de resolver su dilema. Todo lo que usted debe hacer es ir a la persona por encima de usted y transmitirle el problema. El que tiene autoridad sobre otros es el responsable del bienestar de los que cuentan con él en confianza y obediencia. Se supone que esto se cumpla en los rangos militares, y se cumple en el orden del

Reino de Dios. La autoridad en este sentido está siempre en el corazón de Dios. El lugar apropiado de la autoridad no es para "enseñorearse", sino para satisfacer la necesidad.

La aplicación de autoridad significa dar un mandato bajo la autoridad que Jesucristo nos ha dado. Sin embargo, contrario a lo que usted pueda pensar, un mandato es más una respuesta que una declaración. Esto se debe a que no comienza con usted. Ya ha comenzado en el Cielo. En otras palabras, usted está respondiendo y aplicando lo que ha entendido, experimentado y llegado a creer en cuanto a la ministración, la vida, la muerte y la resurrección de Jesucristo. Cuando el discernimiento ha ocurrido, el Espíritu Santo le muestra Su voluntad y lo que se debe decir en cada situación en particular, proveyendo dirección para la oración o ministración.

Una vez más, en autoridad, usted sólo responde a lo que ha venido del Cielo. Primero, el corazón de Dios hacia una persona se le revela a usted mediante una palabra de conocimiento, una palabra de sabiduría, o discernimiento, y luego se confirma. Mediante el discernimiento y la revelación usted comienza a moverse en autoridad hacia la persona – transmitiendo el poder de Dios para atar y desatar, para sanar y liberar. A medida que usted da un mandato basado en Quien es Jesús y lo que usted ha discernido y escuchado mediante la Escritura, es Su responsabilidad suplir la necesidad. Es algo correcto y perfecto, ya que Dios es el que está apuntando hacia la necesidad, y es el mismo Dios Quien termina la obra. Ya que comienza con Él y Jesucristo en el Cielo como nuestro Intercesor lo lleva adelante, no hay razón para estar preocupado de que se cometa un error o haya una conducta espiritual incorrecta. Cuando usted simplemente decreta algo en el nombre de Jesús como respuesta a lo que se ha revelado desde el Cielo, Él tiene la responsabilidad de hacerlo suceder. Él solamente espera que usted responda y sea obediente a lo que ha escuchado de Él.

Richard J. Foster dice lo siguiente: "Mediante una oración autorizada estamos dando lugar a la voluntad del Padre sobre la tierra. Aquí no estamos hablando tanto con Dios, sino hablando por Dios. No le estamos pidiendo a Dios que haga algo; más bien estamos usando la autoridad de Dios para ordenar que se haga algo".[2]

Ejerciendo autoridad

Un mandato sale de la convicción personal que usted tenga de que Jesús es quien dice ser. En Hechos 3:6-8, Pedro, hablándole al cojo en la puerta que se llama La Hermosa, declara:

> No tengo plata ni oro, pero lo que tengo te doy; en el nombre de Jesucristo de Nazaret, levántate y anda. Y tomándole por la mano derecha le levantó; y al momento se le afirmaron los pies y tobillos; y saltando, se puso en pie y anduvo; y entró con ellos en el templo, andando, y saltando, y alabando a Dios.

Mientras Pedro consideraba a un hombre sufrido, se decía a sí mismo: "¿Qué tengo yo que dar?" ¿Qué era lo que tenía Pedro? Pedro no tenía dinero. Pero Pedro tenía una experiencia íntima y personal con Jesús de Nazaret –Su ministerio, muerte, sepultura, resurrección y ascensión. Mediante una revelación personal, él tenía un conocimiento sólido e inquebrantable de Jesús en Su plenitud. Pedro también había recibido la inyección de poder que el Espíritu Santo dio en Pentecostés.

Debido a todo esto, Pedro, al ver el aprieto en que se encontraba el cojo, no le respondió su súplica por limosnas, sino que respondió a quien él sabía que era Jesús. Pedro entendió que él no poseía lo que el hombre le estaba pidiendo, sino lo que él necesitaba. El hombre sólo esperaba subsistir un día más al recibir una dádiva. Pero Dios quería que el hombre fuese restaurado completamente hasta alcanzar la plenitud. ¡Dios quiere hacer más de lo que podemos pensar o imaginar!

Una revelación del Cielo le permitió a Pedro hablar con autoridad a la verdadera necesidad del hombre. Esto demuestra por qué la autoridad está directamente conectada a su interpretación de la Escritura y a su entendimiento de la misma a la luz del Espíritu Santo. Él éxito de cualquier ministerio de oración depende del ejercer autoridad en el Nombre de Jesús. La autoridad desata poder, pero siempre recuerde que no es el poder del que ora. Es el poder que se encuentra en la Persona del Hijo de Dios crucificado y resucitado.

Este patrón de autoridad implementado mediante el mandato se observa repetidamente en el ministerio de Jesús. Setenta y cinco por ciento de los milagros y las sanidades que hizo Jesús ocurrieron cuando pronunció un mandato de autoridad. A continuación, algunos ejemplos:

> Entonces, cuando la mujer vio que no había quedado oculta, vino temblando, y postrándose a sus pies, le declaró delante de todo el pueblo por qué causa le había tocado, y cómo al instante había sido sanada. Y él le dijo: Hija, tu fe te ha salvado; vé en paz. (Lucas 8:47-48)

Jesús le da a la mujer lo que quizás sea el regalo más grande para una persona con una raíz de rechazo: paz. El significado de la palabra hebrea "shalom" abarca paz, lo completo, prosperidad, bienestar, tranquilidad y plenitud. Por lo tanto, el mandato que Jesús le dio a esta mujer era a ir y caminar en plenitud. ¡A una mujer que había sufrido por tanto tiempo y que había gastado todo su dinero, trayendo sólo como consecuencia ser aislada por su comunidad durante al menos doce años, el Maestro le acababa de decir que era importante! Con este simple mandato, Jesús liberó a la mujer de su enfermedad y desató sanidad sobre sus emociones y plenitud hacia su vida.

"Y cuando Jesús vio que la multitud se agolpaba, reprendió al espíritu inmundo, diciéndole: Espíritu mudo y sordo, yo te mando, sal de él, y no entres más en él" (Marcos 9:25).

El principio de la autoridad   251

El mandato y la autoridad se ven cuando Jesús le ordena al espíritu maligno que salga fuera del muchacho endemoniado y nunca más vuelva a él. La respuesta al mandato de Jesús y la evidencia de Su autoridad se ven en el versículo siguiente, cuando el espíritu maligno sale gritando.

Actualmente en el cuerpo de Cristo se necesita cuanto antes un entendimiento bíblico de la autoridad. La teología liberal nos ha enseñado a ser sólo tolerantes y compasivos con los cautivos, y a pasar por alto la autoridad que se le da al creyente de liberar a los condenados y destruir las obras del diablo en sus vidas. La autoridad significa que no debemos solamente consolar a los que están atrapados en el pecado y la tristeza, sino que dentro de nosotros poseemos la plenitud de Jesucristo, que vino a sanar a los quebrantados de corazón y a declarar libertad a los cautivos. La autoridad es un puente que transmite el poder crudo de Dios a los que están en necesidad.

Cuando captamos este principio bíblico de autoridad, nos daremos cuenta de que somos liberados –liberados de la intimidación y del esfuerzo frustrante de tratar de generar resultados en el ministerio y en nosotros mismos. Cuando usted sabe que sabe, más allá de toda duda, que toda la autoridad le pertenece a Jesús y no a usted, ¡la fe aumenta de repente! Usted empezará una nueva aventura de ejercer este principio en fe al ministrarle a una persona. No es una doctrina; es quien usted es al realizar una ministración –usted está conectado al Dios Todopoderoso en el Cielo a través de Jesucristo. Usted puede ser varias cosas al ministrarle a alguien, pero usted no puede tener dudas en cuanto a la persona de Jesús. Su aplicación de la autoridad se basa en quién es Jesucristo, quién fue y quién será en la vida de usted.

Para concluir, quisiera animarle asegurándole que su oración, consejería y ministración cambiarán radicalmente cuando la autoridad se establezca y se ponga en práctica. Yo sé que usted quiere ver que el poder de la Palabra y del Espíritu Santo transforme las vidas de las personas de manera genuina. Cuando usted lleve a cabo una ministración, esta será eficiente, certera y poderosa si usted sabe que está respondiendo a la revelación del Cielo y transmitiendo la autoridad que se le ha dado en la persona de Jesucristo.

Hemos cubierto muchos principios esenciales en este libro: las necesidades espirituales y relacionales, al igual que las cuatro raíces de rechazo, rebeldía, falta de perdón y amargura, una metodología de ministración repetida una y otra vez por nuestro Señor, cómo ministrarle al alma, la ética de la oración, y cómo avanzar en la oración al ejercer su autoridad como creyente. Todo lo compartido en este libro se basa no sólo en mi experiencia y revelación personal, pero lo más importante, basado en la Palabra de Dios.

Ahora la pregunta es: ¿usted está listo para comenzar a implementar estos principios bíblicos en su propio ministerio? ¿Puede atreverse a creer que Dios le usará para ministrarle a las necesidades más profundas de las personas de la misma manera que lo hizo Jesús, por el poder del Espíritu Santo? Esto no lo aprendí en un día, y usted tampoco lo hará. Sin embargo, tengo plena confianza de que si usted está dispuesto a ser un instrumento obediente y humilde en la mano de Dios, Él le va a asombrar. A medida que usted le honre a Él y a los principios bíblicos descritos en este libro, Él le honrará a usted y le dará fruto.

Por muchos años, las personas han pedido y esperado que este libro se complete. Por la gracia de Dios, finalmente hemos llevado todas estas palabras al papel y se las hemos enviado a la editorial. Ahora está en sus manos para que lo estudie, reflexione, ore y lo aplique. ¿Está usted listo para dedicarse valientemente a "orar con precisión", para que usted pueda ministrar como Jesús y bendecir la vida de muchas almas sufridas?

¡Qué Dios le bendiga y que Él reciba toda la gloria!

BIBLIOGRAFÍA

Abraham, William J. *Wesley for Armchair Theologians*. (Wesley para los teólogos de salón) Louisville, KY: Westminster: John Knox Press, 2005.

Bounds, Edward McKendree. *The Complete Works of E.M. Bounds on Prayer.* (Las obras completas sobre la oración de E. M. Bounds) Grand Rapids, MI: Baker Books, 2004

Chadwick, Samuel. *The Way to Pentecost.* (El camino a Pentecostés) Fort Washington, PA: CLC Publications, 2001.

Cowman, L.B. *Streams in the Desert.* (Ríos en el desierto) Editado por James Riemann. Grand Rapids, MI: Zondervan, 1997.

Foster, Richard J. *Prayer – Finding the Heart's True Home.* (La oración – encontrando el verdadero hogar del corazón). San Francisco, CA 1992: HarperCollins, 1992

Hedland, Leif. *Healing the Orphan Spirit.* (Sanando el espíritu huérfano). Peachtree City, GA: Global Mission Awareness, 2013.

Law, William. *The Power of the Holy Spirit.* (El poder del Espíritu Santo). Editado por Dave Hunt. Fort Washington, PA: CLC Publications, 2006

Manser, Martin H., ed. *The Westminster Collection of Christian Quotations.* (El libro de citas del orador: más de 5 000 ilustraciones y citas para todas las ocasiones). Louisville, KY: Westminster John Knox Press, 2001.

Moody, Dwight Lyman. *Secret Power.* (Poder secreto). New Kensington, PA: Whitaker House, 1997.

Murray, Andrew. *Absolute Surrender.* (Entrega absoluta) Minneapolis, MI: Bethany House, 2003.

Murray, Andrew. *With Christ in the School of Prayer.* (Con Cristo en la Escuela de Oración). New Kensington, PA: Whitaker House, 1981.

Murray, Andrew. *Humility.* (Humildad). New Kensington, PA: Whitaker House, 1982.

Murray, Andrew. *Reaching Your World for Christ.* (Alcanzando su mundo para Cristo). New Kensington, PA: Whitaker House, 1997.

Murray, Andrew. *The Spirit of Christ.* (El Espíritu de Cristo). Kensington, PA: Whitaker House, 1984.

Strong, Douglas M. Et al. *Reclaiming the Wesleyan Tradition: John Wesley's Sermons for Today.* (Reclamando la tradición wesleyana: los sermones de Juan Wesley para hoy). Nashville, TN: Discipleship Resources, 2007.

Santa Biblia Reina Valera Revisión 1960, Sociedades Bíblicas Unidas. Derechos renovados, 1988.

La Santa Biblia, Nueva Versión Internacional 1999, Sociedad Bíblica Internacional.

La Biblia de Casiodoro de Reina, 1569, conocida como Biblia del Oso.

BIBLIOGRAFÍA

La Biblia de Las Américas, Derechos Reservados 1986, 1995, 1997 por The Lockman Foundation, Sociedad no comercial, La Habra, California.

Spanish Reina Valera 2004

Torrey, R.A. *How to Pray*. (¿Cómo orar?) Accedido el 21 de agosto de 2015.

Torrey, R.A. *The Presence and Work of the Holy Spirit*. (La presencia y la obra del Espíritu Santo). Kensington, PA: Whitaker House, 1996.

Turnbull, Ralph, ed. *The Best of D.L. Moody*, (Lo mejor de D. L. Moody) Grand Rapids, MI: Baker Books, 1971.

Zuck, Roy B. *The Speaker's Quote Book: Over 5,000 Illustrations for All Occasions*. (El libro de citas del orador: más de 5 000 ilustraciones y citas para todas las ocasiones). Grand Rapids, MI: Kregel Publications, 1997.

Notas

Capítulo 1

1. Samuel Chadwick, The Way to Pentecost (El camino a Pentecostés) (1932; reimpresión, Fort Washington, PA: CLC Publications, 2001), 16-17
2. F.B. Meyer en Roy B. Zuck, The Speaker's Quote Book: Over 5,000 Illustrations and Quotations for All Occasions (El libro de citas del orador: más de 5 000 ilustraciones y citas para todas las ocasiones). (Grand Rapids, MI: Kregel Publications, 1997), 222.
3. AAndrew Murray, citado en L.B. Cowman, Streams in the Desert (Manantiales en el desierto), ed. James Reimann (1925; reimpresión. Grand Rapids, MI: Zondervan, 1996), 413.
4. Samuel Chadwick, *The Way to Pentecost* (1932; repr., Fort Washington, PA: CLC Publications, 2001), 28.
5. R.A. Torrey, How to Pray (¿Cómo orar?), Capítulo II. Christian Classics Ethereal Library, accedido el 21 de agosto, 2015, www.ccel.org/ccel/torrey/pray.html.
6. William Law, The Power of the Spirit (El poder del Espíritu), ed. Dave Hunt (Fort Washington, PA: CLC Publications, 2006) 24. William Law escribió que "el no darnos cuenta de que nuestra salvación sólo puede producirse por el Espíritu Santo, formando la misma vida de Cristo dentro de un corazón redimido, ha puesto a la iglesia cristiana en la misma apostasía que caracterizó a la nación judía."

7. Andrew Murray, Absolute Surrender (Entrega absoluta), (reimpresión, Grand Rapids: Bethany House Publishers, 2003), 13.

Capítulo 2

1. Juan Wesley, *The Almost Christian* (*El casi cristiano*) (1741), Predicado en St. Mary's, Oxford, el25 de Julio de 1741, en Douglas M. Strong et al, Reclaiming the Wesleyan Tradition: John Wesley's Sermons for Today (Reclamando la tradición wesleyana: los sermones de Juan Wesley para hoy) (Nashville, TN: Discipleship Resources, 2007) 56-59.
2. Leif Hetland, *Healing the Orphan Spirit* (Sanando el espíritu huérfano) (Peachtree City, GA: Global Mission Awareness, 2013) 23-24.

Capítulo 3

1. Andrew Murray, *Reaching Your World for Christ*, (Alcanzado su mundo para Cristo) (reimp., New Kensington, PA: Whitaker House, 1997) 107.

Capítulo 6

1. Andrew Murray, *With Christ in the School of Prayer*, (*Con Cristo en la escuela de la oración*) (reimp. New Kensington, PA: Whitaker House, 1981) 107.

Capítulo 8

1. George Muller en Roy B. Zuck, *The Speaker's Quote Book: Over 5,000 Illustrations and Quotations for All Occasions* (El libro de citas del orador: más de 5 000 ilustraciones y citas para todas las ocasiones.) (Grand Rapids, MI: Kregel Publications, 1997) 185.
2. William J. Abraham, *Wesley for Armchair Theologians* (Wesley para los teólogos de salón) (Louisville, KY: Westminster John Knox Press, 2005) 51. Abraham escribió: "Dios se ha movido en una gracia 'preveniente', en la gracia que viene delante de la profunda sanidad real que es disponible en Cristo mediante el Espíritu Santo, para permitirnos ver nuestros dilemas y dar los primeros pasos hacia nuestra recuperación."

Notas   259

Dios se mueve primero hacia nosotros para ayudarnos a comenzar a movernos hacia Él.

3. Martin H. Manser, Ed., *The Westminster Collection of Christian Quotations* (La colección Westminster de citas cristianas) (Louisville, KY: Westminster John Knox Press, 2001), 287.

4. R.A.Torry, *The Presence and Work of the Holy Spirit* (La presencia y la obra del Espíritu Santo) (reimp., New Kensington, PA: Whitaker House,1996) 8.

Capítulo 9

1. Andrew Murray, *Humility* (Humildad) (reimpr., New Kensington, PA: Whitaker House, 1982) 35.

Capítulo 14

1. Ralph Turnbull, ed., The Best of D.L. Moody (Lo mejor de D.L. Moody) (Grand Rapids, MI: Baker Books, 1971) capítulo 8, Witnessing in Power, (Testificando en poder) 89, accedido el 25 de agosto de 2015, www.ccel.us/moody.ch7.html.

Capítulo 15

1. Edward McKendree Bounds en The Complete Works of E.M. Bounds on Prayer (Las obras completas sobre la oración de E. M. Bounds) (Grand Rapids, MI: Baker Books, 1990) 325. Esta es una compilación de Baker Books, de varias obras sobre la oración, escritas por E.M. Bounds.

2. Andrew Murray, *Humility* (Humildad) (reimp. New Kensington, PA: Whitaker House, 1982) 44.

Capítulo 16

1. Samuel Chadwick, The Way to Pentecost (El camino a Pentecostés) (1932; reimpr., Fort Washington, PA: CLC Publications, 2001) 17.

2. RFoster, Richard J. *Prayer – Finding the Heart's True Home* (*La oración: Verdadero refugio del alma*). San Francisco, CA 1992: HarperCollins, 1992. 229.

Acerca del autor

Ricardo A. Bonfim nació en Río de Janeiro, Brasil, el 1 de enero de 1944. Después de haber emigrado hacia los Estados Unidos, se graduó de Licenciatura en Filosofía y Letras en la Universidad Estatal de Valdosta y en la Universidad Estatal de Florida, y recibió un título de Maestría en Divinidades en la Universidad de Emory, Atlanta, Georgia. Luego recibió un título de Maestría en Comunicación del Discurso en la Universidad de Georgia, al igual que un título de Profesor Adjunto de Licenciatura en Periodismo en la Universidad de Georgia.

Rick fue ordenado como Anciano de la Iglesia Metodista Unida en 1980. Por treinta y cinco años ha servido a tiempo completo como Evangelista General en La Conferencia de la Iglesia Metodista Unida en el norte de Georgia.

En 2012, Rick recibió el Premio Phillip de la Asociación Nacional de Metodistas Unidos.

Rick Bonfim es el Fundador y Presidente de los Ministerios Rick Bonfim, Inc. (RBM, por sus siglas en inglés), localizado en Watkinsville, Georgia. RBM es una agencia internacional de misiones, que les ha proporcionado a miles de personas oportunidades de discipulado y misiones que les han cambiado sus vidas.

www.ingramcontent.com/pod-product-compliance
Lightning Source LLC
Chambersburg PA
CBHW052015070526
44584CB00016B/1769